税务干部培训系列教材

房地产开发企业相关业务税务处理

孙丽英　侯江玲　编著

经济科学出版社

图书在版编目（CIP）数据

房地产开发企业相关业务税务处理/孙丽英，侯江玲
编著．—北京：经济科学出版社，2013.3
税务干部培训系列教材
ISBN 978－7－5141－3020－1

Ⅰ．①房⋯　Ⅱ．①孙⋯②侯⋯　Ⅲ．①房地产业－
税收管理－中国－干部培训－教材　Ⅳ．①F812.423

中国版本图书馆 CIP 数据核字（2013）第 030384 号

责任编辑：段　钢　卢元孝
责任校对：杨　海
版式设计：代小卫
责任印制：邱　天

房地产开发企业相关业务税务处理

孙丽英　侯江玲　编著

经济科学出版社出版、发行　新华书店经销

社址：北京市海淀区阜成路甲 28 号　邮编：100142

总编部电话：88191217　发行部电话：88191537

网址：www. esp. com. cn

电子邮件：esp@ esp. com. cn

北京中科印刷有限公司印装

787 × 1092　16 开　19 印张　320000 字

2013 年 3 月第 1 版　2013 年 3 月第 1 次印刷

ISBN 978－7－5141－3020－1　定价：40.00 元

前　　言

对房地产开发企业的税务处理，现行的税收政策很多，涉及的税种有十余个，几乎每个生产经营环节都会涉及税收问题，实务中的一项业务往往会涉及三个以上的税种，不同的税种由于立法目的不同而造成在税务处理上的观点不尽一致，甚至很大差异，经常导致房地产开发企业的办税人员、中介机构的从业人员、税务机关的税源管理人员、税务稽查人员等在掌握现行政策、理解和执行税收政策、进行或指导税务处理时，出现概念模糊、处理不当等问题，引发税收风险。

在长期的税务培训教学中，我们对上述问题有比较深入的了解，也非常清楚现有税收政策、税收策划、税收稽查方面的教材、专著以及网络房地产开发企业税收筹划文章所存在的不足，前者大多不适用税收工作需要，难以系统分析、有效应用，后者不少筹划不当，误导读者，以致产生涉税风险。这使我们时常产生冲动——奉现一本从税收立法角度予以梳理澄清上述问题的书籍，这就是编写这本教材的动机。因此，本书力求内容新颖、概括全面、观点准确、分析透彻，特别强调专业性和针对性。

本书的基本内容包括三部分：第一部分是房地产开发企业经营特点与开发流程，主要归纳和介绍房地产开发业务及企业经营特点、房地产开发的业务流程。第二部分是房地产开发企业税务处理疑难问题分析，重点归纳和讲述房地产开发企业税收政策的一般规定和房地产开发企业特殊业务的税务处理。第三部分是房地产开发企业主要税种纳税申报表审核，主要阐述营业税、土地增值税和企业所得税的纳税申报表审核。

本书的定位有三个方面：一是解决税企双方在处理涉税业务中的疑惑；二是针对当前不当的税收筹划方案，指出存在的法律风险；三是为税务机关开展行业税源监控提供指导。

　　本书适用于从事房地产企业税收征管、税务稽查人员对房地产税收政策的强化，既是税务系统（包括国、地税）各岗位、各层面、各种类型业务培训的教材，也是税务部门各岗位人员必备的工具书。

　　本书同样适用于房地产企业办税人员、财务主管和高层管理人员，通过掌握本书内容，可正确办理涉税业务，避免因业务生疏而造成涉税风险，给企业造成损失。因此，也同样是房地产企业办税人员、财务主管和高层管理人员的培训教材和必备的工具书。

　　本书由辽宁税务高等专科学校孙丽英副教授、侯江玲副教授编著，孙丽英负责总体框架及大纲的拟定、本书第二部分内容的编写以及全书的总纂。侯江玲负责第一部分、第三部分内容的编写。崔晓妍副教授、王化敏副教授参与了部分内容的写作。此书的成功出版，得到了辽宁税务高等专科学校校领导和科研处、第一教学部等部门领导的关怀与支持。在此，一并表示深深的感谢！

　　由于现行税制和房地产开发企业的税收政策尚处于改革和完善中，加之编者的水平所限，书中难免有思虑不周、理解不当之处，真诚希望读者惠正，以便作进一步的修改和完善，使内容更加丰富、准确和实用。

孙丽英　侯江玲

2013 年 2 月 8 日

目　录

第一部分
房地产开发企业经营特点与开发流程

第二部分
房地产开发企业税务处理疑难问题分析

第三部分
房地产开发企业主要税种纳税申报表审核

第一部分

房地产开发企业经营
特点与开发流程

房地产开发，是指房地产开发企业在依法取得国有土地使用权的土地上进行住宅、商业用房和基础设施、配套设施以及其他建筑物、附着物的建造和经营。房地产开发企业经营方式独特，开发流程复杂，掌握这些基础知识对深入了解这一行业非常必要。

第一章

房地产开发业务及企业经营特点

本章重点讲解我国房地产及房地产开发的概况、房地产开发企业的常规业务及生产经营特点。

第一节　房地产开发及企业概况

一、房地产及房地产开发

（一）房地产及开发

房地产是房产与地产的总称，指在一定社会意识形态下受一定所有权支配的土地财产和房屋财产。作为房地产物质构成的房产是指按照建筑规划设计要求建造、供人类生活和从事其他活动的实物体；地产，是土地、地上附着物和地下设施的总称，地上附着物包括道路、桥梁、水渠等，地下设施有供水、供热、供气、照明、通信等各种管线。

房地产开发，是指房地产开发企业在依法取得国有土地使用权的土地上进行住宅、商业用房和基础设施、配套设施以及其他建筑物、附着物的建造和经营的行为。

（二）房地产市场

1. 一级市场，是指国家以土地所有者和管理者的身份，将土地使用权出让给房地产经营者与使用者的交易市场。

2. 二级市场，是指土地使用权出让后，由房地产经营者投资开发后，从事房屋出售、出租、土地转让、抵押等房地产交易。

3. 三级市场，是指在二级市场的基础上再转让或出租的房地产交易。

（三）房地产企业的划分

房地产企业既是房地产产品的生产者，又是房地产商品的经营者。

1. 从经营内容和经营方式的角度划分，房地产企业主要可以划分为房地产开发企业、房地产中介服务企业和物业管理企业等。

2. 从经营范围的广度划分，房地产企业可以划分为房地产综合企业、房地产专营企业和房地产项目企业。

房地产综合企业是指综合从事房地产开发、经营、管理和服务的企业。房地产专营企业是指长期专门从事如房地产开发、租售、中介服务，以及物业管理等某一方面经营业务的企业。房地产项目企业是指针对某一特定房地产开发项目而设立的企业。许多合资经营和合作经营的房地产开发公司即属于这种类型。项目企业是在项目可行并确立的基础上设立的，其生命期从项目开始，当项目结束时企业终了，这种组织形式便于进行经营核算，是房地产开发企业常用的一种形式。

二、房地产开发企业资质要求

（一）房地产开发企业资质认定

《房地产开发企业资质管理规定》对我国房地产开发企业划分了四个资质等级，其注册资本分别为不低于 5 000 万元、2 000 万元、800 万元、100 万元，并就不同资质等级应当具备的条件和开发适用范围做出了较为严格的规定，包括一级资质的房地产开发企业承担房地产项目的建设规模不受限制，可以在全国范围承揽房地产开发项目；二级资质及二级资质以下的房地产开发企业可以承担建筑面积 25 万平方米以下的开发建设项目，承担业务的具体范围由省、自治区、直辖市人民政府建设行政主管部门确定（见表 1-1）。

表 1 – 1　　　　　　　　　　房地产开发企业资质等级

资质等级	注册资金	经营期限	备注
一级资质	超过 5 000 万元	5 年	一级企业在全国范围承揽项目
二级资质	超过 2 000 万元	3 年	二级、三级、四级企业承担建筑面积 25 万平方米以下的项目
三级资质	超过 800 万元	2 年	
四级资质	超过 100 万元	1 年	

（二）以二级开发资质为例，房地产开发企业需具备的条件

1. 注册资本不低于 2 000 万元；

2. 从事房地产开发经营 3 年以上；

3. 近 3 年房屋建筑面积累计竣工 15 万平方米以上，或者累计完成与此相当的房地产开发投资额；

4. 连续 3 年建筑工程质量合格率达 100%；

5. 上一年房屋建筑施工面积 10 万平方米以上，或者完成与此相当的房地产开发投资额；

6. 有职称的建筑、结构、财务、房地产及有关经济类的专业管理人员不少于 20 人，其中具有中级以上职称的管理人员不少于 10 人，持有资格证书的专职会计人员不少于 3 人；

7. 工程技术、财务、统计等业务负责人具有相应专业中级以上职称；

8. 具有完善的质量保证体系，商品住宅销售中实行了《住宅质量保证书》和《住宅使用说明书》制度；

9. 未发生过重大工程质量事故。

（三）房地产开发企业资质认定审批级次

一级资质由省、自治区、直辖市人民政府建设行政主管部门初审，报国务院建设行政主管部门审批；二级资质及二级资质以下企业的审批办法由省、自治区、直辖市人民政府建设行政主管部门制定；经资质审查合格的企业，由资质审批部门发给相应等级的资质证书。

由于我国房地产相关法律规定各资质等级开发企业应当在规定的业务范围内从事房地产开发经营业务，不得越级承担业务，由此导致了现实工作中大量无开发资质企业挂靠行为的出现。

第二节　房地产开发企业的主要业务

一、土地的开发与经营

（一）土地的性质和用途

1. 土地的性质和出让年限

我国土地分为国有土地和集体土地两种。城市的土地，属于国家所有，法律规定属于国家所有的农村和城市效区的土地，属于国家所有，集体土地依法归集体组织全体成员所有。国有土地使用权是指国有土地使用人依法利用土地并取得收益的权利。农民集体土地使用权是指农民集体土地的使用人依法利用土地并取得收益的权利，可分为农用土地使用权、宅基地使用权和建设用地使用权。我国《物权法》第一百三十五条规定，建设用地使用权人依法对国家所有的土地享有占有、使用和收益的权利，有权利用该土地建造建筑物、构筑物及其附属设施。

我国土地使用权出让最高年限规定为：居住用地 70 年，工业用地 50 年，教育、科技、文化、卫生、体育用地 50 年，商业、旅游、娱乐用地 40 年，综合用地或者其他用地 50 年。

取得土地使用权的土地使用者，其使用权在使用年限内可以转让、出租、抵押或用于其他经济活动，合法权益受国家法律保护。

2. 土地的用途及变更

（1）土地的用途

根据《城市用地分类与规划建设用地标准的规定》，城市用地可以分为 10 类：①居住用地；②公用设施用地（含商业用地）；③工业用地；④仓储用地；⑤对外交通用地；⑥道路广场用地；⑦市政公用设施用地；⑧绿化用地；⑨特殊用地；⑩商住两用地。

（2）土地用途的变更

依照《城市房地产管理法》第十七条的规定，改变土地用途应依循以下程序：

①取得出让方和城市规划行政主管部门的同意

土地用途改变，将直接引起土地出让最高年限的改变和土地使用权出让金的变化。同时，土地用途的改变，必然发生土地使用权出让合同中规定的权利义务关系的变化。因此，《城市房地产管理法》和《城镇国有土地使用权出让和转让暂行条例》都规定了土地用途的改变必须取得出让人的同意或批准。

土地用途是城市规划的重要内容之一，改变后的土地用途必须符合城市规划的要求。因此，改变土地用途亦应取得城市规划行政主管部门的同意。

②签订土地使用权出让合同变更协议或重新签订土地使用权出让合同

土地用途的改变是土地使用权出让合同内容的重大变更，因此，土地用途的改变，在取得出让人和城市规划行政主管部门的同意之后，应由出让人和受让人签订土地使用权出让合同变更协议或者重新签订土地使用权出让合同，调整土地使用权出让年限，并相应调整土地使用权出让金。

（二）国有土地使用权的获取

1. 国有土地使用权的获取方式

国有土地使用权的获取方式按土地使用者是否向土地所有者支付土地使用权出让金分为有偿获取方式和无偿获取方式两种。

有偿获得国有土地的方式主要包括出让方式取得和转让方式取得。我国《城市房地产管理法》规定，"土地使用权出让，可以采取拍卖、招标或者双方协议的方式"，其中，协议出让国有土地使用权是指国家以协议方式将国有土地使用权在一定年限内出让给土地使用者，由土地使用者向国家支付土地使用权出让金的行为。土地转让方式是经出让方式获得土地使用权的土地使用者通过买卖、赠与、交换或者其他方式将土地使用权进行再转移。有偿取得的国有土地使用权可以依法转让、出租、抵押和继承。我国房地产开发用地主要通过有偿方式获取，其中，集体所有的土地必须经政府部门依法征收成为国有土地后方可进行房地产开发。

无偿获取国有土地的方式是划拨方式，但需要支付给原土地使用者拆迁安置及各项补偿费用，划拨土地使用权在补办出让手续、补缴或抵交土地使用权出让金之后，才可以转让、出租、抵押。房地产企业能够无偿获取国有土地的情形源于自 2009 年以来城镇保障性安居工程的开发建设，中央政府一再强调，保障性安居工程的主体是廉租房和经济适用房，其供地方式统一为划拨，而棚户区改造则以原地改建为主。

2. 土地出让的法规调整

最初，房地产开发用地在符合国土资源部《协议出让国有土地使用权规定》（自 2003 年 8 月 1 日起施行）要求的情形下可通过协议出让方式取得。该规定要求，出让国有土地使用权，除依照法律、法规和规章的规定应当采用招标、拍卖或者挂牌方式外，方可采取协议方式。在公布的地段上，同一地块只有一个意向用地者的，市、县人民政府国土资源行政主管部门方可按照本规定采取协议方式出让；但商业、旅游、娱乐和商品住宅等经营性用地除外。同一地块有两个或者两个以上意向用地者的，市、县人民政府国土资源行政主管部门应当按照《招标拍卖挂牌出让国有土地使用权规定》，采取招标、拍卖或者挂牌方式出让。

现在，按照国土资源部《招标拍卖挂牌出让国有建设用地使用权规定》（自 2007 年 11 月 1 日起施行），工业、商业、旅游、娱乐和商品住宅等经营性用地以及同一宗地有两个以上意向用地者的，应当以招标、拍卖或挂牌方式出让。因此，国土资源部新规定实施以后，房地产开发用地已不再能通过协议出让方式有偿获取。

3. 开发用地闲置的法律规定

《中华人民共和国城市房地产管理法》规定，以出让方式取得土地使用权进行房地产开发的，必须按照土地使用权出让合同约定的土地用途、动工开发期限开发土地。超过出让合同约定的动工开发日期满 1 年未动工开发的，可以征收相当于土地使用权出让金 20% 以下的土地闲置费；满 2 年未开动工开发的，可以无偿收回土地使用权；但是，因不可抗力或者政府、政府有关部门的行为或者动工开发必需的前期工作造成动工开发迟延的除外。

2012 年 7 月 1 日开始实施的国土资源部《闲置土地处置办法》（以下简称新办法）明确规定了两种情况可以认定为闲置土地。第一种情况是，开发商没有按照合同约定的动工日期开工且满 1 年的国有建设用地；第二种情况是，已动工开发，但开发面积不足总面积的三分之一，或者已投资额不足总投资额的 25%，中止开发建设满 1 年的国有建设用地。新办法比国土资源部 1999 年 5 号令（旧办法）明确了"动工"、"投资额"这两个要件，并设置了硬性条件。同时，新办法取消了缴纳土地闲置费的弹性空间，直接规定为"土地出让或划拨价款的20%",而且土地闲置费不得计入生产成本,并取消了闲置满2年政府无偿收回土地的例外规定,规定凡是闲置满2年的土地,由市、县国土资源主管部门无偿收回。

（三）土地的开发及成本构成

1. 土地的开发

房地产开发企业对依法获取的国有土地既可进行一次开发,亦可进行二次开发。土地的一次开发业务包含征地、动迁、七通一平等,企业可将一次开发完成后的土地有偿转让给其他单位使用,也可自行组织建造房屋和其他设施而后作价销售,这种方式称为土地的二次开发。房地产开发企业还可以开展土地出租业务。

2. 土地开发的成本核算

"土地开发成本"科目是核算土地开发的成本类一级会计科目,该科目主要包括五大成本项目:

（1）土地费用。指直接与购置土地有关的费用,包括受让费用、拆迁费用、填海造地费及其他有关手续费和税费支出等。这些费用直接计入本科目。

（2）基础设施费。一般情况下,是指达到预期使用功能的熟地状态所投入的线性建设费用,主要包括通电、通路、供水、通信、排水（上下）和土地平整费用等,此类费用属直接费用,直接计入本科目。

（3）配套设施费。一般指水、电、大市政和公建配套的建筑物建设费用,如学校、邮电、银行、供电的开闭所、公厕等。

（4）筹资费用。房地产开发企业为开发土地而借入的资金所发生的利息等借款费用,在土地开发完工之前,计入本科目,土地开发完工之后而发生的利息等借款费用,计入财务费用。

（5）应由开发土地负担的间接费用。指企业所属单位直接组织、管理开发项目所发生的费用,主要包括工资、福利费、劳动保护费、办公费等。应由开发土地负担的间接费用,应在"开发间接费用"科目进行归集,月末再按一定的分配标准分配计入本科目。企业行政管理部门（总部）为组织和管理生产经营活动而发生的管理费用,应作为期间费用,不在本科目核算。

由于土地的稀缺性导致土地成本在房地产项目开发成本中比重近几年

逐年上升，所以企业开发项目围绕土地获取和开发的各类书面合同、补充协议、权属证明、规划许可中关于土地使用权取得方式、土地的初始状况、实际面积、坐落位置、土地交付时间、土地价款的支付、征地拆迁补偿方式和补偿金额、规划的土地用途等信息对于确定企业土地开发、销售成本以及房屋开发中土地征用及拆迁补偿成本的真实性、相关性以及合法性就显得尤为重要。

（四）国家针对城市建设用地的近期宏观调控政策

2007年国务院出台的《关于调整报国务院批准城市建设用地审批方式有关问题的通知》中称，各市、县国土资源管理部门将优先安排廉租住房、经济适用住房和中低价位、中小套型普通商品住房建设用地，其年度供应总量不得低于住宅供应总量的70%。

2010年，国土资源部再次下发通知明确上述规定，要求依据城市规划和发展需要，按照首先满足民生工程和基础设施建设、控制工业用地的原则申报城市用地。申报住宅用地的，经济适用住房、廉租住房和中低价位、中小套型普通商品住房用地占住宅用地的比例不得低于70%。

二、房屋的开发与经营

（一）房屋开发的种类

房屋的开发指房屋的建造，房屋的经营指房屋的销售与出租。房地产开发企业可以在开发完成的土地上继续开发房屋，开发完成后可作为商品作价出售、出租或转为企业自用。企业开发的房屋，按用途可分为商品房、出租房、周转房、安置房和代建房等；商品房按建筑结构分砖木结构、砖混结构、框架结构；按室内铺设程度分为毛坯房、成品房、精装房；按开发状态分现房和期房；按消费对象分为经济性住房（包括普通标准住房、安置房、经济适用房和城市廉租房等）和非经济性住房（包括非普通标准住房、别墅、公建、商用房等）。按照房屋的使用功能可以分成居住用途的房屋、工业用途的房屋、商业用途的房屋、文体娱乐设施、政府和公用设施、多功能建筑（综合楼宇，又叫城市综合体）。

（二）房屋开发的成本核算

房屋开发一般以单位工程作为成本计算对象，开竣工时间相同、动工地点相近的房屋开发可以合并确定成本计算对象。经规划许可分期滚动开发的住宅小区，应区分每一期开发确定独立的成本计算对象并核算其成本。房屋开发具体核算内容见本部分第四章第四节。

（三）国家针对商品住房的近期宏观调控政策

国家在不同发展时期对于经济性住房和非经济性住房的宏观政策（包括土地政策、财政政策、货币政策等）是有所不同的。自2002年以来，中央政府分别从政府土地供应比重、住房供应结构比重、居民购房首付款比例、银行差别化信贷利率、住房公积金贷款最高限定、税费优惠政策、家庭住房限购条件等不同方面鼓励国民进行自住房、改善房购买行为，限制投机炒房行为，引导房地产行业健康平稳发展以拉动国内投资和消费，促进经济发展。2006年6月1日起，建设部要求各城市（包括县城，下同）年度（从6月1日起计算，下同）新审批、新开工的商品住房总面积中，套型建筑面积90平方米以下住房（含经济适用住房）面积所占比重，必须达到70%以上。尤其自2010年以来，中国房地产政策已由此前的支持转向抑制投机，遏制房价过快上涨，并且先后采取多种调控手段，把着力推进保障性安居工程，加快发展公共租赁住房作为政府2010年至"十二五"期末的工作重点。

三、城市基础设施和公共配套设施的开发

（一）开发的具体内容

企业承担为城市生产和居民生活提供公共服务的物质工程设施开发，如能源供应系统、供水排水系统、交通运输系统、邮电通信系统、环保环卫处理系统、防卫防灾安全系统等项目的开发。

城市基础设施和公共配套设施的开发应与房地产开发企业其他开发产品成本项目中包含的基础设施和公共配套设施区分开来，如住宅小区内基础设施费是指某具体开发项目红线内发生的各项基础设施支出，包括开发小区内道路、供水、供电、供气、排污、排洪、通信、照明、环卫、绿化

等工程支出；小区内公共配套设施费是指某具体开发项目红线内发生的、独立的、非营利性不能单独有偿转让（按照规划要求产权归全体业主所有或无偿提供给当地政府）的公共配套设施支出，包括小区内居委会、派出所、公立幼儿园、消防、锅炉房、水塔、自行车棚、公共厕所等设施支出。

（二）开发的基本核算

作为一种营利性、可单独有偿转让的开发产品，城市基础设施和公共配套设施的开发属于房地产开发企业的主要业务之一，相应的成本在"城市基础设施和公共配套设施开发"科目中核算，具体成本核算项目可参照"土地开发"或"房屋开发"的成本项目内容进行合理归集和分配，最后确定出此类开发产品的总成本和单位成本。

而住宅小区内基础设施费和公共配套设施费的建设成本在"房屋开发——××住宅小区"对应的房屋开发成本项目专栏中归集核算，最后确定出开发小区各期房屋开发产品的总成本和单位成本。

其中，配套设施开发的核算分两种情况。其一，经有权机关批准建设且房地产企业不能有偿转让的公共配套设施，房地产开发企业可按照建筑面积或投资比例采取预提办法从开发成本中计提公共配套设施费，即借记本科目，贷记"预提费用"，预提的公共配套设施费只能用于相关的工程建设，不得挪作他用，预提数与实际支出数的差额，待工程完工后再调整有关科目。其二，单独立项且已落实投资来源、能够有偿转让的公共配套设施，不得从开发成本中预提公共配套设施费。

四、代建工程的开发

代建工程的开发是开发企业接受政府和其他单位委托，代为开发的工程。现实工作中在税收征管和检查中界定开发产品是否为代建工程的相关要求（要求同时符合）一般是：

1. 开发项目的立项、审批等法律明确的所属单位是委托单位或个人（包括开发用地和最终开发产品的权属）；

2. 开发项目所需的主要资金（包括设备和主要材料等）由委托单位或个人支付；

3. 施工企业的发票、竣工结算报告等的开具名头对应的是委托单位或个人；

4. 接受委托代为开发的房地产开发企业不垫付资金（一般只垫付少量资金和辅助材料），只与委托单位或个人就代建手续费结算开具正式发票。

房地产开发企业上述业务的开发规模、复杂程度会根据具体项目有所不同，开发区域一般分新城区开发和老城区开发，开发方式可分为自行开发和合作开发等。税收征管和检查中要注意动态信息采集，掌握开发企业各纳税年度开发产品前期手续、开发项目种类、开发地点、开发方式、开发数量和开发面积、各自开竣工时间、具体设计单位、监理单位、施工单位、工程造价审计单位等重要信息以总体掌握开发企业各个年度项目开发情况，实施税收一体化管理。

第三节　房地产开发企业的生产经营特点和产品销售方式

一、房地产开发企业的生产经营特点

1. 项目审批严格。在开发过程中，从征用土地、建设房屋到商品房销售，均严格按照规划、征地、设计、施工、配套、销售"六统一"的原则有计划地进行，每一步都须经政府有关部门审批。

2. 开发经营方式多样。房地产开发方式分为自行开发、合作建房、代建工程和提供劳务等；经营方式包括土地的开发与经营、房屋的开发与经营、公共设施的配套开发以及代建工程。

3. 开发产品固定。开发产品的位置固定不变，均按套销售，不得分割拆零销售，每套房产都有一套完整的档案资料。

4. 建设周期长。开发产品从立项到交付使用，一般不少于一年，个别项目多则数年才能完成，有的多个项目同时开发或先后滚动开发。

5. 资金占用量大。投入和回笼资金集中，开发建设占用资金一般以银行借款为主，自有资金所占比重较小。

二、房地产开发产品的销售方式

以房地产主要开发业务之住宅房开发为例，主要销售方式可按产品的

完工程度和结算方式进行分类。

（一）按商品房的完工程度分

1. 商品房预售。是指开发企业将正在建设中的商品房预先出售给买受人，由买受人交付定金或者房价款。

2. 商品房现售。是指开发企业将竣工验收合格的商品房出售给买受人，由买受人交付房价款。

（二）按结算方式分

1. 一次性收款销售。是指买受人一次性将购房款全部交付给开发企业。

2. 分期收款销售。是指买受人在约定时间内分期、分批将购房款交付给开发企业。

3. 银行按揭销售。又称购房抵押贷款，是指买受人以所购房屋的产权作抵押，由银行先行支付房款给开发企业，买受人再按月向银行分期支付本息。

4. 委托销售。是指开发企业委托房地产中介服务机构销售现房或期房并收取购房款，开发企业与受托方结算款项。

5. 先租后售。是指买受人可以先租住商品房，至买受人有能力购买商品房产权时，开发企业如数退还此前收取的租金，再按租住时议定的价格将商品房出售给买受人。

6. 售后返租。是指买受人购买商品房后，以双方议定的租价和租期返租给开发企业。

7. 上述几种销售方式的组合以及其他销售方式。

第二章

房地产开发的业务流程

本章重点讲解房地产企业一般性开发流程、企业内外部管理体系以及企业基本财务核算，企业开发各环节涉税问题及特殊流程在教材第二部分讲解。

第一节　房地产开发的一般性业务流程

房地产开发业务流程一般包括前期准备、建设施工、预售及产权转移等几个阶段。

一、前期准备阶段

（一）土地使用权取得

房地产开发公司按照规定缴纳土地出让金、契税和其他相关税费，通过国土资源局申请办理和取得《国有土地使用权证》。

（二）项目立项

开发公司聘请有资质单位做可行性研究报告、策划方案、环境评估报告、地质灾害性报告等，依照规定申请并获得发改委《项目立项书》。

（三）项目规划许可

开发项目由规划局指定的单位对土地用途等进行规划，规划完成并获得《建设用地规划许可证》，方可进入总体规划。施工图纸审查合格，获得《建设工程规划许可证》。

二、建设施工阶段

根据前期审批的规划设计图纸和文件，通过正式的招标程序，组织施工企业进场施工，到建设主管部门办理《建设工程施工许可证》。建设工程的主要承包方式有包工包料和包工不包料两种。

三、预售及产权转移阶段

取得房管部门颁发的《商品房预售许可证》后，进行商品房预售；取得房管部门颁发的《商品房销售许可证》后，进行商品房销售，付清房款进行产权转移，并按照规定为购房者办理分户房产证。

商品房开发工作流程如图 1 - 1 所示。

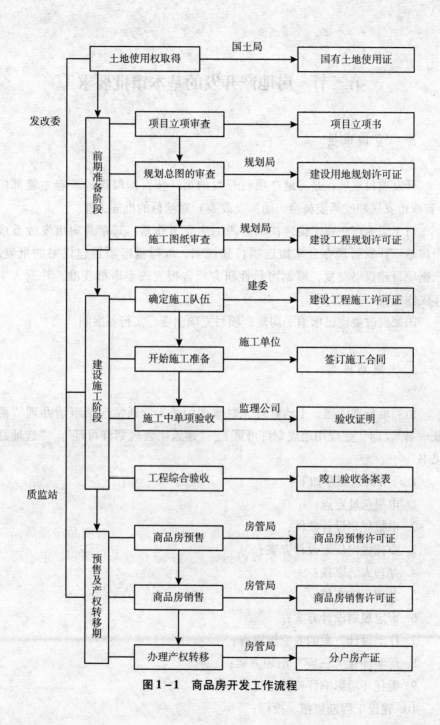

图1-1 商品房开发工作流程

第二节　房地产开发的基本审批要求

一、立项审批

开发项目立项，是房地产项目开发的第一步，即取得的政府主管部门（省或市发展和改革委员会，简称发改委）对项目的批准文件。

对于房地产企业来说，在本阶段的主要工作是：起草并向市发改委或市房地产开发管理办公室报送项目建议书，取得批准项目建议书的批复；依据项目建议书批复，编制可行性研究报告报发改委审批获准，并列入本年度固定资产投资计划。

国家发改委现已取消了房地产项目立项制度，实行备案制。

二、规划审批

由当地规划管理、土地管理、财政部门负责，通常包括申请办理"两证一书"，即"建设用地规划许可证"、"建筑工程规划许可证"、"选址意见书"。

此环节大致程序如下：

1. 申报选址定点；
2. 申报规划设计条件；
3. 委托做出规划设计方案；
4. 办理人防审核；
5. 办理消防审核；
6. 审定规划设计方案；
7. 住宅设计方案的专家组审查；
8. 落实环保"三废"治理方案；
9. 委托环境影响评价并报批；
10. 建设工程勘察招、投标；
11. 委托地质勘探；
12. 委托初步设计；

13. 申报、审定初步设计。

三、取 地 审 批

由当地土地储备中心或土地交易市场负责，开发企业需履行正常的"招、拍、挂"出让程序获取国有开发用地（微利开发项目也可通过协议出让方式获取土地、保障性住房用地通过划拨方式无偿获取）、缴清全部地价款后办理《国有土地使用权证》或取得建设用地批复。

取得房地产开发项目土地使用权的法律程序如下：

（一）国有土地使用权的出让

1. 办理建设用地规划许可证；
2. 办理建设用地委托钉桩；
3. 办理国有土地使用权出让申请；
4. 主管部门实地勘察；
5. 土地估价报告的预审；
6. 委托地价评估；
7. 办理核定地价手续；
8. 办理土地出让审批；
9. 签订国有土地使用权出让合同；
10. 领取临时国有土地使用证；
11. 领取正式国有土地使用证；
12. 国有土地使用权出让金的返还。

（二）国有土地使用权的划拨

13. 国有土地使用权划拨用地申请；
14. 主管部门现场勘察；
15. 划拨用地申请的审核、报批；
16. 取得划拨用地批准。

（三）集体土地征用

17. 征用集体土地用地申请；

18. 到拟征地所在区（县）房地局立案；

19. 签订征地协议；

20. 签订补偿安置协议；

21. 确定劳动力安置方案；

22. 区（县）房地局审核各项协议；

23. 市政府下文征地；

24. 交纳菜田基金、耕地占用税等税费；

25. 办理批地文件、批地图；

26. 办理冻结户口；

27. 调查户口核实劳动力；

28. 办理农转工工作；

29. 办理农转居工作；

30. 办理超转人员安置工作；

31. 地上物作价补偿工作；

32. 征地结案。

四、施工审批

房地产公司向建委报送规划许可证和规费缴纳凭证等资料，申请"建筑工程施工许可证"，由当地建委、消防、环保、市政公用等部门分别负责。

以《房屋建筑工程施工许可》的办理为例，申请人需提交如下申请材料：

1. 按规定填写、盖章的《建筑工程施工许可申请表》一式三份；

2. 建设工程规划许可证正本、附件的复印件；

3. 用地批准手续（国有土地使用证或有关批准文件）复印件；

4. 施工图设计文件审查通知书原件；

5. 招投标管理部门出具的施工合同备案表；

6. 招投标管理部门出具的监理合同备案表（将依法应当委托监理的工程提交）；

7. 建筑施工企业安全生产管理人员安全生产考核合格证书（B本、C本）和《地上、地下管线及建（构）筑物资料移交单》原件（施工安全监督备案用）；

8. 项目建设资金落实证明原件；

9. 人防部门出具的人防施工图备案回执；

10. 法人委托书；

11. 分类填报的《××市建筑节能设计审查备案登记表》（一式三份，建筑节能设计审查用）。

五、销售审批

依据《商品房销售管理办法》、《城市商品房预售管理办法》向房管局报送材料办理"商品房预售许可证"、"商品房销售许可证"，同时交付商品房时开发商需要向购房者提供《住宅质量保证书》和《住宅使用说明书》。

房地产开发企业申办商品房销售许可证应提供以下证件：

1. 商品房销售申请报告。

2. 填写《××市商品房销售登记表》。

3. 开发企业的营业执照及资质证书。

4. 商品房建设投资计划。

5.《国有土地使用证》或《建设用地规划许可证》配核定用地图。

6.《建设工程规划许可证》。

7. 建设项目的总平面图、首层及标准层平面图。

8. 供热配套证明。

9. 燃气证明。

10. 市物价局的商品房销售价格批复。

11. 属于预售商品房的，需提供完成主体工程投资额20%以上的证明文件。

12. 商品房申请销售明细表。

2012年10月，在国务院最新发布的第六批取消和调整行政审批项目决定中，"房地产预售许可"原是由"县级以上地方人民政府房地产管理部门"负责审批，而下放后，实施机关将变更为"设区的市级、县级人民政府房地产管理部门"。

六、产权登记

产权登记是国家为健全法制，加强城镇房地产管理，依法确认房地产产权的法定手续。采取房地产登记制度，凡在规定范围内的房地产权，不论归谁所有，都必须按照登记办法的规定，向房地产所在地的房地产管理机关申请登记。经审查确认产权后，由房地产管理机关发给《房地产产权证》。房地产登记时要对权利人、权利性质、权属来源、取得时间、变化情况和房地产面积、结构、用途、价值、等级、坐落、坐标、形状等进行记载，登记机关设置房地产登记册，按编号对房地产登记事项作全面记载。

房地产产权登记包括产权的初始登记和产权的变更登记。其中房屋所有权的初始登记是指新建房屋的权属登记。新建房屋，于竣工后的三个月内办理房屋所有权登记。房屋所有权的登记应按照以下程序进行：

1. 申请。申请人为公民和法人，共有房屋由共有人共同申请。申请人须填写申请书，并出示个人身份证或法人资格证明，以及取得房屋产权的有关证明。

2. 审查。房屋产权登记机关受理申请后，查验各项交验的文件，并通过内部档案调查和实地查账来核实产权人是否属实，产权来源是否合法。

3. 登记入册、颁发证书。登记机关根据审查结果对该房产登记入册，建档，并对申请人颁发房屋产权证，即房屋所有权证书。

第三节　房地产开发企业的管理体系

一、房地产开发企业内部组织管理体系

（一）企业内部组织分工

1. 项目发展部。一般负责项目开发可行性评估报告和项目动工前的报批手续。

2. 项目工程部。一般负责开发项目现场施工准备、组织开发项目招标发标工作、管理现场施工、监管工程进度和质量、组织工程竣工验收、返工和维修等。

3. 项目供应部。一般负责建筑材料、配套设备的采购、验收和储存。

4. 项目销售部。一般负责开发产品销售和租赁的计划与实施。

5. 财务部门。一般负责企业财务核算、工程预决算、款项结算等工作。

6. 办公室。一般负责企业行政和人事管理、文件发放和档案管理。

（二）企业内部组织架构

图 1-2 列示了房地产开发企业内部组织架构。

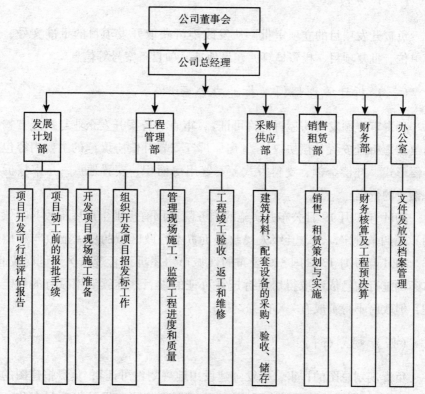

图 1-2　房地产开发企业内部组织架构

二、房地产开发企业外部监督管理体系

房地产开发企业的外部监管部门主要有土地管理部门、发改委、拆迁管理部门、规划部门、建设部门、建筑工程质量监督站、房产管理部门等。

上述部门在工作过程中形成的大量信息与税务征管与稽查密切相关。

（一）土地管理部门

负责办理国有土地出（转）让手续，收取土地出让金，核发《国有土地使用证》。从土地管理部门可获取土地使用权出让和转让信息，包括出（转）让方、出（转）让方地址、受让方地址、土地位置、土地面积、土地用途、土地成交价格、转让金额，是审核土地出（转）让金的依据。

（二）发改委

负责开发项目的立项审批。从发改委可获取开发项目的批准文号、建设单位、批复项目、投资概算、建设地址、项目备案号等信息。

（三）拆迁管理部门（拆迁办公室）

负责审查颁发《房屋拆迁许可证》，审查、备案开发企业与拆迁方签订的《房屋拆迁安置补偿协议》。《房屋拆迁安置补偿协议》的主要内容包括补偿形式、补偿金额、支付方式、安置用房面积、安置地点，是审核拆迁补偿费的依据。

2011 年 1 月 19 日公布并实施的国务院《国有土地上房屋征收与补偿条例》第四条规定，市、县级人民政府负责本行政区域的房屋征收与补偿工作。2001 年 6 月 13 日国务院公布的《城市房屋拆迁管理条例》同时废止。本条例施行前已依法取得房屋拆迁许可证的项目，继续沿用原有的规定办理，但政府不得责成有关部门强制拆迁。

（四）规划部门

负责规划总图的评审，核发《建设用地规划许可证》；负责报建图的审查，核发《建设工程规划许可证》。从规划部门可获取开发项目名称、性质、占地面积，规划的建筑面积、容积率、可销售面积、不可销售面积以及公共配套设施情况等信息，是审核可售面积的依据。

（五）建设主管部门

负责对工程开工条件进行审查，核发《建筑工程施工许可证》。从建设主管部门可获取建筑工程施工许可证书编号、建设单位、工程名称、工程地址、工程概算、施工单位、监理单位、开工日期等信息。

（六）建筑工程质量监督部门

负责对建设单位提供的竣工验收报告进行备案审查，出具建设工程项目竣工综合验收备案证明。从建筑工程质量监督部门可获取开发项目完工的《工程竣工验收备案表》，采集工程竣工验收时间、竣工验收意见等信息。

（七）房产管理部门

负责审查商品房预售方案，核发《商品房预售许可证》；负责对房屋建筑面积进行测量，出具测绘报告；负责核准新建商品房所有权初始（大产权证）登记以及分户产权登记。从房产管理部门可获取房产位置、建筑面积、产权证号、发证时间等房产交易、预售许可证发放信息。

三、房地产中介机构

房地产开发业务涉及的中介机构主要有工程监理公司和审计师（会计师）事务所等。

（一）工程监理公司

主要职责是控制工程建设的投资、建设工期、工程质量；进行安全管理、工程建设合同管理；协调有关单位之间的工作关系。其在工程监理过程中形成的《监理日记》、《监理月报》、《监理工作总结》等资料，对审核房地产开发成本的真实性具有重要参考价值。

（二）审计师（会计师）事务所

主要负责对房地产开发项目的预（决）算报告进行审计，出具中介审计报告。审计报告是编制决算的依据，对审核预决算差异的真实性具有重要参考价值。

第四节　房地产开发企业的基本财务核算

一、开发产品销售收入的确认

（一）会计制度要求按权责发生制原则确认的开发产品销售收入

《企业会计准则——收入》要求确认商品销售收入需同时满足以下条件：

1. 企业已将商品所有权上的主要风险和报酬转移给购货方；

2. 企业既没有保留通常与所有权相联系的继续管理权，也没有对已售出的商品实施控制；

3. 与交易相关的经济利益能够流入企业；

4. 相关的收入能够可靠地计量；

5. 相关的成本能够可靠地计量。

（二）房地产会计核算实务中商品房销售收入不规范确认的具体方式

1. 以签订预售合同并收取预收房款作为收入确认的依据；

2. 以签订正式房屋销售合同并开具正式销售发票作为收入实现；

3. 以开发的房地产项目经竣工验收，签订正式房屋销售合同并收取首付款确认收入实现；

4. 以开发的房地产项目经竣工验收，签订正式房屋销售合同并收取首付款开出"入住通知书"作为销售实现；

5. 以收讫全部房款并办妥产权过户手续作为销售收入的确认等。

（三）开发产品销售涉及的主要会计科目

1. 开发产品预售阶段，因不满足会计收入确认条件，企业取得客户预售款时主要涉及"银行存款"、"预收账款"等科目。核算不规范的企业可能将收到的预售款项记入"其他应付款"科目。

2. 开发产品销售满足确认收入条件时，应将符合条件的"预收账款"

金额转入"主营业务收入"账户。

二、开发产品成本的核算要求

（一）房地产企业成本核算一般流程

1. 合理确定成本计算对象；
2. 完整归集并合理分配成本；
3. 定期编制成本计算单，结转确定完工产品总成本和单位面积完工产品成本；
4. 根据当期实现销售的面积计算结转产品销售成本。

（二）成本计算对象的确定

成本对象是指为归集和分配产品开发、建造过程中的各项耗费而确定的费用承担项目。计税成本对象的确定原则如下：

1. 可否销售原则

开发产品能够对外经营销售的，应作为独立的计税成本对象进行成本核算；不能对外经营销售的，可先作为过渡性成本对象进行归集，然后再将其相关成本摊入能够对外经营销售的成本对象。

2. 分类归集原则

对同一开发地点、竣工时间相近、产品结构类型没有明显差异的群体开发的项目，可作为一个成本对象进行核算。

3. 功能区分原则

开发项目某组成部分相对独立，且具有不同使用功能时，可以作为独立的成本对象进行核算。

4. 定价差异原则

开发产品因其产品类型或功能不同等而导致其预期售价存在较大差异的，应分别作为成本对象进行核算。

5. 成本差异原则

开发产品因建筑上存在明显差异可能导致其建造成本出现较大差异的，要分别作为成本对象进行核算。

6. 权益区分原则

开发项目属于受托代建的或多方合作开发的，应结合上述原则分别划分成本对象进行核算。

(三) 开发成本核算及成本项目

企业主要通过"开发成本"科目进行各类开发产品的成本核算。具体成本计算对象的成本项目构成主要包括以下七个方面的内容：

1. 土地价款及拆迁补偿费

指为取得土地开发使用权（或开发权）而发生的各项费用，主要包括土地买价或出让金、大市政配套费、契税、耕地占用税、土地使用费、土地闲置费、土地变更用途和超面积补交的地价及相关税费、拆迁补偿支出、安置及动迁支出、回迁房建造支出、农作物补偿费、危房补偿费等。

2. 前期工程费

指项目开发前期发生的水文地质勘察、测绘、规划、设计、可行性研究、筹建、场地通平等前期费用。

3. 基础设施费

指开发项目在开发过程中所发生的各项基础设施支出，主要包括开发项目内道路、供水、供电、供气、排污、排洪、通信、照明等社区管网工程费和环境卫生、园林绿化等园林环境工程费。

4. 建筑安装工程费

指开发项目开发过程中发生的各项建筑安装费用。主要包括开发项目建筑工程费和开发项目安装工程费等。

5. 公共配套设施费

指开发项目内发生的、独立的、非营利性的，且产权属于全体业主的，或无偿赠与地方政府、政府公用事业单位的公共配套设施支出。

6. 开发间接费

指企业为直接组织和管理开发项目所发生的，且不能将其归属于特定成本对象的成本费用性支出。主要包括管理人员工资、职工福利费、折旧费、修理费、办公费、水电费、劳动保护费、工程管理费、周转房摊销以及项目营销设施建造费等。企业各行政部门为管理企业而发生的各项费用不在此核算。

7. 其他成本项目

指开发项目内发生的不能归集入上述成本项目的其他成本费用性支出，如应予资本化的利息支出等。

第二部分

房地产开发企业税务处理
疑难问题分析

房地产开发经营中的税收政策比较复杂，针对同一业务涉及多个税种，且不同税种的规定也不统一。房地产开发企业具有经营方式多样、开发建设周期长、资金运作密集、涉及关联交易较普遍等特点，涉税处理的差错率较高。部分房地产企业使用一些不当的节税手段，也给税企双方带来了较高的涉税风险。

第一章

房地产开发企业税收政策的
一般规定

本章重点讲解房地产开发企业所涉税收政策的一般规定，特殊业务的税务处理将在第二章讲解。

第一节 房地产行业经营流程
涉及的主要税种

房地产开发经营企业在各经营流程中涉及的税种包括房地产业各环节涉及的税种、房地产开发行业生产经营各阶段业务流程涉及的税种。

一、房地产业各环节涉及的税种

房地产业各环节涉及的税费主要有 12 个，分别是营业税、增值税、城市维护建设税、企业所得税、个人所得税、土地增值税、城镇土地使用税、房产税、印花税、耕地占用税、契税、车船税、教育费附加。

除此之外还有可能发生增值税、车辆购置税、关税等纳税义务。

二、房地产开发行业生产经营各阶段业务流程涉及的税种

房地产开发行业生产经营各阶段业务流程涉及的税种如表2-1所示。

表2-1　　　　　房地产开发行业生产经营各阶段所涉税种

阶段	经营环节	可能涉及的税种	备注
前期准备阶段	取得土地使用权	契税、印花税、耕地占用税	
建设施工阶段	委托施工	印花税	
	自营工程	营业税（城建、教附）、个人所得税	
预售及产权转移阶段	预售房屋	营业税（城建、教附）、土地增值税、企业所得税、个人所得税、印花税	
	销售房屋转让土地使用权	营业税（城建、教附）、土地增值税、企业所得税、个人所得税、印花税	营业税按"销售不动产"和"转让无形资产"税目，如果所销售房屋为自营工程，仍涉及营业税"建筑业"税目
	清盘汇算	营业税（城建、教附）、土地增值税、企业所得税、个人所得税、印花税	
	赠送房屋或土地	营业税（城建、教附）、土地增值税、企业所得税、个人所得税、印花税	视同销售不动产（税法列举的赠与行为免税照顾）
	转为自用或出租	印花税	
	抵债、分利、职工福利或奖励	营业税（城建、教附）、土地增值税、企业所得税、个人所得税、印花税	视同销售不动产
	非货币性交换	营业税（城建、教附）、土地增值税、企业所得税、个人所得税、印花税	视同销售不动产
	房屋抵押贷款	印花税	以房抵债时按销售不动产纳税
	代收代付费用	营业税（城建、教附）土地增值税、企业所得税、个人所得税、印花税	代收费用手续费合并营业收入计税

续表

阶段	经营环节	可能涉及的税种	备注
自营阶段	出租房屋或土地	营业税（城建、教附）、企业所得税、个人所得税、房产税、城镇土地使用税、印花税	营业税按"服务业——租赁业"税目
	自用房屋或土地	房产税、城镇土地使用税	
	对所建房屋兼营物业管理以及餐饮、娱乐等服务	营业税（城建、教附）、企业所得税、个人所得税	营业税按"服务业"税目，适用相应税率
	股利分配	个人所得税	个人股东所得股利按股息、红利所得计税

第二节　房地产开发企业现行税收政策的一般规定

目前，房地产开发企业涉及的税收政策很多，本节着重讲解营业税税收政策、企业所得税税收政策、土地增值税税收政策、房产税税收政策、城镇土地使用税税收政策和契税税收政策。

一、营业税的一般规定

（一）营业税的征税范围

在中华人民共和国境内提供应税劳务、转让无形资产或者销售不动产的单位和个人，为营业税的纳税人，应当缴纳营业税。

其中：

"劳务"，是指属于建筑业的劳务。

"转让无形资产或者销售不动产"，是指有偿提供有偿转让无形资产或者有偿转让不动产所有权的行为。

"有偿"，是指取得货币、货物或者其他经济利益。

"建筑"，是指新建、改建、扩建各种建筑物、构筑物的工程作业，包括与建筑物相连的各种设备或支柱、操作平台的安装或装设工程作业，以及各种窑炉和金属结构工程作业在内。

"转让无形资产"，是指转让无形资产的所有权或使用权的行为。转让土地使用权，是指土地使用者转让土地使用权的行为。

"销售不动产"，是指有偿转让不动产所有权的行为。不动产，是指不能移动，移动后会引起性质、形状改变的财产。本税目的征收范围包括：销售建筑物或构筑物，销售其他土地附着物。销售建筑物或构筑物，是指有偿转让建筑物或构筑物的所有权的行为。以转让有限产权或永久使用权方式销售建筑物，视同销售建筑物。销售其他土地附着物，是指有偿转让其他土地附着物的所有权的行为。其他土地附着物，是指建筑物或构筑物以外的其他附着于土地的不动产。在销售不动产时连同不动产所占土地的使用权一并转让的行为，比照销售不动产征税。

1. 营业税境内外劳务划分原则问题

"境内"，是指提供或者接受条例规定劳务的单位或者个人在境内；所转让或者出租土地使用权的土地在境内；所销售或者出租的不动产在境内。

2. 在建项目转让的税收问题

单位和个人转让在建项目时，不管是否办理立项人和土地使用人的更名手续，其实质是发生了转让不动产所有权或土地使用权的行为。对于转让在建项目行为应按以下办法征收营业税：（1）转让已完成土地前期开发或正在进行土地前期开发，但尚未进入施工阶段的在建项目，按"转让无形资产"税目中"转让土地使用权"项目征收营业税。（2）转让已进入建筑物施工阶段的在建项目，按"销售不动产"税目征收营业税。

在建项目是指立项建设但尚未完工的房地产项目或其他建设项目。

3. 视同发生应税行为

纳税人有下列情形之一的，视同发生应税行为：（1）单位或者个人将不动产或者土地使用权无偿赠送其他单位或者个人；（2）单位或者个人自己新建（以下简称自建）建筑物后销售，其所发生的自建行为；（3）财政部、国家税务总局规定的其他情形。

财政部、国家税务总局规定的其他情形：（1）抵债，视同销售不动产。国家税务总局《关于以房屋抵顶债务应征营业税问题的批复》（国税函［1998］771号）规定：单位或个人以房屋或其他不动产抵顶有关债务的行为，应按"销售不动产"税目征收营业税。（2）投资，不征收营业税。财

政部、国家税务总局《关于股权转让有关营业税问题的通知》（财税
〔2002〕191号）规定：以无形资产、不动产投资入股，与接受投资方利润
分配，共同承担投资风险的行为，不征收营业税。（3）自用，营业税政策
未作具体规定，应不在征收范围。

（二）营业税纳税义务人和扣缴义务人

1. 纳税义务人

（1）基本规定

在中华人民共和国境内提供本条例规定的劳务、转让无形资产或者销
售不动产的单位和个人，为营业税的纳税人，应当缴纳营业税。

负有营业税纳税义务的单位为发生应税行为并收取货币、货物或者其
他经济利益的单位，但不包括单位依法不需要办理税务登记的内设机构。

（2）特殊规定

单位以承包、承租、挂靠方式经营的，承包人、承租人、挂靠人（以
下统称承包人）发生应税行为，承包人以发包人、出租人、被挂靠人（以
下统称发包人）名义对外经营并由发包人承担相关法律责任的，以发包人
为纳税人；否则以承包人为纳税人。

2. 扣缴义务人

中华人民共和国境外的单位或者个人在境内转让无形资产或者销售不
动产，在境内未设有经营机构的，以其境内代理人为扣缴义务人；在境内
没有代理人的，以受让方或者购买方为扣缴义务人。

国务院财政、税务主管部门规定的其他扣缴义务人。

（三）营业税税率

房地产业销售不动产和转让土地使用权的营业税税率均为5%。

（四）营业税计税依据

1. 基本规定

纳税人的营业额为纳税人提供应税劳务、转让无形资产或者销售不动
产收取的全部价款和价外费用。

其中，价外费用包括收取的手续费、补贴、基金、集资费、返还利润、
奖励费、违约金、滞纳金、延期付款利息、赔偿金、代收款项、代垫款项、

罚息及其他各种性质的价外收费，但不包括同时符合以下条件代为收取的政府性基金或者行政事业性收费：（1）由国务院或者财政部批准设立的政府性基金，由国务院或者省级人民政府及其财政、价格主管部门批准设立的行政事业性收费；（2）收取时开具省级以上财政部门印制的财政票据；（3）所收款项全额上缴财政。

单位和个人提供应税劳务、转让无形资产和销售不动产时，因受让方违约而从受让方取得的赔偿金收入，应并入营业额中征收营业税。

2. 特殊规定

纳税人采取折扣方式转让土地使用权或销售不动产，如果将价款与折扣额在同一张发票上注明的，以折扣后的价款为营业额；如果将折扣额另开发票的，不论其在财务上如何处理，均不得从营业额中扣除。

纳税人转让土地使用权或销售的不动产的价格明显偏低而无正当理由的，以及将不动产无偿赠与他人的，按下列顺序确定其营业额：（1）按纳税人最近时期发生同类应税行为的平均价格核定；（2）按其他纳税人最近时期发生同类应税行为的平均价格核定；（3）按下列公式核定：营业额 = 营业成本或者工程成本 ×（1 + 成本利润率）÷（1 - 营业税税率），公式中的成本利润率，由省、自治区、直辖市税务局确定。

纳税人以人民币以外的货币结算营业额的，其营业额的人民币折合率可以选择营业额发生的当天或者当月 1 日的人民币汇率中间价。纳税人应当在事先确定采用何种折合率，确定后 1 年内不得变更。

（五）混合销售行为

纳税人的下列混合销售行为，应当分别核算应税劳务的营业额和货物的销售额，其应税劳务的营业额缴纳营业税，货物销售额不缴纳营业税；未分别核算的，由主管税务机关核定其应税劳务的营业额：（1）提供建筑业劳务的同时销售自产货物的行为；（2）财政部、国家税务总局规定的其他情形。

（六）纳税义务发生时间

1. 一般规定

营业税纳税义务发生时间为纳税人提供应税劳务、转让无形资产或销售不动产并收讫营业收入款项或者取得索取营业收入款项凭据的当天。

营业税扣缴义务发生时间为纳税人营业税纳税义务发生的当天。

其中：收讫营业收入款项是指纳税人应税行为发生过程中或完成后收取的款项。取得索取营业收入款项凭据的当天，为书面合同确定的付款日期的当天；未签订书面合同或者书面合同未确定付款日期的，为应税行为完成的当天。

2. 特殊规定

纳税人转让土地使用权或者销售不动产，采取预收款方式的，其纳税义务发生时间为收到预收款的当天。

纳税人提供建筑业或者租赁业劳务，采取预收款方式的，其纳税义务发生时间为收到预收款的当天。

纳税人发生将不动产或者土地使用权无偿赠送其他单位或者个人的，其纳税义务发生时间为不动产所有权、土地使用权转移的当天。

纳税人发生自建行为的，其纳税义务发生时间为销售自建建筑物的纳税义务发生时间。

（七）税收待遇

1. 差额征税

纳税人将建筑工程分包给其他单位的，以其取得的全部价款和价外费用扣除其支付给其他单位的分包款后的余额为营业额。

2. 退款减除

纳税人的营业额计算缴纳营业税后因发生退款减除营业额的，应当退还已缴纳营业税税款或者从纳税人以后的应缴纳营业税税额中减除。

财政部、国家税务总局《关于营业税若干政策问题的通知》（财税〔2003〕16号）（以下简称"财税〔2003〕16号文件"）规定：单位和个人因财务会计核算办法改变将已缴纳过营业税的预收性质的价款逐期转为营业收入时，允许从营业额中减除。

3. 税额扣减

营业税纳税人购置税控收款机，可从当期应纳营业税税额中抵免负担的增值税。

增值税小规模纳税人或营业税纳税人购置税控收款机，经主管税务机关审核批准后，可凭购进税控收款机取得的增值税专用发票，按照发票上注明的增值税税额，抵免当期应纳增值税或营业税税额，或者按照购进税控收款机取得的普通发票上注明的价款，依下列公式计算可抵免税额：

$$可抵免的税额 = 价款 \div (1 + 17\%) \times 17\%$$

4. 暂免征收营业税

符合条件的代为收取的政府性基金或者行政事业性收费，暂免征收营业税。

5. 不征收营业税

（1）土地使用者将土地使用权归还给土地所有者取得的收入

土地所有者出让土地使用权和土地使用者将土地使用权归还给土地所有者的行为，不征收营业税。

纳税人将土地使用权归还给土地所有者时，只要出具县级（含）以上地方人民政府收回土地使用权的正式文件，无论支付征地补偿费的资金来源是否为政府财政资金，该行为均属于土地使用者将土地使用权归还给土地所有者的行为，不征收营业税。

关于县级以上（含）地方人民政府收回土地使用权的正式文件，包括县级以上（含）地方人民政府出具的收回土地使用权文件，以及土地管理部门报经县级以上（含）地方人民政府同意后由该土地管理部门出具的收回土地使用权文件。

（2）收取住房专项维修基金

住房专项维修基金是属全体业主共同所有的一项代管基金，专项用于物业保修期满后物业共用部位、共用设施设备的维修和更新、改造。鉴于住房专项维修基金资金所有权及使用的特殊性，对房地产主管部门或其指定机构、公积金管理中心、开发企业以及物业管理单位代收的住房专项维修基金，不计征营业税。

（3）发生融资性售后回租业务取得的销售收入

融资性售后回租业务是指承租方以融资为目的将资产出售给经批准从事融资租赁业务的企业后，又将该项资产从该融资租赁企业租回的行为。融资性售后回租业务中，承租人出售资产的行为，不确认为销售收入。

（八）纳税地点

营业税的纳税地点，分为纳税人和扣缴义务人纳税地点。

1. 营业税纳税人的纳税地点

纳税人提供的建筑业劳务，应当向应税劳务发生地的主管税务机关申报纳税。纳税人转让、出租土地使用权，应当向土地所在地的主管税务机关申报纳税。纳税人销售、出租不动产应当向不动产所在地的主管税务机关申报纳税。

2. 营业税扣缴义务人的纳税地点

扣缴义务人应当向其机构所在地或者居住地的主管税务机关申报缴纳其扣缴的税款。

（九）纳税期限

营业税的纳税期限分别为 5 日、10 日、15 日、1 个月或者 1 个季度。纳税人的具体纳税期限，由主管税务机关根据纳税人应纳税额的大小分别核定；不能按照固定期限纳税的，可以按次纳税。

纳税人以 1 个月或者 1 个季度为一个纳税期的，自期满之日起 15 日内申报纳税；以 5 日、10 日或者 15 日为一个纳税期的，自期满之日起 5 日内预缴税款，于次月 1 日起 15 日内申报纳税并结清上月应纳税款。

扣缴义务人解缴税款的期限，依照前两款的规定执行。

【思考题】

1. 转让"楼花"不办理产权转移，是否存在纳税义务？
2. "假按揭"行为取得收入，可否按照实质课税原则不缴税？
3. 受让方违约而从受让方取得的赔偿金收入缴纳营业税吗？

附营业税政策相关文件

1.《中华人民共和国营业税暂行条例》（国务院令［2008］540 号）

2.《中华人民共和国营业税暂行条例实施细则》（财政部令［2008］52 号）

3. 国家税务总局《关于印发营业税税目注释（试行稿）的通知》（国税发［1993］149 号）

4. 国家税务总局《关于营业税若干征税问题的通知》（国税发［1994］159 号）

5. 国家税务总局《关于中外合作开发房地产征收营业税问题的批复》（国税函发［1994］第 644 号）

6. 国家税务总局《关于印发〈营业税问题解答（之一）〉的通知》（国

税函发〔1995〕156号）

7. 国家税务总局《关于房产开发企业销售不动产征收营业税问题的通知》（国税函发〔1996〕第684号）

8. 国家税务总局《关于销售不动产兼装修行为征收营业税问题的批复》（国税函〔1998〕第53号）

9. 国家税务总局《关于"代建"房屋应如何征收营业税问题的批复》（国税函〔1998〕554号）

10. 国家税务总局《关于以房屋抵顶债务应征收营业税问题的批复》（国税函〔1998〕771号）

11. 国家税务总局《关于房地产开发企业从事"购房回租"等经营活动征收营业税问题》（国税函〔1999〕144号）

12. 国家税务总局《关于企业出租不动产取得的固定收入征收营业税问题的批复》（国税函〔2001〕78号）

13. 财政部、国家税务总局《关于股权转让有关营业税问题的通知》（财税〔2002〕191号）

14. 财政部、国家税务总局《关于营业税若干政策问题的通知》（财税〔2003〕16号）

15. 财政部、国家税务总局《关于推广税控收款机有关税收政策的通知》（财税〔2004〕167号）

16. 国家税务总局《关于住房专项维修基金免征营业税问题的通知》（国税函〔2004〕069号）

17. 国家税务总局《关于合作建房营业税问题的批复》（国税函〔2004〕241号）

18. 国家税务总局《关于合作建房营业税问题的批复》（国税函〔2005〕1003号）

19. 国家税务总局《关于酒店产权式经营业主税收问题的批复》（国税函〔2006〕478号）

20. 国家税务总局《关于个人销售拆迁补偿住房征收营业税问题的批复》（国税函〔2007〕768号）

21. 国家税务总局《关于土地使用者将土地使用权归还给土地所有者行为营业税问题的通知》（国税函〔2008〕277号）

22. 财政部、国家税务总局《关于个人金融商品买卖等营业税若干免税

政策的通知》（财税［2009］111 号）

23. 国家税务总局《关于政府收回土地使用权及纳税人代垫拆迁补偿费有关营业税问题的通知》（国税函［2009］520 号）

24. 国家税务总局《关于融资性售后回租业务中承租方出售资产行为有关税收问题的公告》（总局公告 2010 年第 13 号）

二、土地增值税的一般规定

（一）土地增值税的征税范围与纳税义务人

转让国有土地使用权、地上的建筑物及其附着物（以下简称转让房地产）并取得收入的单位和个人，为土地增值税的纳税义务人（以下简称纳税人），应当缴纳土地增值税。

其中：

转让，是指以出售或者其他方式有偿转让房地产的行为。不包括以继承、赠与方式无偿转让房地产的行为。

国有土地，是指按国家法律规定属于国家所有的土地。

地上的建筑物，是指建于土地上的一切建筑物，包括地上地下的各种附属设施。

附着物，是指附着于土地上的不能移动，一经移动即遭损坏的物品。

取得收入，是指纳税人转让房地产所取得的收入，包括货币收入、实物收入和其他收入，即，转让房地产的全部价款及有关的经济收益。

单位，是指各类企业单位、事业单位、国家机关和社会团体及其他组织。

个人，包括个体经营者。

土地增值税征税范围的要件是：（1）转让国有土地使用权；（2）有偿转让，即取得全部价款及有关的经济收益。

（二）土地增值税的计算

土地增值税按照纳税人转让房地产所取得的增值额规定的税率计算征收。

1. 增值额

纳税人转让房地产所取得的收入减除扣除项目金额后的余额，为增值额。

2. 扣除项目

计算增值额的扣除项目：（1）取得土地使用权所支付的金额；（2）开发土地的成本、费用；（3）新建房及配套设施的成本、费用，或者旧房及建筑物的评估价格；（4）与转让房地产有关的税金；（5）财政部规定的其他扣除项目。

其中：

（1）取得土地使用权所支付的金额，是指纳税人为取得土地使用权所支付的地价款和按国家统一规定交纳的有关费用。

（2）开发土地和新建房及配套设施的成本，是指纳税人房地产开发项目实际发生的成本，包括土地征用及拆迁补偿费、前期工程费、建筑安装工程费、基础设施费、公共配套设施费、开发间接费用。

（3）开发土地和新建房及配套设施的费用（以下简称房地产开发费用），是指与房地产开发项目有关的销售费用、管理费用、财务费用。

财务费用中的利息支出，凡能够按转让房地产项目计算分摊并提供金融机构证明的，允许据实扣除，但最高不能超过按商业银行同类同期贷款利率计算的金额。其他房地产开发费用，按"取得土地使用权所支付的金额"和"房地产开发成本"金额之和的5%以内计算扣除。

凡不能按转让房地产项目计算分摊利息支出或不能提供金融机构证明的，房地产开发费用按"取得土地使用权所支付的金额"和"房地产开发成本"金额之和的10%以内计算扣除。

全部使用自有资金，没有利息支出的，按照以上方法扣除。

上述计算扣除的具体比例，由各省、自治区、直辖市人民政府规定。

企业每年度实际发生的管理费用、财务费用和销售费用等期间费用，允许按税法规定据实税前扣除。但在土地增值税清算时，由于清算项目一般是跨年度的，其开发费用不再按年度汇总计算，而是按照一定方法和比例计算扣除。

土地增值税清算时，已经计入房地产开发成本的利息支出，应调整至财务费用中计算扣除。扣除项目的计算公式为：

①企业开发项目的利息支出不能够提供金融机构证明的：

$$扣除项目金额 = \left(建造成本 - 已计入开发成本的借款利息\right) \times 1.3 + 与转让房地产有关的税金$$

$$= 1.3 \times 不含息建造成本 + 营业税及附加$$

②企业开发项目的利息支出能够提供金融机构证明的：

$$扣除项目金额 = \left(1.25 \times \frac{不含息}{建造成本} + \frac{营业税}{及附加} \right) + \frac{实际支付}{的利息}$$

金融机构利息支出 > 5% 建造成本，据实扣除法。

金融机构利息支出 ≤ 5% 建造成本，比例扣除法。

超过贷款期限的利息部分和加罚的利息不允许扣除。

（4）旧房及建筑物的评估价格，是指在转让已使用的房屋及建筑物时，由政府批准设立的房地产评估机构评定的重置成本价乘以成新度折扣率后的价格。评估价格须经当地税务机关确认。

转让旧房的，应按房屋及建筑物的评估价格、取得土地使用权所支付的地价款和按国家统一规定交纳的有关费用以及在转让环节缴纳的税金作为扣除项目金额计征土地增值税。对取得土地使用权时未支付地价款或不能提供已支付的地价款凭据的，不允许扣除取得土地使用权所支付的金额。

纳税人转让旧房及建筑物，凡不能取得评估价格，但能提供购房发票的，经当地税务部门确认，《条例》第六条第（一）、第（三）项规定的扣除项目的金额，可按发票所载金额并从购买年度起至转让年度止每年加计 5% 计算。计算扣除项目时"每年"按购房发票所载日期起至售房发票开具之日止，每满 12 个月计一年；超过一年，未满 12 个月但超过 6 个月的，可以视同为一年。对纳税人购房时缴纳的契税，凡能提供契税完税凭证的，准予作为"与转让房地产有关的税金"予以扣除，但不作为加计 5% 的基数。

对于转让旧房及建筑物，既没有评估价格，又不能提供购房发票的，地方税务机关可以根据《中华人民共和国税收征收管理法》第三十五条的规定，实行核定征收。

纳税人转让旧房及建筑物时因计算纳税的需要而对房地产进行评估，其支付的评估费用允许在计算增值额时予以扣除。对条例第九条规定的纳税人隐瞒、虚报房地产成交价格等情形而按房地产评估价格计算征收土地增值税所发生的评估费用，不允许在计算土地增值税时予以扣除。

（5）与转让房地产有关的税金，是指在转让房地产时缴纳的营业税、城市维护建设税、印花税。因转让房地产交纳的教育费附加，也可视同税金予以扣除。

细则中规定允许扣除的印花税，是指在转让房地产时缴纳的印花税。

房地产开发企业按照《施工、房地产开发企业财务制度》的有关规定，其缴纳的印花税列入管理费用，已相应予以扣除。其他的土地增值税纳税义务人在计算土地增值税时允许扣除在转让时缴纳的印花税。

（6）对从事房地产开发的纳税人可按"取得土地使用权所支付的金额"和"房地产开发成本"金额之和，加计20%的比例扣除。

（三）土地增值税税额计算

计算土地增值税税额，可按增值额乘以适用的税率减去扣除项目金额乘以速算扣除系数的简便方法计算，具体公式如下：（1）增值额未超过扣除项目金额50%的，土地增值税税额＝增值额×30%；（2）增值额超过扣除项目金额50%未超过100%的，土地增值税税额＝增值额×40%－扣除项目金额×5%；（3）增值额超过扣除项目金额100%未超过200%的，土地增值税税额＝增值额×50%－扣除项目金额×15%；（4）增值额超过扣除项目金额200%的，土地增值税税额＝增值额×60%－扣除项目金额×35%。

公式中的5%、15%、35%为速算扣除系数。

（四）土地增值税税率

土地增值税实行四级超率累进税率：增值额超过扣除项目金额50%的部分，税率为30%；增值额超过扣除项目金额50%、未超过扣除项目金额100%的部分，税率为40%；增值额超过扣除项目金额100%、未超过扣除项目金额200%的部分，税率为50%；增值额超过扣除项目金额200%的部分，税率为60%。

（五）土地增值税税收优惠

有下列情形之一的，免征土地增值税：（1）纳税人建造普通标准住宅出售，增值额未超过扣除项目金额20%的；（2）因国家建设需要依法征用、收回的房地产。

符合上述免税规定的单位和个人，须向房地产所在地税务机关提出免税申请，经税务机关审核后，免予征收土地增值税。

1. 纳税人建造普通标准住宅

增值率低于20%的，免征土地增值税；高于20%的，按全部增值额计征土地增值税。

（1）普通标准住宅的认定

普通标准住宅，是指按所在地一般民用住宅标准建造的居住用住宅。高级公寓、别墅、度假村等不属于普通标准住宅。普通标准住宅与其他住宅的具体划分界限由各省、自治区、直辖市人民政府规定。

"普通住宅"的认定，一律按各省、自治区、直辖市人民政府根据《国务院办公厅转发建设部等部门关于做好稳定住房价格工作意见的通知》（国办发〔2005〕26号）（以下简称"国办发〔2005〕26号文件"）制定并对社会公布的"中小套型、中低价位普通住房"的标准执行。纳税人既建造普通住宅，又建造其他商品房的，应分别核算土地增值额。

国办发〔2005〕26号文件对普通标准住宅规定的原则条件是：（1）住宅小区建筑容积率在1.0以上；（2）单套建筑面积在120平方米以下；（3）实际成交价格低于同级别土地上住房平均交易价格1.2倍以下。允许单套建筑面积和价格标准适当浮动，但向上浮动的比例不得超过上述标准的20%。经济适用住房建设单位利润要控制在3%以内。

（2）征免规定

纳税人建造普通标准住宅出售，增值额未超过扣除项目金额之和20%的，免征土地增值税；增值额超过扣除项目金额之和20%的，应就其全部增值额按规定计税。

对纳税人既建普通标准住宅又搞其他房地产开发的，应分别核算增值额。不分别核算增值额或不能准确核算增值额的，其建造的普通标准住宅不能适用条例关于免税的规定。

免税的三个条件：（1）普通标准住宅（符合国办发〔2005〕26号文件规定的三个条件，并报税务机关批准）；（2）增值率低于20%；（3）单独核算。

2. 因国家建设需要依法征用、收回的房地产

因国家建设需要依法征用、收回的房地产，是指因城市实施规划、国家建设的需要而被政府批准征用的房产或收回的土地使用权。

因城市实施规划、国家建设的需要而搬迁，由纳税人自行转让原房地产的，免征土地增值税。

因"城市实施规划"而搬迁，是指因旧城改造或因企业污染、扰民（指产生过量废气、废水、废渣和噪音，使城市居民生活受到一定危害），而由政府或政府有关主管部门根据已审批通过的城市规划确定进行搬迁的情况；因"国家建设的需要"而搬迁，是指因实施国务院、省级人民政府、国务院有关部委批准的建设项目而进行搬迁的情况。

3. 企业兼并转让房地产暂免征收土地增值税

在企业兼并中，对被兼并企业将房地产转让到兼并企业中的，暂免征收土地增值税。

4. 合作建房自用的免征土地增值税

对于一方出地，一方出资金，双方合作建房，建成后按比例分房自用的，暂免征收土地增值税；建成后转让的，应征收土地增值税。

（六）土地增值税的缴纳

1. 土地增值税的申报

纳税人应当自转让房地产合同签订之日起7日内向房地产所在地主管税务机关办理纳税申报，并在税务机关核定的期限内缴纳土地增值税。

纳税人应按照下列程序办理纳税手续：（1）纳税人应在转让房地产合同签订后的7日内，到房地产所在地主管税务机关办理纳税申报，并向税务机关提交房屋及建筑物产权、土地使用权证书，土地转让、房产买卖合同，房地产评估报告及其他与转让房地产有关的资料。纳税人因经常发生房地产转让而难以在每次转让后申报的，经税务机关审核同意后，可以定期进行纳税申报，具体期限由税务机关根据情况确定。（2）纳税人按照税务机关核定的税额及规定的期限缴纳土地增值税。

税务机关核定的纳税期限，应在纳税人签订房地产转让合同之后、办理房地产权属转让（即过户及登记）手续之前。

2. 土地增值税的预征

纳税人在项目全部竣工结算前转让房地产取得的收入，由于涉及成本确定或其他原因，而无法据以计算土地增值税的，可以预征土地增值税，待该项目全部竣工、办理结算后再进行清算，多退少补。具体办法由各省、自治区、直辖市地方税务局根据当地情况制定。

3. 纳税地点

土地增值税由房地产所在地的税务机关负责征收。房地产所在地，是指房地产的坐落地。纳税人转让房地产坐落在两个或两个以上地区的，应按房地产所在地分别申报纳税。

4. 土地增值税的清算

（1）土地增值税的清算的条件

符合下列情形之一的，纳税人应进行土地增值税的清算：

①房地产开发项目全部竣工、完成销售的；

②整体转让未竣工决算房地产开发项目的；

③直接转让土地使用权的。

符合下列情形之一的，主管税务机关可要求纳税人进行土地增值税清算：

①已竣工验收的房地产开发项目，已转让的房地产建筑面积占整个项目可售建筑面积的比例在85%以上，或该比例虽未超过85%，但剩余的可售建筑面积已经出租或自用的；

②取得销售（预售）许可证满3年仍未销售完毕的；

③纳税人申请注销税务登记但未办理土地增值税清算手续的；

④省（自治区、直辖市、计划单列市）税务机关规定的其他情况。

对于前款所列第③项情形，应在办理注销税务登记前进行土地增值税清算。

对已竣工验收的房地产项目，凡转让的房地产的建筑面积占整个项目可售建筑面积的比例在85%以上的，税务机关可以要求纳税人按照转让房地产的收入与扣除项目金额配比的原则，对已转让的房地产进行土地增值税的清算。具体清算办法由各省、自治区、直辖市和计划单列市地方税务局规定。

（2）土地增值税清算时收入的确认

土地增值税清算时，已全额开具商品房销售发票的，按照发票所载金额确认收入；未开具发票或未全额开具发票的，以交易双方签订的销售合同所载的售房金额及其他收益确认收入。销售合同所载商品房面积与有关部门实际测量面积不一致，在清算前已发生补、退房款的，应在计算土地增值税时予以调整。

（3）土地增值税清算时相关扣除项目的确定

①未支付的质量保证金

房地产开发企业在工程竣工验收后，根据合同约定，扣留建筑安装施工企业一定比例的工程款，作为开发项目的质量保证金，在计算土地增值税时，建筑安装施工企业就质量保证金对房地产开发企业开具发票的，按发票所载金额予以扣除；未开具发票的，扣留的质保金不得计算扣除。

②逾期开发缴纳的土地闲置费

房地产开发企业逾期开发缴纳的土地闲置费不得扣除。

③房地产开发企业取得土地使用权时支付的契税

房地产开发企业为取得土地使用权所支付的契税，应视同"按国家统一规定交纳的有关费用"，计入"取得土地使用权所支付的金额"中扣除。

④清算后销售或有偿转让的扣除项目金额的确定

在土地增值税清算时未转让的房地产，清算后销售或有偿转让的，纳税人应按规定进行土地增值税的纳税申报，扣除项目金额按清算时的单位建筑面积成本费用乘以销售或转让面积计算：

单位建筑面积成本费用＝清算时的扣除项目总金额÷清算的总建筑面积

（4）非直接销售和自用房地产的收入确定

①房地产开发企业将开发产品用于职工福利、奖励、对外投资、分配给股东或投资人、抵偿债务、换取其他单位和个人的非货币性资产等，发生所有权转移时应视同销售房地产，其收入按下列方法和顺序确认：

②房地产开发企业将开发的部分房地产转为企业自用或用于出租等商业用途时，如果产权未发生转移，不征收土地增值税，在税款清算时不列收入，不扣除相应的成本和费用。

（5）加收滞纳金

对未按预征规定期限预缴税款的，应根据《税收征管法》及其实施细则的有关规定，从限定的缴纳税款期限届满的次日起，加收滞纳金。

纳税人按规定预缴土地增值税后，清算补缴的土地增值税，在主管税务机关规定的期限内补缴的，不加收滞纳金。

（七）公共设施处理原则

房地产开发企业开发建造的与清算项目配套的居委会和派出所用房、会所、停车场（库）、物业管理场所、变电站、热力站、水厂、文体场馆、学校、幼儿园、托儿所、医院、邮电通信等公共设施，按以下原则处理：

1. 建成后产权属于全体业主所有的，其成本、费用可以扣除；

2. 建成后无偿移交给政府、公用事业单位用于非营利性社会公共事业的，其成本、费用可以扣除；

3. 建成后有偿转让的，应计算收入，并准予扣除成本、费用。

4. 房地产开发企业销售已装修的房屋，其装修费用可以计入房地产开发成本。房地产开发企业的预提费用，除另有规定外，不得扣除。

（八）土地增值税的核定征收

1. 依照法律、行政法规的规定应当设置但未设置账簿的；

2. 擅自销毁账簿或者拒不提供纳税资料的；

3. 虽设置账簿，但账目混乱或者成本资料、收入凭证、费用凭证残缺不全，难以确定转让收入或扣除项目金额的；

4. 符合土地增值税清算条件，未按照规定的期限办理清算手续，经税务机关责令限期清算，逾期仍不清算的；

5. 申报的计税依据明显偏低，又无正当理由的。

【思考题】

1. 房地产企业以房地产自用、抵押、出租、评估增值，是否计算缴纳土地增值税？

2. 协议受让土地再转让是否缴纳土地增值税？

3. 房地产开发企业取得土地使用权时支付的契税可否扣除？

4. 金融机构加收的罚息可否扣除？

5. 转让旧房如何确定扣除项目金额？

6. 评估费用可否在计算增值额时扣除？

7. 计算增值额时是否扣除已缴纳印花税？

8. 既建普通标准住宅又搞其他类型房地产开发的如何计税？

9. 土地增值税清算时收入如何确认？

10. 清算后再转让房地产如何处理？

11. 土地增值税清算后应补缴的土地增值税是否应加收滞纳金？

附土地增值税政策相关文件

1.《中华人民共和国土地增值税暂行条例》（国务院令〔1993〕第138号）

2.《中华人民共和国土地增值税暂行条例实施细则》（财法字〔1995〕6号）

3. 财政部、国家税务总局关于土地增值税一些具体问题规定的通知（财税〔1995〕48号）

4. 国家税务总局《关于以转让股权名义转让房地产行为征收土地增值税问题的批复》（国税函〔2000〕687号）

5. 财政部、国家税务总局《关于土地增值税若干问题的通知》（财税〔2006〕21号）

6. 国家税务总局《关于房地产开发企业土地增值税清算管理有关问题的通知》（国税发〔2006〕187号）

7. 国家税务总局《关于印发〈土地增值税清算管理规程〉的通知》（国税发〔2009〕91号）

8. 国家税务总局《关于土地增值税清算有关问题的通知》（国税函〔2010〕220号）

9. 国家税务总局《关于加强土地增值税征管工作》（国税发〔2010〕53号）

三、企业所得税的一般规定

（一）企业所得税收入的确定

根据企业所得税法的规定，房地产企业销售收入包括两种：销售未完工开发产品取得的收入和销售完工开发产品取得的收入。

销售开发产品过程中取得的全部价款，包括现金、现金等价物及其他经济利益。企业代有关部门、单位和企业收取的各种基金、费用和附加等，凡纳入开发产品价内或由企业开具发票的，应按规定全部确认为销售收入；未纳入开发产品价内并由企业之外的其他收取部门、单位开具发票的，可作为代收代缴款项进行管理。

1. 销售收入的确认

企业通过正式签订《房地产销售合同》或《房地产预售合同》所取得的收入，应确认为销售收入的实现。

具体规定：

（1）销售未完工开发产品取得的收入

应先按预计计税毛利率分季（或月）计算出预计毛利额，计入当期应纳税所得额。

企业销售未完工开发产品的计税毛利率由各省、自治区、直辖市国家税务局、地方税务局按下列规定进行确定（见表2-2）。

表 2－2　　　　　　　企业未完工开发产品计税毛利率相关规定

房屋状况	位置	预计利润率标准
非经济适用房、限价房、危改房	省、自治区、直辖市和计划单列市政府所在地域城区和郊区	不得低于 15%
	地级市城区和郊区	不得低于 10%
	其他地区	不得低于 5%
经济适用房、限价房、危改房		不得低于 3%

（2）一次性全额收款方式

应于实际收讫价款或取得索取价款凭据（权利）之日，确认收入的实现。

（3）分期收款方式

应按销售合同或协议约定的价款和付款日确认收入的实现。付款方提前付款的，在实际付款日确认收入的实现。

（4）银行按揭方式

应按销售合同或协议约定的价款确定收入额，其首付款应于实际收到日确认收入的实现，余款在银行按揭贷款办理转账之日确认收入的实现。

（5）委托销售方式

收到受托方已销开发产品清单之日确认收入的实现（采取包销方式的，包销期满后尚未出售的开发产品，企业应根据包销合同或协议约定的价款和付款方式确认收入的实现。

①采取支付手续费方式委托销售开发产品的，应按销售合同或者协议中约定的价格于收到代销单位代销清单时确认收入的实现。

②采取视同买断方式委托销售开发产品的，属于企业与购买方签订销售合同或协议，或企业、受托方、购买方三方共同签订销售合同或协议的，如果销售合同或协议中约定的价格高于买断价格，则应按销售合同或协议中约定的价格计算的价款于收到受托方已销开发产品清单之日确认收入的实现；如果属于前两种情况中销售合同或协议中约定的价格低于买断价格，以及属于受托方与购买方签订销售合同或协议的，则应按买断价格计算的价款于收到受托方已销开发产品清单之日确认收入的实现。

③采取包销方式委托销售开发产品的，包销期内可以根据包销合同的有关约定，参照其他三项确认收入的实现；包销期满后尚未出售的开发产

品，企业应按包销合同或协议约定的价款和付款方式确认收入的实现。

④采取基价（保底价）并实行超基价双方分成方式委托销售开发产品的，属于由企业与购买方签订销售合同或协议，或企业、受托方、购买方三方共同签订销售合同或协议的，如果销售合同或协议中约定的价格高于基价，则应按销售合同或协议中约定的价格计算的价款于收到受托方已销开发产品清单之日确认收入的实现，开发企业按规定支付受托方的分成额，不得直接从销售收入中减除；如果销售合同或协议约定的价格低于基价的，则应按基价计算的价款于收到受托方已销开发产品清单之日确认收入的实现。属于由受托方与购买方直接签订销售合同的，则应按基价加上按规定取得的分成额于收到受托方已销开发产品清单之日确认收入的实现。

2. 租金收入的确认

《企业所得税法实施条例》第十九条规定：按照合同约定的承租人应付租金的日期确认收入的实现。

国家税务总局《关于贯彻落实企业所得税法若干税收问题的通知》（国税函〔2010〕79号）（以下简称"国税函〔2010〕79号文件"）规定：根据《实施条例》第十九条的规定，企业提供固定资产、包装物或者其他有形资产的使用权取得的租金收入，应按交易合同或协议规定的承租人应付租金的日期确认收入的实现。其中，如果交易合同或协议中规定租赁期限跨年度，且租金提前一次性支付的，根据《实施条例》第九条规定的收入与费用配比原则，出租人可对上述已确认的收入，在租赁期内，分期均匀计入相关年度收入。

本条实际上是对《企业所得税条例》第十九条规定的实质性改变。法律用语表述为"可"，意味着企业可以有选择权。企业提前一次性收到租赁期跨年度的租金收入，既可以以按照合同或协议规定的应付租金日期确认收入，也可以在租赁期内，根据权责发生制原则，分期均匀计入相关年度收入。

因此，具体税务处理可以从以下两种方式中做出选择：（1）一次性确认收入的实现。（2）分期均匀计入相关年度，按照合同约定期限分期确认，体现配比原则。

【举例】2009年A企业租赁房屋给B企业，租赁期3年，每年租金100万元，2009年一次性收取了3年的租金300万元。

会计处理：2009年确认的租金收入为100万元。

税务处理：可以有两种选择：

第一种：根据国税函［2010］79 号文件的规定，企业可以在 2009 年纳税申报时，确认 100 万元租金收入，与会计处理相同，没有差异。

第二种：根据《企业所得税条例》条例第十九条的规定确认 300 万元租金收入，税法与会计存在差异，企业应在 2009 年纳税申报表附表 3 第 5 行调增应纳税所得额 200 万元。2010～2011 年两个年度再分别调减 100 万元。

（二）企业所得税视同销售收入

企业发生非货币性资产交换，以及将货物、财产、劳务用于捐赠、偿债、赞助、集资、广告、样品、职工福利或者利润分配等用途的，应当视同销售货物、转让财产或者提供劳务，但国务院财政、税务主管部门另有规定的除外。

国务院财政、税务主管部门另有规定如下：

1. 企业所得税视同销售的原则：资产所有权属已发生改变

（1）将自建商品房转为自用或经营，资产所有权属在形式和实质上均不发生改变，可作为内部处置资产，不视同销售确认收入，相关资产的计税基础延续计算。

（2）将资产移送他人，因资产所有权属已发生改变而不属于内部处置资产，应按规定视同销售确定收入。①用于市场推广或销售；②用于交际应酬；③用于职工奖励或福利；④用于股息分配；⑤用于对外捐赠；⑥其他改变资产所有权属的用途。

（3）收入的确定，属于企业自制的资产，应按企业同类资产同期对外销售价格确定销售收入；属于外购的资产，可按购入时的价格确定销售收入。

上述规定的利好在于自 2008 年 1 月 1 日起执行。对 2008 年 1 月 1 日以前发生的处置资产，2008 年 1 月 1 日以后尚未进行税务处理的，按本通知规定执行。也就是说，即使房地产企业在 2008 年以前自产自用没有视同销售，2008 年以后也不需要补视同销售的税款。

2. 确认收入（或利润）的实现

企业将开发产品用于捐赠、赞助、职工福利、奖励、对外投资、分配给股东或投资人、抵偿债务、换取其他企事业单位和个人的非货币性资产等行为，应视同销售，于开发产品所有权或使用权转移，或于实际取得利益权利时确认收入（或利润）的实现。确认收入（或利润）的方法和顺序为：

（1）按本企业近期或本年度最近月份同类开发产品市场销售价格确定；

（2）由主管税务机关参照当地同类开发产品市场公允价值确定；

（3）按开发产品的成本利润率确定。开发产品的成本利润率不得低于15%，具体比例由主管税务机关确定。

（三）政策性搬迁收入的确认

企业政策性搬迁，是指由于社会公共利益的需要，在政府主导下企业进行整体搬迁或部分搬迁。企业由于下列需要之一，提供相关文件证明资料的，属于政策性搬迁：（1）国防和外交的需要；（2）由政府组织实施的能源、交通、水利等基础设施的需要；（3）由政府组织实施的科技、教育、文化、卫生、体育、环境和资源保护、防灾减灾、文物保护、社会福利、市政公用等公共事业的需要；（4）由政府组织实施的保障性安居工程建设的需要；（5）由政府依照《中华人民共和国城乡规划法》有关规定组织实施的对危房集中、基础设施落后等地段进行旧城区改建的需要；（6）法律、行政法规规定的其他公共利益的需要。

政策性搬迁过程中涉及的搬迁收入、搬迁支出、搬迁资产税务处理、搬迁所得等所得税征收管理事项，单独进行税务管理和核算。不能单独进行税务管理和核算的，应视为企业自行搬迁或商业性搬迁等非政策性搬迁进行所得税处理。

企业在搬迁期间发生的搬迁收入和搬迁支出，可以暂不计入当期应纳税所得额，而在完成搬迁的年度，对搬迁收入和支出进行汇总清算。

企业的搬迁收入，扣除搬迁支出后的余额，为企业的搬迁所得。

企业应在搬迁完成年度，将搬迁所得计入当年度企业应纳税所得额计算纳税。

（四）企业所得税开发产品完工标准（销售起始）的确认

确认完工标准时点的目的有两个：（1）结算开发产品计税成本；（2）计算实际毛利额与其对应的预计毛利额之间的差额，计入当年（完工年度）应纳税所得额。

企业房地产开发经营业务包括土地的开发，建造、销售住宅、商业用房以及其他建筑物、附着物、配套设施等开发产品。除土地开发之外，其他开发产品符合下列条件之一的，应视为已经完工：（1）开发产品竣工证明材料已报房地产管理部门备案。（2）开发产品已开始投入使用。（3）开发产品已取得了初始产权证明。

房地产开发企业建造、开发的开发产品，无论工程质量是否通过验收合格，或是否办理完工（竣工）备案手续以及会计决算手续，当企业开始办理开发产品交付手续（包括入住手续）或已开始实际投入使用时，为开发产品开始投入使用，应视为开发产品已经完工。

由此可以得出结论：完工时点判断的标准是条件先期达到，即验收、备案、决算、交付等，适用孰先原则。

计算实际毛利额与预计毛利额之间的差额，计入当年（完工年度）应纳税所得额。

企业销售未完工开发产品取得的收入，应先按预计计税毛利率分季（或月）计算出预计毛利额，计入当期应纳税所得额。开发产品完工后，企业应及时结算其计税成本并计算此前销售收入的实际毛利额，同时将其实际毛利额与其对应的预计毛利额之间的差额，计入当年度企业本项目与其他项目合并计算的应纳税所得额。

在年度纳税申报时，企业须出具对该项开发产品实际毛利额与预计毛利额之间差异调整情况的报告以及税务机关需要的其他相关资料。

（五）成本、费用扣除的税务处理

1. 企业在进行成本、费用的核算与扣除时，必须按规定区分期间费用和开发产品计税成本、已销开发产品计税成本与未销开发产品计税成本。

2. 企业发生的期间费用、已销开发产品计税成本、营业税金及附加、土地增值税准予当期按规定扣除。

3. 开发产品计税成本的核算应按有关计税成本核算方法的规定进行核算。

4. 已销开发产品的计税成本，按当期已实现销售的可售面积和可售面积单位工程成本确认。可售面积单位工程成本和已销开发产品的计税成本按下列公式计算确定：

可售面积单位工程成本＝成本对象总成本÷成本对象总可售面积

$$\frac{已销开发产品的}{计税成本} = \frac{已实现销售的}{可售面积} \times \frac{可售面积单位}{工程成本}$$

5. 企业对尚未出售的已完工开发产品和按照有关法律、法规或合同规定对已售开发产品（包括共用部位、共用设施设备）进行日常维护、保养、修理等实际发生的维修费用，准予在当期据实扣除。

6. 企业将已计入销售收入的共用部位、共用设施设备维修基金按规定移交给有关部门、单位的，应于移交时扣除。

7. 企业在开发区内建造的会所、物业管理场所、电站、热力站、水厂、文体场馆、幼儿园等配套设施，按以下规定进行处理：

（1）属于非营利性且产权属于全体业主的，或无偿赠与地方政府、公用事业单位的，可将其视为公共配套设施，其建造费用按公共配套设施费的有关规定进行处理。

（2）属于营利性的，或产权归企业所有的，或未明确产权归属的，或无偿赠与地方政府、公用事业单位以外其他单位的，应当单独核算其成本。除企业自用应按建造固定资产进行处理外，其他一律按建造开发产品进行处理。

8. 企业在开发区内建造的邮电通信、学校、医疗设施应单独核算成本，其中，由企业与国家有关业务管理部门、单位合资建设，完工后有偿移交的，国家有关业务管理部门、单位给予的经济补偿可直接抵扣该项目的建造成本，抵扣后的差额应调整当期应纳税所得额。

9. 单独建造的停车场所，应作为成本对象单独核算。利用地下基础设施形成的停车场所，作为公共配套设施进行处理。

10. 企业采取银行按揭方式销售开发产品的，凡约定企业为购买方的按揭贷款提供担保的，其销售开发产品时向银行提供的保证金（担保金）不得从销售收入中减除，也不得作为费用在当期税前扣除，但实际发生损失时可据实扣除。

11. 企业委托境外机构销售开发产品的，其支付境外机构的销售费用（含佣金或手续费）不超过委托销售收入10%的部分，准予据实扣除。

12. 企业的利息支出按以下规定进行处理：

（1）企业为建造开发产品借入资金而发生的符合税收规定的借款费用，可按企业会计准则的规定进行归集和分配，其中属于财务费用性质的借款费用，可直接在税前扣除。

（2）企业集团或其成员企业统一向金融机构借款分摊集团内部其他成员企业使用的，借入方凡能出具从金融机构取得借款的证明文件，可以在使用借款的企业间合理的分摊利息费用，使用借款的企业分摊的合理利息准予在税前扣除。

13. 企业因国家无偿收回土地使用权而形成的损失，可作为财产损失按有关规定在税前扣除。

14. 企业开发产品（以成本对象为计量单位）整体报废或毁损，其净损失按有关规定审核确认后准予在税前扣除。

15. 企业开发产品转为自用的，其实际使用时间累计未超过 12 个月又销售的，不得在税前扣除折旧费用。

16. 除以下几项预提（应付）费用外，计税成本均应为实际发生的成本。

可以预提的三种情况：

（1）出包工程未最终办理结算而未取得全额发票的，在证明资料充分的前提下，其发票不足金额可以预提，但最高不得超过合同总金额的 10%。

（2）公共配套设施尚未建造或尚未完工的，可按预算造价合理预提建造费用。

（3）应向政府上交但尚未上交的报批报建费用、物业完善费用可以按规定预提。物业完善费用是指按规定应由企业承担的物业管理基金、公建维修基金或其他专项基金。

（六）计税成本的核算方法

房地产开发计税成本指企业在开发、建造开发产品（包括固定资产，下同）过程中所发生的按照税收规定进行核算与计量的应归入某项成本对象的各项费用。

1. 计税成本对象的确定原则

成本对象是指为归集和分配开发产品开发、建造过程中的各项耗费而确定的费用承担项目。

（1）可否销售原则；（2）分类归集原则；（3）功能区分原则；（4）定价差异原则；（5）成本差异原则；（6）权益区分原则。

成本对象由企业在开工之前合理确定，并报主管税务机关备案。成本对象一经确定，不能随意更改或相互混淆，如确需改变成本对象的，应征得主管税务机关同意。

2. 计税成本的核算内容

开发产品计税成本支出的内容，包括土地征用及拆迁补偿费、前期工程费、建筑安装工程费、基础设施建设费、公共配套设施费和开发间接费。

3. 计税成本的核算程序

开发、建造的开发产品应按制造成本法进行计量与核算。

（1）对当期实际发生的各项支出，按其性质、经济用途及发生的地点、时间进行整理、归类，并将其区分为应计入成本对象的成本和应在当期税前扣除的期间费用。同时还应按规定对有关预提费用和待摊费用进行计量与确认。

（2）对应计入成本对象中的各项实际支出、预提费用、待摊费用等合理的划分为直接成本、间接成本和共同成本，并按规定将其合理的归集、分配至已完工成本对象、在建成本对象和未建成本对象。

（3）对期前已完工成本对象应负担的成本费用按已销开发产品、未销开发产品和固定资产进行分配，其中应由已销开发产品负担的部分，在当期纳税申报时进行扣除，未销开发产品应负担的成本费用待其实际销售时再予扣除。

（4）对本期已完工成本对象分类为开发产品和固定资产并对其计税成本进行结算。其中属于开发产品的，应按可售面积计算其单位工程成本，据此再计算已销开发产品计税成本和未销开发产品计税成本。对本期已销开发产品的计税成本，准予在当期扣除，未销开发产品计税成本待其实际销售时再予扣除。

（5）对本期未完工和尚未建造的成本对象应当负担的成本费用，应分别建立明细台账，待开发产品完工后再予结算。

4. 开发产品计税成本应按以下方法进行分配

（1）土地成本，一般按占地面积法进行分配。如果确需结合其他方法进行分配的，应协商请求税务机关同意。

（2）单独作为过渡性成本对象核算的公共配套设施开发成本，应按建筑面积法进行分配。

（3）借款费用属于不同成本对象共同负担的，按直接成本法或按预算造价法进行分配。

（4）其他成本项目的分配法由企业自行确定。

（七）结算开发产品计税成本

开发产品完工以后，企业可在完工年度企业所得税汇算清缴前选择确定计税成本核算的终止日，不得滞后。凡已完工开发产品在完工年度未按规定结算计税成本，主管税务机关有权确定或核定其计税成本，据此进行纳税调整，并按《中华人民共和国税收征收管理法》的有关规定对其进行处理。

注："选择确定计税成本核算的终止日"，可以是 12 月 31 日，也可以是 5 月 31 日。"《中华人民共和国税收征收管理法》的有关规定"，见第六十二条、第六十三条或第六十四条。

附企业所得税政策相关文件

1.《中华人民共和国企业所得税法》（主席令第 63 号）

2.《中华人民共和国企业所得税法实施条例》（国务院令第 512 号）

3. 国家税务总局关于《房地产开发经营业务企业所得税处理办法》（国税发〔2009〕31 号）

4. 国家税务总局《关于房地产开发企业所得税预缴问题的通知》（国税函〔2008〕299 号）

5. 国家税务总局《关于填报企业所得税月（季）度预缴纳税申报表有关问题的通知》（国税函〔2008〕635 号）

6. 国家税务总局《关于企业处置资产所得税处理问题的通知》（国税函〔2008〕828 号）

7. 国家税务总局《关于确认企业所得税收入若干问题的通知》（国税函〔2008〕875 号）

8. 财政部、国家税务总局《关于企业关联方利息支出税前扣除标准有关税收政策问题的通知》（财税〔2008〕121 号）

9. 财政部、国家税务总局《关于财政性资金 行政事业性收费 政府性基金有关企业所得税政策问题的通知》（财税〔2008〕151 号）

10. 国家税务总局《关于企业投资者投资未到位而发生的利息支出企业所得税前扣除问题的批复》（国税函〔2009〕312 号）

11. 国家税务总局《关于房地产企业开发产品完工标准税务确认条件的批复》（国税函〔2009〕342 号）

12. 财政部、国家税务总局《关于企业手续费及佣金支出税前扣除政策的通知》（财税〔2009〕29号）

13. 国家税务总局《关于企业重组业务企业所得税处理若干问题的通知》（财税〔2009〕59号）

14. 国家税务总局《关于企业向自然人借款的利息支出企业所得税税前扣除问题的通知》（国税函〔2009〕777号）

15. 国家税务总局《关于贯彻落实企业所得税法若干税收问题的通知》（国税函〔2010〕79号）

16. 国家税务总局《关于房地产开发企业注销前有关企业所得税处理问题的公告》（总局公告2010年第29号）

17. 国家税务总局《关于跨地区经营建筑企业所得税征收管理问题的通知》（国税函〔2010〕156号）、国家税务总局《关于印发〈跨地区经营汇总纳税企业所得税征收管理暂行办法〉的通知》（国税发〔2008〕28号）

18. 国家税务总局关于房地产开发企业开发产品完工条件确认问题的通知（国税函〔2010〕201号）

19. 国家税务总局《关于企业所得税若干问题的公告》（总局公告2011年第34号）

20. 国家税务总局《关于企业所得税应纳税所得额若干税务处理问题的公告》（总局公告2012年第15号）

21. 国家税务总局关于发布《企业政策性搬迁所得税管理办法》的公告（总局公告2012年第40号）

22. 国家税务总局《跨省市总分机构企业所得税分配及预算管理办法》（财预〔2012〕第40号）

四、房产税的一般规定

（一）房产与房屋原值

1. 关于房产

"房产"是以房屋形态表现的财产。房屋是指有屋面和围护结构（有墙或两边有柱），能够遮风避雨，可供人们在其中生产、工作、学习、娱乐、居住或储藏物资的场所。

独立于房屋之外的建筑物，如围墙、烟囱、水塔、变电塔、油池油柜、酒窖菜窖、酒精池、糖蜜池、室外游泳池、玻璃暖房、砖瓦石灰窑以及各种油气罐等，不属于房产。

2. 关于房产原值

对依照房产原值计税的房产，不论是否记载在会计账簿固定资产科目中，均应按照房屋原价计算缴纳房产税。房屋原价应根据国家有关会计制度规定进行核算。对纳税人未按国家会计制度规定核算并记载的，应按规定予以调整或重新评估。

3. 关于房屋附属设备

房产原值应包括与房屋不可分割的各种附属设备或一般不单独计算价值的配套设施。主要有暖气、卫生、通风、照明、煤气等设备，各种管线，如蒸汽、压缩空气、石油、给水排水等管道及电力、电信、电缆导线，电梯、升降机、过道、晒台等。

属于房屋附属设备的水管、下水道、暖气管、煤气管等从最近的探视井或三通管算起。电灯网、照明线从进线盒连接管算起。

（二）房产税的征税范围

房产税在城市、县城、建制镇和工矿区征收。

城市是指经国务院批准设立的市。

县城是指未设立建制镇的县人民政府所在地。

建制镇是指经省、自治区、直辖市人民政府批准设立的建制镇。

工矿区是指工商业比较发达，人口比较集中，符合国务院规定的建制镇标准，但尚未设立镇建制的大中型工矿企业所在地。开征房产税的工矿区须经省、自治区、直辖市人民政府批准。

城市的征税范围为市区、郊区和市辖县县城。不包括农村。

建制镇的征税范围为镇人民政府所在地。不包括所辖的行政村。

具体征收范围，应注意以下一些问题：

1. 不在开征地区范围之内的工厂、仓库，不应征收房产税。

2. 凡在房产税征收范围内的具备房屋功能的地下建筑，包括与地上房屋相连的地下建筑以及完全建在地面以下的建筑、地下人防设施等，均应当依照有关规定征收房产税。

3. 经有关部门鉴定，对毁损不堪居住的房屋和危险房屋，在停止使用后，可免征房产税。

4. 凡是在基建工地为基建工地服务的各种工棚、材料棚、休息棚和办公室、食堂、茶炉房、汽车房等临时性房屋，不论是施工企业自行建造还是由基建单位出资建造交施工企业使用的，在施工期间，一律免征房产税。但是，如果在基建工程结束以后，施工企业将这种临时性房屋交还或者估价转让给基建单位的，应当从基建单位接收的次月起，依照规定征收房产税。

5. 承租人使用房产，以支付修理费抵交房产租金，仍应由房产的产权所有人依照规定缴纳房产税。

6. 房屋大修停用在半年以上的，经纳税人申请，在大修期间可免征房产税。

7. 纳税单位与免税单位共同使用的房屋，按各自使用的部分划分，分别征收或免征房产税。

8. 鉴于房地产开发企业开发的商品房在出售前，对房地产开发企业而言是一种产品，因此，对房地产开发企业建造的商品房，在售出前，不征收房产税；但对售出前房地产开发企业已使用或出租、出借的商品房应按规定征收房产税。房地产开发企业自用、出租、出借本企业建造的商品房，自房屋使用或交付之次月起计征房产税和城镇土地使用税。

9. 对于以房产投资联营，投资者参与投资利润分红，共担风险的情况，按房产原值作为计税依据计征房产税；对于以房产投资，收取固定收入，不承担联营风险的情况，实际上是以联营名义取得房产的租金，因此应根据《中华人民共和国暂行条例》的有关规定由出租方按租金收入计缴房产税。

（三）房产税的纳税义务人

房产税由产权所有人缴纳。产权属于全民所有的，由经营管理的单位缴纳。产权出典的，由承典人缴纳。产权所有人、承典人不在房产所在地的，或者产权未确定及租典纠纷未解决的，由房产代管人或者使用人缴纳。

前款列举的产权所有人、经营管理单位、承典人、房产代管人或者使用人，统称为纳税义务人（以下简称纳税人）。

（四）房产税的计算

房产税依照房产原值一次减除 10% ～ 30% 后的余值计算缴纳。具体减除幅度，由省、自治区、直辖市人民政府规定。

没有房产原值作为依据的，由房产所在地税务机关参考同类房产核定。

房产出租的，以房产租金收入为房产税的计税依据。

（五）房产税的税率

房产税的税率，依照房产余值计算缴纳的，税率为1.2%；依照房产租金收入计算缴纳的，税率为12%。

（六）房产税的缴纳

房产税按年征收、分期缴纳。纳税期限由省、自治区、直辖市人民政府规定。

房产税由房产所在地的税务机关征收。房产不在一地的纳税人，应按房产的坐落地点，分别向房产所在地的税务机关缴纳房产税。

纳税人因房产、土地的实物或权利状态发生变化而依法终止房产税纳税义务的，其应纳税款的计算应截至房产、土地的实物或权利状态发生变化的当月末。

【思考题】

1. 评估增值后的房产如何计税？

2. 在开征地区范围之外的工厂、仓库，可否征收房产税？

3. 作营业用的地下人防设施，应否征收房产税？

4. 毁损不堪居住的房屋和危险房屋，可否免征房产税？

5. 基建工地的临时性房屋，应否征收房产税？

6. 房产出租，由承租人修理，不支付房租，应否征收房产税？

7. 房屋大修停用期间，可否免征房产税？

8. 纳税单位与免税单位共同使用的房屋，如何征收房产税？

9. 房地产开发企业自用房产是否征收房产税？

10. 房地产开发企业投资联营的房产是否征收房产税？

11. 依照房产原值一次减除10%~30%后的余值计算缴纳房产税，其减除幅度，可否按照房屋的新旧程度分别确定？对有些房屋的减除幅度，可否超过这个规定？

12. 房产不在一地的纳税人，如何确定纳税地点？

13. 房产、土地的实物或权利状态发生变化如何征收房产税？

附房产税政策相关文件

1.《中华人民共和国房产税暂行条例》（国发〔1986〕90号）

2.《中华人民共和国房产税暂行条例实施细则》

3. 财政部、国家税务总局《关于检发〈关于房产税若干具体问题的解释和暂行规定〉、〈关于车船使用税若干具体问题的解释和暂行规定〉的通知》（财税地〔1986〕8号）

4. 财政部、国家税务总局《关于房产税和车船使用税几个业务问题的解释与规定》（财税地字〔1987〕3号）

5. 国家税务总局《关于安徽省若干房产税业务问题的批复》（国税函发〔1993〕368号）

6. 国家税务总局《关于房产税、城镇土地使用税有关政策规定的通知》（国税发〔2003〕89号）

7. 国家税务总局《关于进一步明确房屋附属设备和配套设施计征房产税有关问题的通知》（国税发〔2005〕173号）

8. 财政部、国家税务总局《关于具备房屋功能的地下建筑征收房产税的通知》（财税〔2005〕181号）

9. 财政部、国家税务总局《关于房产税、城镇土地使用税有关政策的通知》（财税〔2006〕186号）

10. 财政部、国家税务总局《关于房产税、城镇土地使用税有关问题的通知》（财税〔2008〕152号）

五、城镇土地使用税的一般规定

（一）城镇土地使用税的征税范围和纳税人

在城市、县城、建制镇、工矿区范围内使用土地的单位和个人，为城镇土地使用税（以下简称土地使用税）的纳税人，应当依照规定缴纳土地使用税。

单位，包括国有企业、集体企业、私营企业、股份制企业、外商投资企业、外国企业以及其他企业和事业单位、社会团体、国家机关、军队以及其他单位；所称个人，包括个体工商户以及其他个人。

鉴于房地产开发企业开发的商品房在出售前，对房地产开发企业而言是一种产品，因此，对房地产开发企业建造的商品房，在售出前，不征收房产税；但对售出前房地产开发企业已使用或出租、出借的商品房应按规定征收房产税。房地产开发企业自用、出租、出借本企业建造的商品房，自房屋使用或交付之次月起计征房产税和城镇土地使用税。

房地产开发企业对商品销售期间，应按建筑面积区分已售部分和未售部分，应由房地产开发企业和购买者分别按出售与未出售房产的建筑面积比例分摊计算缴纳土地使用税。因此，未销售的商品房占用的土地应缴纳土地使用税，而已征用未开发的土地也应按规定申报缴纳土地使用税。

（二）城镇土地使用税的计算

土地使用税以纳税人实际占用的土地面积为计税依据，依照规定税额计算征收。

土地占用面积的组织测量工作，由省、自治区、直辖市人民政府根据实际情况确定。

土地使用税每平方米年税额如下：（1）大城市 1.5～30 元；（2）中等城市 1.2～24 元；（3）小城市 0.9～18 元；（4）县城、建制镇、工矿区 0.6～12 元。

省、自治区、直辖市人民政府，应当在本规定的税额幅度内，根据市政建设状况、经济繁荣程度等条件，确定所辖地区的适用税额幅度。

市、县人民政府应当根据实际情况，将本地区土地划分为若干等级，在省、自治区、直辖市人民政府确定的税额幅度内，制定相应的适用税额标准，报省、自治区、直辖市人民政府批准执行。

税额幅度原则上应在 2006 年实际执行税额幅度的基础上提高 2 倍。经济发达地区和城市中心区，原则上应按税额幅度的高限确定适用税额标准。经济发达地区如需突破税额幅度上限、进一步提高适用税额标准，须报经财政部、国家税务总局批准。

经省、自治区、直辖市人民政府批准，经济落后地区土地使用税的适用税额标准可以适当降低，但降低额不得超过本条例规定最低税额的 30%、经济发达地区土地使用税的适用税额标准可以适当提高，但须报经财政部批准。

（三）城镇土地使用税的减免

经批准开山填海整治的土地和改造的废弃土地，从使用的月份起免缴土地使用税 5 ~ 10 年。

由财政部另行规定免税的能源、交通、水利设施用地和其他用地。

除本条例第六条规定外，纳税人缴纳土地使用税确有困难需要定期减免的，由省、自治区、直辖市税务机关审核后，报国家税务局批准（对不符合国家产业政策的项目用地和廉租房、经济适用房以外的房地产开发用地一律不得减免税）。

（四）城镇土地使用税的缴纳

土地使用税按年计算、分期缴纳。缴纳期限由省、自治区、直辖市人民政府确定。

新征用的土地，依照下列规定缴纳土地使用税：（1）征用的耕地，自批准征用之日起满 1 年时开始缴纳土地使用税；（2）征用的非耕地，自批准征用次月起缴纳土地使用税。

（五）城镇土地使用税的纳税义务发生时间与截止时间

以出让或转让方式有偿取得土地使用权的，应由受让方从合同约定交付土地时间的次月起缴纳城镇土地使用税；合同未约定交付土地时间的，由受让方从合同签订的次月起缴纳城镇土地使用税。

纳税人因房产、土地的实物或权利状态发生变化而依法终止城镇土地使用税纳税义务的，其应纳税款的计算应截止到房产、土地的实物或权利状态发生变化的当月末。

【思考题】

1. 房地产开发企业自用房产是否应征收城镇土地使用税？

2. 房地产开发企业未销售的商品房如何缴纳土地使用税？

3. 有偿取得土地使用权城镇土地使用税的纳税义务发生时间如何确定？

4. 房产、土地的实物或权利状态发生变化的城镇土地使用税纳税义务截止时间如何确定？

附城镇土地使用税政策相关文件

1.《中华人民共和国城镇土地使用税暂行条例》（国务院令第483号）

2. 财政部、国家税务总局《关于贯彻落实国务院关于修改〈中华人民共和国城镇土地使用税暂行条例〉的决定的通知》（财税〔2007〕9号）

3. 财政部、国家税务总局《关于房产税、城镇土地使用税有关问题的通知》（财税〔2009〕128号）

4. 国家税务总局《关于房产税城镇土地使用税有关政策规定的通知》（国税发〔2003〕89号）

5. 财政部、国家税务总局《关于房产税、城镇土地使用税有关政策的通知》（财税〔2006〕186号）

6. 财政部、国家税务总局《关于房产税城镇土地使用税有关问题的通知》（财税〔2008〕152号）

六、契税的一般规定

（一）契税的征税范围和纳税人

在中华人民共和国境内转移土地、房屋权属，承受的单位和个人为契税的纳税人，应当依照规定缴纳契税。

其中：

1. 土地、房屋权属，是指土地使用权、房屋所有权

转移土地、房屋权属是指下列行为：（1）国有土地使用权出让；（2）土地使用权转让，包括出售、赠与和交换；（3）房屋买卖；（4）房屋赠与；（5）房屋交换。

国有土地使用权出让，是指土地使用者向国家交付土地使用权出让费用，国家将国有土地使用权在一定年限内让予土地使用者的行为。

土地使用权转让，是指土地使用者以出售、赠与、交换或者其他方式将土地使用权转移给其他单位和个人的行为。

土地使用权转让，不包括农村集体土地承包经营权的转移。

土地使用权出售，是指土地使用者以土地使用权作为交易条件，取得货币、实物、无形资产或者其他经济利益的行为。

土地使用权赠与，是指土地使用者将其土地使用权无偿转让给受赠者的行为。

土地使用权交换，是指土地使用者之间相互交换土地使用权的行为。

房屋买卖，是指房屋所有者将其房屋出售，由承受者交付货币、实物、无形资产或者其他经济利益的行为。

房屋赠与，是指房屋所有者将其房屋无偿转让给受赠者的行为。

房屋交换，是指房屋所有者之间相互交换房屋的行为。

土地、房屋权属以下列方式转移的，视同土地使用权转让、房屋买卖或者房屋赠与征税：（1）以土地、房屋权属作价投资、入股；（2）以土地、房屋权属抵债；（3）以获奖方式承受土地、房屋权属；（4）以预购方式或者预付集资建房款方式承受土地、房屋权属。

2. 承受

承受，是指以受让、购买、受赠、交换等方式取得土地、房屋权属的行为。

3. 单位和个人

单位，是指企业单位、事业单位、国家机关、军事单位和社会团体以及其他组织。

个人，是指个体经营者及其他个人。

注：不包括外商投资企业、外国企业。

（二）契税的计算

契税税率为 3%～5%。

契税的适用税率，由省、自治区、直辖市人民政府在前款规定的幅度内按照本地区的实际情况确定，并报财政部和国家税务总局备案。

（三）契税的计算

契税的计税依据：（1）国有土地使用权出让、土地使用权出售、房屋买卖，为成交价格；（2）土地使用权赠与、房屋赠与，由征收机关参照土地使用权出售、房屋买卖的市场价格核定；（3）土地使用权交换、房屋交换，为所交换的土地使用权、房屋的价格的差额。

成交价格明显低于市场价格并且无正当理由的，或者所交换土地使用权、房屋的价格的差额明显不合理并且无正当理由的，由征收机关参照市场价格核定。

成交价格，是指土地、房屋权属转移合同确定的价格。包括承受者应交付的货币、实物、无形资产或者其他经济利益。

土地使用权交换、房屋交换，交换价格不相等的，由多交付货币、实物、无形资产或者其他经济利益的一方缴纳税款。交换价格相等的，免征契税。

土地使用权与房屋所有权之间相互交换，按照前款征税。

以划拨方式取得土地使用权的，经批准转让房地产时，应由房地产转让者补缴契税。其计税依据为补缴的土地使用权出让费用或者土地收益。

契税应纳税额，依照本条例第三条规定的税率和第四条规定的计税依据计算征收。应纳税额计算公式：

$$应纳税额 = 计税依据 \times 税率$$

应纳税额以人民币计算。转移土地、房屋权属以外汇结算的，按照纳税义务发生之日中国人民银行公布的人民币市场汇率中间价折合成人民币计算。

（四）契税的缴纳

契税的纳税义务发生时间，为纳税人签订土地、房屋权属转移合同的当天，或者纳税人取得其他具有土地、房屋权属转移合同性质凭证的当天。

纳税人应当自纳税义务发生之日起 10 日内，向土地、房屋所在地的契税征收机关办理纳税申报，并在契税征收机关核定的期限内缴纳税款。

附契税政策相关文件

1.《中华人民共和国契税暂行条例》（国务院令第 224 号）

2.《中华人民共和国契税暂行条例细则》（财法字［1997］52 号）

3. 财政部、国家税务总局《关于国有土地使用权出让等有关契税问题的通知》（财税［2004］134 号）

第二章

房地产开发企业特殊业务的
税务处理

由于房地产开发企业具有经营方式灵活等特点，涉税业务的处理也具有一定的特殊性，本章着重讲解几种促销手段的税务处理、将房地产转作他用的税务处理、代收代付费用的税务处理、不同经营方式的税务处理、关联交易的税务处理、扣除项目的税务处理、回迁安置业务的税务处理、配套设施、临时建筑、人防设施的税务处理等。

第一节　几种促销手段的税务处理

随着国家一系列抑制房价政策的出台，房地产销售形势受到了影响，一些开发商在销售手段上作了很多功课，采取了一些促销手段，比如预售未完工开发产品、买一送一（赠面积、赠装修、送家电、送契税、送保险等）、打折销售、定金返息、代垫首付款、"委托销售"、"还本"销售、"先租后售"、"售后回租"、"售后回购"等。在这种情况下，房地产开发企业开发产品销量增加的同时税负也在增加，但是，由于一些纳税人没有依法履行纳税义务，产生了很大的税收风险。

一、预售收入（预租收入）的税务处理

（一）预售收入（预租收入）的营业税税务处理

1. 预售收入的营业税纳税义务发生时间

《中华人民共和国营业税暂行条例实施细则》（以下简称《营业税暂行条例实施细则》）第二十五条规定："纳税人转让土地使用权或者销售不动产，采取预收款方式的，其纳税义务发生时间为收到预收款的当天。""纳税人提供建筑业或者租赁业劳务，采取预收款方式的，其纳税义务发生时间为收到预收款的当天。"

财税〔2003〕16号文件规定：单位和个人提供应税劳务、转让专利权、非专利技术、商标权、著作权和商誉时，向对方收取的预收性质的价款（包括预收款、预付款、预存费用、预收定金等），其营业税纳税义务发生时间以按照财务会计制度的规定，该项预收性质的价款被确认为收入的时间为准。

【结论】预售收入的营业税纳税义务发生时间为收到预收款的当天，需注意三个条件：（1）采取预收款结算方式；（2）负有营业税纳税义务；（3）无论是否签订合同。也就是说当房地产开发企业将该预收账款（预收租金）确认为收入时，这一部分预收账款才具有了营业税纳税义务发生时间。对于房地产开发企业提供租赁业应税劳务的营业税纳税义务发生时间，收到预收账款（租金）的当天就具有营业税纳税义务发生时间（收付实现制）。

在当前房地产销售持续低迷的情况下，有不少房地产企业将开发产品转为出租，采取先收取租金再销售的策略。但是，根据营业税的规定，预收的房屋租金从2009年1月1日开始，应当申报缴纳营业税。

2. 预售收入（预租收入）的营业税纳税人

预售收入的营业税纳税人，需要区分分支机构和内设机构。

《营业税暂行条例实施细则》第十条规定：除本细则第十一条和第十二条的规定外，负有营业税纳税义务的单位为发生应税行为并收取货币、货物或者其他经济利益的单位，但不包括单位依法不需要办理税务登记的内设机构。

国家税务总局《关于企业出租不动产取得的固定收入征收营业税问题

的批复》（国税函［2001］78号）规定，企业以承包或承租形式将资产提供给内部职工和其他人员经营，企业不提供产品、资金，只提供门面、货柜及其他资产，收取固定的管理费、利润或其他名目价款的，如承包者或承租者向工商部门领取了分支机构营业执照或个体工商业户营业执照，则属于企业向分支机构或个体工商业户出租不动产和其他资产，企业向分支机构和个体工商业户收取的全部价款，不论其名称如何，均属于从事租赁业务取得的收入，均应按"服务业——租赁"征收营业税。如承包者或承租者未领取任何类型的营业执照，则企业向承包者或承租者提供各种资产所收取的各种名目的价款，均属于企业内部的分配行为，不征收营业税。

（二）预售收入（预租收入）的企业所得税的税务处理

1. 预售收入的确认

国家税务总局关于印发《房地产开发经营业务企业所得税处理办法》的通知（国税发［2009］31号）（以下简称"国税发［2009］31号文件"）第六条规定：企业通过正式签订《房地产销售合同》或《房地产预售合同》所取得的收入，应确认为销售收入的实现。

国税发［2009］31号文件第九条规定：企业销售未完工开发产品取得的收入，应先按预计计税毛利率分季（或月）计算出预计毛利额，计入当期应纳税所得额。开发产品完工后，企业应及时结算其计税成本并计算此前销售收入的实际毛利额，同时将其实际毛利额与其对应的预计毛利额之间的差额，计入当年度企业本项目与其他项目合并计算的应纳税所得额。

在年度纳税申报时，企业须出具对该项开发产品实际毛利额与预计毛利额之间差异调整情况的报告以及税务机关需要的其他相关资料。

关于预售收入的企业所得税处理中几个需要注意的问题：

（1）会计与税法关于收入确认的条件不同

会计确认收入时要考虑企业已将商品所有权上的主要风险和报酬转移给购货方，而国税发［2009］31号文件只强调签订合同，不强调商品所有权上的主要风险和报酬转移给购货方。从企业所得税的角度，不存在"预收账款"的概念，只要签订了《销售合同》、《预售合同》并收取款项，不管产品是否完工，全部确认为收入。房地产企业在进行企业所得税汇算清缴时，要按税法的规定把"预收账款"提前确认为收入。

（2）按"预计计税毛利率"计算的是毛利额

国家税务总局《关于房地产开发企业所得税预缴问题的通知》（国税函〔2008〕299号）规定的"预计利润率"，与国税发〔2009〕31号文件中规定的"预计计税毛利率"是不同的，预计利润计算出来的是利润额，故不得再扣除与未完工销售收入相关的期间费用、税金等。预计毛利计算出来的是毛利额，故可以扣除与未完工销售收入相关的期间费用、税金等。

（3）以计税毛利率计算的毛利额减营业税金及附加、土地增值税后，当期可能出现负数。

（4）因预计毛利大于实际毛利而形成当年亏损，对在以前年度或当年度多缴的税款，则无法退税，只能由以后年度应纳税所得额弥补亏损，递减以后年度应缴税款。

（5）房地产企业的预收账款属于税法的收入，并且要计入当期应纳税所得额。不按收入计入当期应纳税所得额，属于虚假申报，税务机关应当区分两种情况处理：①税款不跨年度的，按照编造虚假计税依据处5万元以下罚款；②税款跨年度的，属于偷税，由税务机关追缴税款、加收滞纳金，并处0.5～5倍的罚款。

国家税务总局《关于加强企业所得税预缴工作的通知》（国税函〔2009〕34号）的规定，各级税务机关要处理好企业所得税预缴和汇算清缴税款入库的关系，原则上各地企业所得税年度预缴税款占当年企业所得税入库税款（预缴数＋汇算清缴数）应不少于70%。

一些地方税务机关对此也做出了一些具体规定，例如，大连市地方税务局《关于印发2011年度企业所得税汇算清缴若干规定的通知》（大地税发〔2012〕22号）关于未按照规定预缴企业所得税是否加收滞纳金问题的规定，根据《中华人民共和国企业所得税法》第五十四条及《中华人民共和国企业所得税法实施条例》第一百二十八条和《国家税务总局关于发布〈中华人民共和国企业所得税月（季）度预缴纳税申报表〉等报表的公告》（国家税务总局公告2011年第64号）规定，企业年度中间未按照实际会计利润和税收规定的特定业务计算应纳税所得额预缴企业所得税，申报期后发现的，其少缴的税款应当按照规定加收滞纳金。

【问题】预收账款属于税法的一次性确认收入吗？

解答：不是一次性确认全部收入，还要看确认收入的方式，例如，银行按揭方式就可以分两次确认收入。

【问题】 根据企业所得税配比原则，预收账款属于税法规定的收入，但是没有成本与之配比，企业如何申报纳税？

解答： 收入在完工前取得时，按预计毛利率申报纳税，并不是仅就预售收入申报纳税，而是对预计的毛利额纳税，已经考虑了配比问题；收入在完工后取得时，按实际的毛利率申报纳税税，是对实际的毛利额申报纳税。

【问题】 房地产企业未完工取得的预收账款，按国税发〔2009〕31号文件应确认为销售收入，如何填制申报表？

解答： 根据国税发〔2009〕31号文件的规定，房地产企业未完工取得的预售款，如果正式签订《房地产销售合同》或者《房地产预售合同》，属于销售未完工开发产品销售收入，可以作为计提业务招待费、广告宣传费的基数。

房地产企业所得税年度申报表的填表方法是：当年度取得的预售款合计按照规定的预计利润率计算预计利润填入附表三的第52行第3列。符合条件的预售款按照税收规定分析计算允许扣除的业务招待费、广告宣传费，填入附表三第40行第4列。完工后年度将预售款转为销售收入，按照本期转回的已按税收规定征税的预售款乘以规定的预计利润率填入附表三第52行第4列。同时，要注意结转为销售收入的预售款中包含的，已在以前年度作为三费计算基数计算扣除的业务招待费、广告宣传费部分是不得扣除的，应通过附表三第40行第3列纳税调增，避免将预售收入重复纳入基数重复计算扣除三费。

2. 预租收入的确认

国税发〔2009〕31号文件第十条规定：企业新建的开发产品在尚未完工或办理房地产初始登记、取得产权证前，与承租人签订租赁预约协议的，自开发产品交付承租人使用之日起，出租方取得的预租价款按租金确认收入的实现。

国家税务总局《关于贯彻落实企业所得税法若干税收问题的通知》（国税函〔2010〕79号）规定：企业提供固定资产、包装物或者其他有形资产的使用权取得的租金收入，应按交易合同或协议规定的承租人应付租金的日期确认收入的实现。其中，如果交易合同或协议中规定租赁期限跨年度，且租金提前一次性支付的，根据《实施条例》第九条规定的收入与费用配比原则，出租人可对上述已确认的收入，在租赁期内，分期均匀计入相关年度收入。

（三）预售收入的土地增值税的税务处理

《中华人民共和国土地增值税暂行条例》（国务院令［1993］第138号）（以下简称《土地增值税暂行条例》）第十条规定：纳税人应当自转让房地产合同签订之日起七日内向房地产所在地主管税务机关办理纳税申报，并在税务机关核定的期限内缴纳土地增值税。

《中华人民共和国土地增值税暂行条例实施细则》（财法字［1995］6号）（以下简称《土地增值税暂行条例实施细则》）第十六条规定：纳税人在项目全部竣工结算前转让房地产取得的收入，由于涉及成本确定或其他原因，而无法据以计算土地增值税的，可以预征土地增值税，待该项目全部竣工、办理结算后再进行清算，多退少补。

财政部、国家税务总局《关于土地增值税一些具体问题规定的通知》（财税字［1995］48号）（以下简称"财税字［1995］48号文件"）规定，根据细则的规定，对纳税人在项目全部竣工结算前转让房地产取得的收入可以预征土地增值税。具体办法由各省、自治区、直辖市地方税务局根据当地情况制定。因此，对纳税人预售房地产所取得的收入，当地税务机关规定预征土地增值税的，纳税人应当到主管税务机关办理纳税申报，并按规定比例预交，待办理决算后，多退少补；当地税务机关规定不预征土地增值税的，也应在取得收入时先到税务机关登记或备案。

【问题】 预收的定金、订金是否要预缴税款？

解答： 定金要缴纳营业税和企业所得税，但是否应缴纳土地增值税，税法规定并不明确，应当由当地税务机关规定。而订金则不需要缴纳任何税收。诚意金、保证金、内部认购会员卡或会员费也同预收的订金一样处理，待实际签订合同时才应当确认为预收账款而计算缴纳相关税金。

所谓"定金"，其法律定义是指合同当事人为保证合同履行，由一方当事人预先向对方交纳一定数额的钱款，即有合同为前提，没有合同即不可定义为"定金"。合同上是"定金"的，依据《合同法》的相关规定，一方违约时，双方有约定的按照约定执行；如果无约定，销售者违约时，"定金"双倍返还；消费者违约时，"定金"不返还。同时，"定金"的总额不得超过合同标的的20%。

定金具有担保性质，属于已经签订合同的预收账款。根据新会计准则关于预收账款的定义，预收账款科目指核算企业按照合同规定向购货单位预收的款项，即预收账款是建立在签订购货合同的基础上的。

订金并不是一个规范的概念，在法律上仅作为预付款的性质，是预付款的一部分，是当事人的一种支付手段，不具有担保性质，如果合同履行可抵充房款，不履行也不能适用"定金"双倍返还罚则。

与"定金"不同，订金只是单方行为，不具有担保性质。订金、诚意金均不属于建立在购房合同上的预收款性质。订金发生在购销合同签订日之前。

根据《城市商品房预售管理办法》第十条、《商品房销售管理办法》第十六条之规定，房地产开发企业预售、销售商品房需要签订书面合同，目前各地房管部门均要求商品房销售合同网上备案。由于工程未动工，达不到房屋销售（预售）的条件，在此情况下不允许进行商品房销（预）售，如果确实已与购房人签订合同，可以签订诚意金之类的合同，诚意金并不是营业税应税行为发生过程中或者完成后收取的款项，因此，预收的"订金"不征营业税。根据国家税务总局《关于印发〈营业税问题解答（之一）〉的通知》（国税函发〔1995〕156号）第十八条的规定：纳税人转让土地使用权或者销售不动产，采用预收款方式的，其纳税义务发生时间为收到预收款的当天。此项规定所称预收款包括预收定金。因此，预收定金的营业税纳税义务发生时间为收到预收定金的当天。根据国税发〔2009〕31号文件第六条之规定"企业通过正式签订房地产销售合同或房地产预售合同所取得的收入，应确认为销售收入的实现"，由于预收的"定金"需要签订"商品房销（预）售合同"，因此，"定金"需要按预计毛利率预交企业所得税。未签订"商品房销（预）售合同"的"订金"，不需要按预计毛利率预交企业所得税。同理，土地增值税也应按上述原则处理。

【思考题】

1. 签订的合同是否以房管局印制的合同为确认的唯一标准？
2. 预售的时点及合法性如何认定？

二、打折销售的税务处理

一些房地产企业为了扩大销售，吸引消费者，常常采取各种以赠送为手段的促销方式，不愿意降低销售价格。其实，从节税的角度看，价高未必利大。

对采取打折销售的税务处理，税法上实行按净价核算计税。

（一）打折销售的营业税税务处理

《营业税暂行条例实施细则》第十五条规定：纳税人发生应税行为，如果将价款与折扣额在同一张发票上注明的，以折扣后的价款为营业额；如果将折扣额另开发票的，不论其在财务上如何处理，均不得从营业额中扣除。

（二）打折销售的土地增值税税务处理

国家税务总局《关于土地增值税清算有关问题的通知》（国税函[2010]220号）（以下简称"国税函[2010]220号文件"）规定：土地增值税清算时，已全额开具商品房销售发票的，按照发票所载金额确认收入；未开具发票或未全额开具发票的，以交易双方签订的销售合同所载的售房金额及其他收益确认收入。销售合同所载商品房面积与有关部门实际测量面积不一致，在清算前已发生补、退房款的，应在计算土地增值税时予以调整。

（三）打折销售的企业所得税税务处理

国家税务总局《关于确认企业所得税收入若干问题的通知》（国税函[2008]875号）（以下简称"国税函[2008]875号文件"）规定，企业为促进商品销售而在商品价格上给予的价格扣除属于商业折扣，商品销售涉及商业折扣的，应当按照扣除商业折扣后的金额确定销售商品收入金额；债权人为鼓励债务人在规定的期限内付款而向债务人提供的债务扣除属于现金折扣，销售商品涉及现金折扣的，应当按扣除现金折扣前的金额确定销售商品收入金额，现金折扣在实际发生时作为财务费用扣除；企业因售出商品的质量不合格等原因而在售价上给予的减让属于销售折让，企业因售出商品质量、品种不符合要求等原因而发生的退货属于销售退回，企业已经确认销售收入的售出商品发生销售折让和销售退回，应当在发生当期冲减当期销售商品收入。

【结论】打折销售需要注意几点：（1）折扣销售要在发票上注明（"金额"栏而非"备注"）。（2）折扣销售比赠送更有利于节税。（3）"买一赠一"销售是折扣销售的一种特殊形式。（4）折扣要有限度，如果价格明显偏低又无正当理由，税务机关有权进行核定。

三、"买一赠一"销售的税务处理

房地产企业为了加快资金回笼，往往采取一些赠送的促销手段，如买房子送家电、送装修、送面积、送现金（或抽奖）、送契税等，在销量增加的情况下，却不知道税负也增加了，存在很多的税务风险。

赠送出去的货物或劳务，需要缴纳增值税或营业税，同时还要代扣代缴个人所得税。

对于赠送行为还要区分"买一赠一"与无偿赠送两种不同情况进行税务处理。

（一）无偿赠送增值税和营业税的税务处理

1. 无偿赠送的增值税处理

《中华人民共和国增值税暂行条例实施细则》（以下简称《增值税暂行条例实施细则》）第四条第八项规定，单位或者个体工商户将自产、委托加工或者购进的货物无偿赠送其他单位或者个人，视同销售。

《增值税暂行条例实施细则》第十六条规定：纳税人有本细则第四条所列视同销售货物行为而无销售额者，按下列顺序确定销售额：

（一）按纳税人最近时期同类货物的平均销售价格确定；

（二）按其他纳税人最近时期同类货物的平均销售价格确定；

（三）按组成计税价格确定。组成计税价格的公式为：

$$组成计税价格 = 成本 \times (1 + 成本利润率)$$

属于应征消费税的货物，其组成计税价格中应加计消费税额。

2. 无偿赠送的营业税处理

《营业税暂行条例实施细则》第五条第（一）项规定，单位或者个人将不动产或者土地使用权无偿赠送其他单位或者个人的，视同发生应税行为：

《营业税暂行条例实施细则》第二十条规定：纳税人有本细则第五条所列视同发生应税行为而无营业额的，按下列顺序确定其营业额：

（一）按纳税人最近时期发生同类应税行为的平均价格核定；

（二）按其他纳税人最近时期发生同类应税行为的平均价格核定；

（三）按下列公式核定：

营业额＝营业成本或者工程成本×（1＋成本利润率）÷（1－营业税税率）

公式中的成本利润率，由省、自治区、直辖市税务局确定。

（二）"买一赠一"的增值税和营业税的税务处理

"买一赠一"的增值税和营业税的税务处理，税法均没有做出特别规定。从经营行为的实质进行分析，由于"买一赠一"是房地产开发企业随开发的房地产对外销售的同时发生的赠送行为，赠送行为系房地产销售的组成部分，应按照销售折扣进行处理。但是，由于房地产开发企业销售开发的房地产同时赠送的可能是实物，也可能是现金。赠送的实物也有很多种，有的是本企业开发的产品，例如送面积，有的是购入的商品或服务，例如送家电、家具、装修、保险等。对赠送的本企业开发的产品部分，应按照销售折扣进行处理，而其他赠送行为，则应属于视同销售（应税劳务）行为，计算缴纳增值税或营业税。

对于销售额的确定，强调销售额和折扣额应在同一张发票上，否则赠品应按无偿赠送视同销售处理。

（三）无偿赠送和"买一赠一"的企业所得税处理

1. 计入应纳税所得额的处理

（1）无偿赠送收入确认的处理

《企业所得税法》第二十五条规定：企业发生非货币性资产交换，以及将货物、财产、劳务用于捐赠、赞助、集资、广告、样品、职工福利和利润分配，应当视同销售货物、转让财产和提供劳务。

国家税务总局《关于企业处置资产所得税处理问题的通知》（国税函［2008］828号）（以下简称"国税函［2008］828号文件"）第二条第五款和第六款的规定，企业将资产移送用于对外捐赠，以及其他改变资产所有权属的用途，因资产所有权属已发生改变而不属于内部处置资产，应按规定视同销售确定收入。

（2）"买一赠一"收入确认的处理

国税函［2008］875号文件规定，企业以买一赠一等方式组合销售本企业商品的，不属于捐赠，应将总的销售金额按各项商品的公允价值的比例来分摊确认各项的销售收入。

2. 企业所得税前扣除的处理

纳税人应根据赠送礼品不同性质确定税前扣除限额：

（1）无偿赠送企业所得税前扣除的处理

根据《企业所得税法》第十条第（五）项的规定，在计算应纳税所得额时，非公益救济性捐赠支出不得扣除。

（2）"买一赠一"企业所得税前扣除的处理

根据《企业所得税法》第八条的规定：企业实际发生的与取得收入有关的、合理的支出，包括成本、费用、税金、损失和其他支出，准予在计算应纳税所得额时扣除。

（四）"买一赠一"与无偿赠送的个人所得税扣缴义务

财政部、国家税务总局《关于企业促销展业赠送礼品有关个人所得税问题的通知》（财税〔2011〕50号）规定，对纳税人在营销活动中以折扣折让、赠品、抽奖等方式，向个人赠送现金、消费券、物品、服务等有关个人所得税问题做出明确规定。一、企业在销售商品（产品）和提供服务过程中向个人赠送礼品，属于下列情形之一的，不征收个人所得税：（1）企业通过价格折扣、折让方式向个人销售商品和提供服务。（2）企业在向个人销售商品和提供服务的同时给予赠品，如通信企业对个人购买手机赠话费、入网费，或者购话费赠手机等。（3）企业对累积消费达到一定额度的个人按消费积分反馈礼品。二、企业向个人赠送礼品，属于下列情形之一的，取得该项所得的个人应依法缴纳个人所得税，税款由赠送礼品的企业代扣代缴：（1）企业在业务宣传、广告等活动中，随机向本单位以外的个人赠送礼品，对个人取得的礼品所得，按照"其他所得"项目，全额适用20%的税率缴纳个人所得税。（2）企业在年会、座谈会、庆典以及其他活动中向本单位以外的个人赠送礼品，对个人取得的礼品所得，按照"其他所得"项目，全额适用20%的税率缴纳个人所得税。（3）企业对累积消费达到一定额度的顾客，给予额外抽奖机会，个人的获奖所得，按照"偶然所得"项目，全额适用20%的税率缴纳个人所得税。三、企业赠送的礼品是自产产品的，按该产品的市场销售价格确定个人的应税所得；是外购商品（服务）的，按该商品（服务）的实际购置价格确定个人的应税所得。

可见，企业向个人赠送礼品，如果是销售商品和提供服务过程中发生的，不征收个人所得税，否则就要征个税。

【问题】"买一赠一"与无偿赠送是一回事吗？税务处理一样吗？

解答："买一赠一"与无偿赠送是有区别的，"买一赠一"是销售行为，实质上是采取销售折扣的方式销售商品，赠送是一种促销手段。而无偿赠送是单纯的赠送行为，税法上按视同应税行为（或视同销售）处理。

这里需要注意：

（1）买一赠一等方式组合销售本企业商品的（如赠面积），不属于捐赠。按国税函〔2008〕875号文规定进行税务处理。赠送所发生的外购支出，可以在企业所得税前扣除。土地增值税的处理也同理。

（2）买一赠一等方式组合销售非本企业商品的（如赠装修、送家电、送契税、送保险等），本不能按国税函〔2008〕875号文规定处理，所发生的赠送支出，属于非公益救济性捐赠，不得在企业所得税前扣除。同时还可能发生其他的纳税义务，如赠装修要缴纳营业税、送家电需要缴纳增值税、送契税和送保险不能扣除、代扣代缴个人所得税等。

四、"委托销售（包销）"的税务处理

（一）"委托销售（包销）"的营业税处理

1. 适用不同税目的规定

国家税务总局《关于房产开发企业销售不动产征收营业税问题的通知》（国税函发〔1996〕第684号）规定：在合同期内房产企业将房产交给包销商承销，包销商是代理房产开发企业进行销售，所取得的手续费收入或者价差应按"服务业——代理业"征收营业税；在合同期满后，房屋未售出，由包销商进行收购，其实质是房产开发企业将房屋销售给包销商，对房产开发企业应按"销售不动产"征收营业税；包销商将房产再次销售，对包销商也应按"销售不动产"征收营业税。

2. 差额征税的规定

财税〔2003〕16号文件规定：单位和个人销售或转让其购置的不动产或受让的土地使用权，以全部收入减去不动产或土地使用权的购置或受让原价后的余额为营业额；单位和个人销售或转让抵债所得的不动产、土地使用权的，以全部收入减去抵债时该项不动产或土地使用权作价后的余额为营业额。

（二）"委托销售（包销）"的企业所得税处理

国税发〔2009〕31号文件第六条规定：企业通过正式签订《房地产销售合同》或《房地产预售合同》所取得的收入，应确认为销售收入的实现，采取委托销售方式销售开发产品的，具体按以下规定确认：

1. 支付手续费方式的企业所得税处理

（1）采取支付手续费方式委托销售开发产品的收入确认

采取支付手续费方式委托销售开发产品的，应按销售合同或协议中约定的价款于收到受托方已销开发产品清单之日确认收入的实现。

（2）企业发生的手续费及佣金支出的税前扣除

财政部、国家税务总局《关于企业手续费及佣金支出税前扣除政策的通知》（财税〔2009〕29号）规定："企业发生与生产经营有关的手续费及佣金支出，按与具有合法经营资格中介服务机构或个人（不含交易双方及其雇员、代理人和代表人等）所签订服务协议或合同确认的收入金额的5%计算限额，准予扣除；超过部分，不得扣除。""企业应与具有合法经营资格中介服务企业或个人签订代办协议或合同，并按国家有关规定支付手续费及佣金。除委托个人代理外，企业以现金等非转账方式支付的手续费及佣金不得在税前扣除。""企业应当如实向当地主管税务机关提供当年手续费及佣金计算分配表和其他相关资料，并依法取得合法真实凭证。"

国税发〔2009〕31号文件第二十条规定：企业委托境外机构销售开发产品的，其支付境外机构的销售费用（含佣金或手续费）不超过委托销售收入10%的部分，准予据实扣除。

【举例】某房地产公司2010年开发住宅小区，与阳光房屋销售公司签订了代理销售合同。合同约定，阳光公司按销售额5%收取手续费。2012年9月销售房屋2 000平方米，每平方米5 000元。阳光公司将销售清单提交房地产公司，并按合同约定转交售房款950万元。房地产公司账务处理为：

借：银行存款　　　　　　　　　　　　　　　　950万元

　　贷：主营业务收入　　　　　　　　　　　　　950万元

房地产公司正确的税务处理应是1 000万元，同时，向阳光公司以转账支付手续费50万元，由阳光公司开具服务业发票50万元，作为费用列支，可以在企业所得税前扣除。否则不能扣除。

2. 视同买断方式的企业所得税处理

买断的是价格而不是产权，开发商（企业）可以不参与签订销售合同，也可以参与签订销售合同。

采取视同买断方式委托销售开发产品的企业所得税处理：

（1）企业与购买方签订销售合同或协议，或企业、受托方、购买方三方共同签订销售合同或协议的，按照销售合同或协议中约定的价格与买断价格孰高原则确定；

（2）受托方与购买方签订销售合同或协议的，按买断价格计算的价款；

（3）收到受托方已销开发产品清单之日确认收入的实现。

【举例】阳光房屋销售公司与某房地产开发公司签订协议，采取买断方式代理销售商品房，买断价为每平方米 6 000 元，销售时由委托方、受托方、买房共同签订协议。2011 年 8 月阳光公司将开发产品销售清单提交给房地产开发公司时，销售房屋 2 500 平方米，实现销售收入 1 700 万元，平均售价 6 800 元。阳光公司账务处理为：

借：银行存款　　　　　　　　　　 1 500 万元（按买断价计算）

　　贷：主营业务收入　　　　　　　　　　　　 1 500 万元

房地产开发公司正确的税务处理应是将全部营业额 1 700 万元确认为销售不动产取得的收入。

3. 超基价分成方式的企业所得税处理

采取基价（保底价）并实行超基价双方分成方式委托销售开发产品的企业所得税处理：

（1）企业与购买方签订销售合同或协议，或企业、受托方、购买方三方共同签订销售合同或协议的，按照销售合同或协议中约定的价格与基价孰高原则确定，按规定支付受托方的分成额，不得直接从销售收入中减除；

（2）受托方与购买方直接签订销售合同的，按基价加上按规定取得的分成额计算的价款；

（3）收到受托方已销开发产品清单之日确认收入的实现。

税收风险点是开发商支付给受托方的分成额不得直接从收入中扣除，将来支付时根据发票作为销售费用列支。

【举例】阳光房屋销售公司与某房地产开发公司签订协议，采取基价（保底价）并实行超基价双方分成方式受托销售开发产品。合同约定销售保底价 6 000 元，并由阳光房屋销售公司直接与客户签订销售合同，超过保底价部分受托方和委托方按三七分成。2011 年 8 月阳光公司提交销售清单时，销售房屋 2 500 平方米，实现销售收入 1 700 万元，平均售价 6 800 元。房地产开发公司账务处理如下：

借：银行存款　　　　　　　1 500 万元（按保底价计算）

贷：主营业务收入　　　　　　　　　　1 500 万元

房地产开发公司企业所得税的正确处理应是：6 000×2 500＋（6 800－6 000）×2 500×70% ＝1 640（万元），这里关键点在于开发商应按保底价加上按规定取得的分成额于收到受托方已销开发产品清单之日确认收入的实现。

4. 包销方式的企业所得税处理

包销期内可根据包销合同的有关约定，参照上述三种委托销售方式的规定确认收入的实现；包销期满后尚未出售的开发产品，企业应根据包销合同或协议约定的价款和付款方式确认收入的实现。也就是说，包销期外按照包销协议执行，等于将房屋卖给了包销方。包销的全部收入为包销期内应实现收入加上期满后应实现收入之和。

【举例】阳光房屋销售公司与某房地产开发公司签订协议，采取包销方式。合同约定：阳光公司包销甲公司 2 500 平方米房屋，以每平方米销售价 6 000 元向房地产公司结账；如果截至 2011 年 8 月 19 日销售不完，房屋归阳光公司，并由阳光公司于期满日起 10 日内付清房款。合同规定，由受托方与客户签订售房合同。截至 2011 年 8 月底，阳光公司提交销售清单时，当月销售房屋 2 000 平方米，还有 500 平方米未售出。

房地产开发公司账务处理如下：

借：银行存款　　　　　　　　1 200 万元

贷：主营业务收入　　　　　　　　　1 200 万元

房地产开发公司企业所得税的正确处理应是：销售不动产营业额为 6 000×（2 000＋500）＝1 500（万元）。

(三) "委托销售（包销）"的土地增值税处理

国税函［2010］220 号文件规定：土地增值税清算时，已全额开具商品房销售发票的，按照发票所载金额确认收入；未开具发票或未全额开具发票的，以交易双方签订的销售合同所载的售房金额及其他收益确认收入。销售合同所载商品房面积与有关部门实际测量面积不一致，在清算前已发生补、退房款的，应在计算土地增值税时予以调整。

这里需要注意：定价政策与销售策略对税收的影响，例如，房地产开发企业故意压低包销价格，将毛利空间加大，留给受托的代销方，以此可以降低房地产开发企业的总体税负。

【举例】某房地产开发公司原计划以每平方米6 000元的价格出售2 500平方米的房屋，扣除项目合计为1 050万元（含加计扣除费用100万元，期间费用忽略）则：

应交税金合计为280.625万元，税后净利润为269.375万元。

其中：营业税、城建税、教育费附加合计 – 6 000 × 2 500 = 1 500 × 5.5% = 82.5（万元）；土地增值税 = （1 500 – 1 050）× 30% = 135（万元）；企业所得税 = [1 500 – （1 050 – 100）– 82.5 – 135] × 25% = 63.125（万元）。

若事先获得当地税务主管部门的认可，销售的房屋属于普通标准住宅，以每平方米5 000元的价格由包销商（关联企业）进行收购，包销商再以6 000元/平方米的价格出售。则：

应交税金合计为169.845万元，税后净利润为380.155万元。

其中：营业税、城建税、教育费附加合计 – 5 000 × 2 500 × 5.5% + （6 000 – 5 000）× 2 500 × 5.5% = 68.75 + 13.75 = 82.5（万元）；土地增值税 = 0 + （1 500 – 1 250 – 13.75）× 30% = 70.875（万元）；企业所得税 = [1 250 – （1 050 – 100）– 68.75] × 25% + [（1 500 – 1 250）– 13.75 – 70.875] × 25% = 57.8125 – 41.34375 = 16.47（万元）。

通过上述税收安排，综合税负降低110.78万元，税后净利润增加110.78万元。

【思考题】

如何确定代销清单的填开时间？

五、"还本"销售、"先租后售"、"售后回租"、"售后回购"的税务处理

（一）"还本"销售、"先租后售"、"售后回租"、"售后回购"的营业税处理

国家税务总局《关于房地产开发企业从事"购房回租"等经营活动征收

营业税问题的批复》（国税函［1999］144 号）规定：房地产开发公司采用"购房回租"等形式，进行促销经营活动（即与购房者签订"商品房买卖合同书"，将商品房卖给购房者；同时，根据合同约定的期限，在一定时期后，又将该商品房购回），根据《中华人民共和国营业税暂行条例》及其实施细则的规定，对房地产开发公司和购房者均应按"销售不动产"税目征收营业税。

国家税务总局关于印发《营业税问题解答（之一）的通知》（国税函发［1995］156 号）规定：以"还本"方式销售建筑物，是指商品房经营者在销售建筑物时许诺若干年后可将房屋价款归还购房者，这是经营者为了加快资金周转而采取的一种促销手段。对以"还本"方式销售建筑物的行为，应按向购买者收取的全部价款和价外费用征收营业税，不得减除所谓"还本"支出（"还本"支出应做财务费用处理）。

房地产开发企业将资产出售给经批准从事融资租赁业务的企业而发生售后回租业务不征收营业税。

（二）"还本"销售、"先租后售"、"售后回租"、"售后回购"的企业所得税处理

国税函［2008］875 号文件第一条第三款规定：采用售后回购方式销售商品的，销售的商品按售价确认收入，回购的商品作为购进商品处理。有证据表明不符合销售收入确认条件的，如以销售商品方式进行融资，收到的款项应确认为负债，回购价格大于原售价的，差额应在回购期间确认为利息费用。

【举例】2010 年 1 月 1 日，某房地产企业销售一栋商品房给 A 企业，销售收入 5 000 万元，合同约定，5 年后，房地产企业将该房屋回购，回购价格为 6 000 万元，回购后又以 8 000 万元销售。应如何进行会计处理和税务处理？

（1）2010 年 1 月 1 日，取得售房款：

借：银行存款　　　　　　　　　　　　　　5 000 万元

　　贷：应付账款　　　　　　　　　　　　5 000 万元

月底，缴纳营业税金及附加

借：应交税费——应交营业税等　　　　　　275 万元

　　贷：银行存款　　　　　　　　　　　　275 万元

（2）2010 年 12 月 31 日预提利息（还本差价）

借：财务费用　　　　　　　　　　　　　　200 万元

　　　　　　贷：应付账款　　　　　　　　　　　　　　　　　200 万元

（3）2014 年 12 月 31 日回购时

　　借：应付账款　　　　　　　　　　　　5 800 万元

　　　　财务费用　　　　　　　　　　　　　200 万元

　　　　贷：银行存款　　　　　　　　　　　　　　　　6 000 万元

（4）2015 年房地产开发公司将该开发产品销售，取得收入 8 000 万元：

　　借：银行存款　　　　　　　　　　　　8 000 万元

　　　　贷：主营业务收入　　　　　　　　　　　　　　8 000 万元

　　借：主营业务成本　　　　　　　　　　5 000 万元

　　　　贷：开发产品　　　　　　　　　　　　　　　　5 000 万元

　　借：主营业务税金及附加　　　　　　　　444 万元

　　　　贷：应交税费——应交营业税等　　　　　　　444 万元

　　借：应交税费——应交营业税等　　169 万元（444 – 275）

　　　　贷：银行存款　　　　　　　　　　　　　　　　169 万元

【问题】售后回购与销售退回有什么不同？

　　解答： 售后回购是销售已经实现，回购时原来缴纳的营业税不能退回，而销售退回，由于质量等原因退回，退回时原来已缴纳的营业税可以退回。

　　国家税务总局《关于融资性售后回租业务中承租方出售资产行为有关税收问题的公告》（国家税务总局公告 2010 年第 13 号）规定，融资性售后回租业务是指承租方以融资为目的将资产出售给经批准从事融资租赁业务的企业后，又将该项资产从该融资租赁企业租回的行为。融资性售后回租业务中，承租人出售资产的行为，不确认为销售收入，对融资性租赁的资产，仍按承租人出售前原账面价值作为计税基础计提折旧。租赁期间，承租人支付的属于融资利息的部分，作为企业财务费用在税前扣除。

　　这里，国家税务总局公告 2010 年第 13 号规定售后回租不征税是有条件的，注意"将资产出售给经批准从事融资租赁业务的企业"这个条件，这里的经批准是指按商建发［2004］560 号规定：根据国务院办公厅下发的商务部"三定"规定，原国家经贸委、外经贸部有关租赁行业的管理职能和外商投资租赁公司管理职能划归商务部，今后凡财税［2003］16 号文件中涉及原国家经贸委和外经贸部管理职能均改由商务部承担。外商投资租赁公司的市场准入及行业监管工作继续按照商务部的有关规定执行。也就是说出租方属于经商务部批准的从事融资租赁的企业，出售方即承租方可以按国家税务总局公告2010年第13号的规定，不征增值税、营业税，融资利息作为财务费用税前列支；出租方属于未经商务部批准的从事融资租赁的企业，出售方即承租方要按国税函〔2007〕603号文、国税函〔2008〕576号规定征收营业税、企业所得税，承租人支付的属于融资利息的部分，不能作为企业财务费用在税前扣除。

（三）"还本"销售、"先租后售"、"售后回租"、"售后回购"的个人所得税处理

国家税务总局《关于个人与房地产开发企业签订有条件价格优惠协议购买商店征收个人所得税问题的批复》（国税函〔2008〕576号）规定：房地产开发企业与商店购买者个人签订协议规定，房地产开发企业按优惠价格出售其开发的商店给购买者个人，但购买者个人在一定期限内必须将购买的商店无偿提供给房地产开发企业对外出租使用。其实质是购买者个人以所购商店交由房地产开发企业出租而取得的房屋租赁收入支付了部分购房价款。

根据个人所得税法的有关规定精神，对上述情形的购买者个人少支出的购房价款，应视同个人财产租赁所得，按照'财产租赁所得'项目征收个人所得税。每次财产租赁所得的收入额，按照少支出的购房价款和协议规定的租赁月份数平均计算确定。

"还本"销售、"先租后售"、"售后回租"、"售后回购"的个人所得税处理，可以归纳为：

1. 房地产企业：按照出售商品房（商店）的全部价款和价外费用计算缴纳各项税收。其中优惠的价格部分（个人少支付的部分）在协议规定的租赁月份里平均计算计入租赁支出，在企业所得税前扣除，但不得在计算土地增值税时扣除。

2. 个人（商店购买者）：按照少支出的购房价款和协议规定的租赁月份数平均计算确定财产租赁所得，计算缴纳个人所得税，由房地产企业代扣代缴。

【举例】某房地产开发公司将市场价为100万元的公建房以88万元的优惠价格销售给王丽，但在与王丽订立的房屋销售合同中规定，王丽须在两年内将房屋无偿提供给房地产开发公司对外出租使用。

房地产企业计入"主营业务收入"100万元，"待摊费用——租赁费"12万元。按100万元计算缴纳各项税收（企业所得税前扣除的租赁费按租赁期间平均计算）。同时，代扣代缴王丽个人所得税为（每个月5 000元，

即 120 000 ÷ 24）。即：（120 000 – 营业税、城建税、教育费附加）÷ 24 ×
（1 – 20%）× 20%，再分别 × 当年租赁月份，可计算出每年代扣代缴个人所
得税金额。

值得注意的是，我国法律目前禁止房地产企业从事返本销售、售后包
租，售后回购与售后回租业务。根据《最高人民法院关于审理非法集资刑
事案件具体应用法律若干问题的解释》的规定："不具有房产销售的真实内
容或者不以房产销售为主要目的，以返本销售、售后包租、约定回购、销
售房产份额等方式非法吸收资金的"，将按《刑法》第一百七十六条有关规
定处罚。《商品房销售管理办法》第四十二条规定，房地产开发企业在销售
商品房中有返本销售或者变相返本销售商品房的、采取售后包租或者变相
售后包租方式销售未竣工商品房的，处以警告，责令限期改正，并可处以 1
万元以上 3 万元以下罚款。

六、以转让股权名义转让房地产的税务处理

一些纳税人采取间接转让房地产，对取得的收入不依法缴纳相关税款。
对此，国家税务总局做出了明确规定。

（一）以转让股权名义转让房地产的营业税处理

财政部、国家税务总局《关于股权转让有关营业税问题的通知》（财税
[2002] 191 号）规定："以无形资产、不动产投资入股，与接受投资方利
润分配，共同承担投资风险的行为，不征收营业税。""对股权转让不征收
营业税。"

因此，以转让股权名义转让房地产取得的收入不征收营业税。

（二）以转让股权名义转让房地产的土地增值税处理

国家税务总局《关于以转让股权名义转让房地产行为征收土地增值税
问题的批复》（国税函 [2000] 687 号）规定：鉴于深圳市能源集团有限公
司和深圳能源投资股份有限公司一次性共同转让深圳能源（钦州）实业有
限公司 100% 的股权，且这些以股权形式表现的资产主要是土地使用权、地
上建筑物及附着物，经研究，对此应按土地增值税的规定征税。

因此，以转让股权名义转让房地产取得的收入应当征收土地增值税。

（三）以转让股权名义转让房地产的企业所得税处理

《企业所得税法实施条例》第十六条规定，企业所得税法第六条第（三）项所称转让财产收入，是指企业转让固定资产、生物资产、无形资产、股权、债权等财产取得的收入。

对房地产企业发生以转让股权名义转让房地产取得的收入，根据企业所得税关于收入确认的实质重于形式原则，应将其分解为两笔业务处理：一个是以房地产对外投资，另一个是将投资的房地产形成的股权转让。这两个环节都存在应当缴纳企业所得税的问题。

（四）以转让股权名义转让房地产的印花税处理

国家税务总局《关于印花税若干具体问题的解释和规定的通知》（国税发〔1991〕155号）规定："产权转移书据"税目中"财产所有权"转移书据的征税范围是：经政府管理机关登记注册的动产、不动产的所有权转移所立的书据，以及企业股权转让所立的书据。

财政部、国家税务总局《关于印花税若干政策的通知》（财税〔2006〕162号）第三条规定：对土地使用权出让合同、土地使用权转让合同按产权转移书据征收印花税。

【举例】甲公司是境外上市公司，在境内投资30 000万元，成立了一个境内公司。之后，又以3亿元在境内购买了一块土地。目前此地未进行任何开发。现在甲公司计划将所拥有的境内公司的股权进行转让，股权转让价为65 000万元。则在转让过程中需要缴纳的税金为：

应缴纳的土地增值税 $= (65\,000 - 30\,000) \times 50\% - 30\,000 \times 15\%$
$= 13\,000$（万元）

应缴纳的企业所得税 $= (65\,000 - 30\,000) \times 25\% = 8\,750$（万元）

应缴纳的印花税 $= 65\,000 \times 0.5\text{‰} = 32.5$（万元）

七、其他方式销售房地产的税务处理

（一）代客户垫付首付款销售房地产的税务处理

房地产开发企业在经营中除了采取上述促销手段之外，还有其他的促销手段，其中比较典型的就是代垫首付款方式，即针对二套房按揭贷款须首付50%以上的政策，房地产开发企业推出了代业主垫付首付款的补贴办法。

例如，购房人购买一套价值100万元的房产，由于是第二套住房，按照国家的政策规定购房首付至少是五成，即50万元。但是，购房人拿不出如此多的首付款，于是房地产开发企业与购房人约定，可以仅收取三成首付款，即30万元，然后由房地产企业代为垫付首付差额20万元，帮助购房人成功贷款购房。同时，双方还约定，对房地产开发企业垫付的首付差额20万元，购房人可以在一年后交房时由归还，但须按银行同期贷款利率计算利息。

为此，房地产开发企业一般会认为，既然企业没有实际收到业主全部首付款，那么企业垫付的房款也不是实际的预收收入，到购房人实际还款时再按收入作入账处理，在申报缴纳各项税金时可不考虑企业自行垫付部分的收入，即对首付款的50万元，企业可以30万元入账并申报纳税，垫付的20万元待实际收取时再入账并进行纳税处理。

房地产开发企业的税务处理是否正确？按照相关税收政策的规定，销售不动产收取的预收款应当缴纳营业税、企业所得税、印花税、预征土地增值税等。其中，根据营业税相关法规规定，纳税人销售不动产，采取预收款方式的，其纳税义务发生时间为收到预收款的当天。房地产开发企业为了尽快回笼资金，促使客户尽快办理房贷按揭，自行垫付的首付款应当与业主缴纳的首付款一起开具收款收据，财务处理上相当于企业取得了房贷按揭合同约定的全部首付款预售收入，应当全额计入营业额，计算缴纳营业税及其他税金。

另外，房地产开发企业代客户垫付首付款的前提是需要与购房人签订《资金垫付协议》的，根据协议约定，购房人必须在房地产企业规定时限内（一般在交房前）将首付款全额补上，房地产开发企业再向购房人正式交房。此垫付款协议应属于企业经营活动的一部分，财务处理上应当计入其他应收款核算，同时应当确认为预收账款。将来实际收款时直接冲减其他应收款，并将预收账款转为主营业务收入。对房地产开发企业收取的垫付资金的利息和购房人不按期还款的违约金，按照营业税相关法规规定，应当将利息、违约金等作为价外费用处理计算缴纳营业税等相关税金。

（二）未办理土地使用权证转让土地的税务处理

根据我国税法，土地使用权转让涉及营业税、土地增值税、契税、印花税等。一些单位和个人为了逃避上述税款，在转让、抵押或置换土地时往往会采取隐形的方式，不办理土地使用权属证书变更登记手续，或者对未取得土地使用权属证书的土地进行转让、抵押或置换。

国家税务总局《关于未办理土地使用权证转让土地有关税收问题的批复》（国税函〔2007〕645 号）（以下简称"国税函〔2007〕645 号文件"）规定，土地使用者转让、抵押或置换土地，无论其是否取得了该土地的使用权属证书，无论其在转让、抵押或置换土地过程中是否与对方当事人办理了土地使用权属证书变更登记手续，只要土地使用者享有占有、使用、收益或处分该土地的权利，且有合同等证据表明其实质转让、抵押或置换了土地并取得了相应的经济利益，土地使用者及其对方当事人应当依照税法规定缴纳营业税、土地增值税和契税等相关税收。

【思考题】

自然人王某通过关系于 2008 年拿下一宗土地，但地价款 600 万元及契税 24 万元均由 A 房地产企业支付。由于土地是王某取得的，A 企业取得的两张发票抬头均为王某。之后，由 A 房地产企业负责办理立项及开发、销售手续。王某最后分得房屋两套，公允价值为 200 万元。该项目土地增值税清算时，A 企业已所获的票据及缴纳的税款是否可以扣除？王某转让未取得土地使用权的土地所获的 200 万元所得，是否应该缴税？应缴纳何种税收？

（三）卖"楼花"不转权属的税务处理

"楼花"一词源自香港，指未完工的物业。根据现行税法规定，卖"楼花"不转权属应缴纳营业税、土地增值税、企业所得税和契税等。

财税〔2003〕16 号文件第二条第（七）项规定：单位和个人转让在建项目时，不管是否办理立项人和土地使用人的更名手续，其实质是发生了转让不动产所有权或土地使用权的行为。对于转让在建项目行为应按以下办法征收营业税：（1）转让已完成土地前期开发或正在进行土地前期开发，但尚未进入施工阶段的在建项目，按"转让无形资产"税目中"转让土地使用权"项目征收营业税。（2）转让已进入建筑物施工阶段的在建项目，按"销售不动产"税目征收营业税。在建项目是指立项建设但尚未完工的房地产项目或其他建设项目。

财税〔2003〕16号文件第三条第（二十）项规定：单位和个人销售或转让其购置的不动产或受让的土地使用权，以全部收入减去不动产或土地使用权的购置或受让原价后的余额为营业额。

国税函〔2007〕645号文件规定，土地使用者转让、抵押或置换土地，无论其是否取得了该土地的使用权属证书，无论其在转让、抵押或置换土地过程中是否与对方当事人办理了土地使用权属证书变更登记手续，只要土地使用者享有占有、使用、收益或处分该土地的权利，且有合同等证据表明其实质转让、抵押或置换了土地并取得了相应的经济利益，土地使用者及其对方当事人应当依照税法规定缴纳营业税、土地增值税和契税等相关税收。

【举例】大地房地产开发公司2010年在资金紧张的情况下，把已规划好的10 000平方米未建楼盘项目以2 000元/平方米整体转让给某建筑施工企业，建筑施工企业买后自行施工承建并销售，建造成本为1 000元/平方米，竣工后以4 000元/平方米的市场均价售出。售价高低与大地公司无关。该楼盘由于项目立项及土地使用权属归属于大地公司，所以建筑施工企业与客户签约还是以大地公司的名义签订，对于大地公司和建筑施工企业"楼花"转让的各个环节，双方应当进行的税务处理如下：

（1）大地公司转让"楼花"的税务处理

大地公司转让土地使用权、销售不动产应当办理权属转移，并计算缴纳营业税、土地增值税和企业所得税。上述案例与正常情形不一致的是，大地公司与B建筑施工企业并未办理权属转移。

根据财税〔2003〕16号、国税函〔2007〕645号以及其他文件的规定，大地公司应以2 000元/平方米的价格作为"转让土地使用权"应缴营业税、土地增值税、企业所得税的计税收入。

（2）建筑施工企业接受、开发并销售"楼花"的税务处理

建筑施工企业承受土地使用权，应当以2 000元/平方米的价格计算缴纳契税。

建筑施工企业项目购置投入资金2 000元/平方米，建造成本1 000元/平方米，销售价格4 000元/平方米，应当按照"销售不动产"税目征收营业税、土地增值税。

此外，由于建筑施工企业"销售不动产"的同时发生了自建行为，还应当根据《营业税暂行条例实施细则》第五条规定计算缴纳"建筑业"自建行为的营业税。

有两个问题需要进一步探讨：①建筑施工企业"销售不动产"缴纳营业税，能否根据财税〔2003〕16号文件第三条第（二十）项的规定，以全部收入减去不动产或土地使用权的购置或受让原价后的余额为营业额。由于本案为购置土地使用权而继续开发并销售，不能依据上述差额纳税规定计算，而应以 4 000 元/平方米的价格计算"销售不动产"相关营业税。②由于建筑施工企业没有房地产开发资质，也不能自主销售，只能以大地公司的名义销售房地产。依据双方合同约定进行推理，实质上相当于建筑施工企业购置大地公司的土地使用权后，建成房屋并销售给大地公司，然后由大地公司对外另行销售。只不过建筑施工企业销售给大地公司的房屋与大地公司对外销售的价格均为 4 000 元/平方米，大地公司也要按照"销售不动产"缴纳营业税、土地增值税和企业所得税。由于大地公司无法取得建筑施工企业的销售凭证，存在无法按照财税〔2003〕16号文件第三条第二十项规定进行差额纳税的风险。由此，一项不动产的开发销售行为，因"楼花"转让导致多次重复纳税。

（四）纳税人转让土地使用权或者销售不动产同时一并销售附着于土地或者不动产上的固定资产的增值税和营业税的税务处理

国家税务总局《关于纳税人转让土地使用权或者销售不动产同时一并销售附着于土地或者不动产上的固定资产有关税收问题的公告》（国家税务总局公告 2011 年第 47 号）：纳税人转让土地使用权或者销售不动产的同时一并销售的附着于土地或者不动产上的固定资产中，凡属于增值税应税货物的，应按照《财政部、国家税务总局关于部分货物适用增值税低税率和简易办法征收增值税政策的通知》（财税〔2009〕9号）第二条有关规定，计算缴纳增值税；凡属于不动产的，应按照《中华人民共和国营业税暂行条例》"销售不动产"税目计算缴纳营业税。纳税人应分别核算增值税应税货物和不动产的销售额，未分别核算或核算不清的，由主管税务机关核定其增值税应税货物的销售额和不动产的销售额。

第二节　将房地产转作他用的税务处理

由于房地产企业开发产品的特殊性，经常会发生将开发的产品转作销售以外的用途的业务，例如作为支付对价而将开发的产品对外投资以换取被投资企业股权、以开发产品作为债务清偿的财产用于抵偿债务、以开发产品向当地政府或其他单位或个人进行赠送、以开发产品用于向业绩突出或为本企业做出贡献的职工进行奖励、以开发产品向本企业投资者或者股东进行分利、以开发产品作为固定资产转为本企业使用、以开发产品换取其他资产例如土地使用权等。一些房地产企业对发生上述经营活动进行税务处理时，可能会发生利用选择投资方式等进行税收筹划，需要根据国家的税收政策进行正确的处理，避免发生税收风险。

一、将房地产转作他用的营业税税务处理

（一）将房地产转作他用的营业税征税范围

1. 获取实物或其他经济利益：抵债、职工福利、向投资者分利、非货币性交换等

《营业税暂行条例》第一条规定：在中华人民共和国境内提供本条例规定的劳务、转让无形资产或者销售不动产的单位和个人，为营业税的纳税人，应当依照本条例缴纳营业税。

《营业税暂行条例实施细则》第三条规定："条例第一条所称提供条例规定的劳务、转让无形资产或者销售不动产，是指有偿提供条例规定的劳务、有偿转让无形资产或者有偿转让不动产所有权的行为（以下称应税行为）。但单位或者个体工商户聘用的员工为本单位或者雇主提供条例规定的劳务，不包括在内。""前款所称有偿，是指取得货币、货物或者其他经济利益。"

因此，房地产开发企业将开发产品用于抵债、职工福利、向投资者分利、非货币性交换等取得实物或其他经济利益的，属于营业税的征税范围，应当缴纳营业税。

2. 视同应税行为：无偿赠送、自建行为

《营业税暂行条例实施细则》第五条规定：纳税人有下列情形之一的，视同发生应税行为：（一）单位或者个人将不动产或者土地使用权无偿赠送其他单位或者个人；（二）单位或者个人自己新建（以下简称自建）建筑物后销售，其所发生的自建行为；（三）财政部、国家税务总局规定的其他情形。

因此，房地产开发企业将开发产品无偿赠送和发生自建行为的，按照视同发生应税行为处理，缴纳营业税。

3. 将开发产品对外投资，不征收营业税

财税〔2002〕191号文件第一条规定：以无形资产、不动产投资入股，与接受投资方利润分配，共同承担投资风险的行为，不征收营业税。

【总结】营业税对有偿转让行为征税，所谓有偿是取得货币、实务或经济利益（如抵债、非货币性交换等）。对无偿行为（如自用）不征税，对无偿赠送、自建行为征税是例外规定。需要注意的是，赠送业务还会涉及其他纳税义务，如果受赠人是个人，则应由企业代扣代缴"偶然所得"的个人所得税。

（二）将房地产转作他用的计税营业额的确定

1. 获取实物或其他经济利益计税营业额的确定

《营业税暂行条例》第五条规定：纳税人的营业额为纳税人提供应税劳务、转让无形资产或者销售不动产收取的全部价款和价外费用。

2. 视同应税行为计税营业额的确定

《营业税暂行条例实施细则》第二十条规定："价格明显偏低并无正当理由或者视同发生应税行为而无营业额的，按下列顺序确定其营业额：（一）按纳税人最近时期发生同类应税行为的平均价格核定；（二）按其他纳税人最近时期发生同类应税行为的平均价格核定；（三）按下列公式核定：营业额＝营业成本或者工程成本×（1＋成本利润率）÷（1－营业税税率）。""公式中的成本利润率，由省、自治区、直辖市税务局确定。"

（三）将房地产转作他用的营业税纳税义务发生时间的确定

1. 获取实物或其他经济利益营业税纳税义务发生时间的确定

《营业税暂行条例》第十二条第一款规定：营业税纳税义务发生时间为

纳税人提供应税劳务、转让无形资产或者销售不动产并收讫营业收入款项或者取得索取营业收入款项凭据的当天。国务院财政、税务主管部门另有规定的，从其规定。

《营业税暂行条例实施细则》第二十四条第二款规定：条例第十二条所称取得索取营业收入款项凭据的当天，为书面合同确定的付款日期的当天；未签订书面合同或者书面合同未确定付款日期的，为应税行为完成的当天。

2. 视同应税行为营业税纳税义务发生时间的确定

《营业税暂行条例实施细则》第二十五条第三款规定：纳税人发生将不动产或者土地使用权无偿赠送其他单位或者个人的，其纳税义务发生时间为不动产所有权、土地使用权转移的当天。

《营业税暂行条例实施细则》第二十五条第四款规定：纳税人发生自建行为的，其纳税义务发生时间为销售自建建筑物的纳税义务发生时间。

【问题】 房地产企业将开发产品对外投资联营，是否征收营业税？

解答： 需要注意三个问题：一是房地产企业以开发产品对外投资联营的营业税征免问题，根据上述所列文件分析，是不征收营业税的。财税〔2002〕191号文件现行有效。二是对投资行为的认定，所谓投资，需要符合三个条件：①对被投资企业投资，而非对项目投资；②与被投资企业共担经营风险、共负盈亏；③分配被投资企业税后净利。三是房地产开发企业以开发产品作为对价向被投资企业，形成的毛利如何处理。房地产企业以开发产品对外投资所确认的开发产品的价格应该是公允价格，会计上的处理是确认收入的，而且实务中房地产企业与被投资企业签订的投资合同或协议以及开具的发票均包含由于投资而形成的毛利。这时，会计与税法在营业税方面存在差异。

对房地产企业将开发产品对外投资不征收营业税，容易给房地产企业造成税收筹划空间。同时，被投资企业以公允价格接受了没有完税的房地产，在税收上是不对等的，存在税负转嫁问题，被投资企业将接受投资的房地产再次转让时，按照财税〔2003〕16号文件的规定，应全额缴纳营业税。在实务中，被投资企业可能以差额缴税，容易形成漏税。这也是税收征管的风险点。

另外，房地产企业以不动产投资入股，收取固定收入，不承担投资风险，这种固定收入不管是以投资方利润形式出现，还是以租金等其他形式出现，其实质上是属于租金收入（产权不转移）或不动产销售收入（产权转移），应按规定征收营业税。

【问题】 房地产企业以开发产品抵偿债务，是否征收营业税？

解答： 国家税务总局《关于以房屋抵顶债务应征收营业税问题的批复》（国税函［1998］771 号）规定：单位或个人以房屋抵顶有关债务，不论是经双方（或多方）协商决定的，还是由法院裁定的，其房屋所有权已发生转移，且原房主也取得了经济利益（减少了债务），因此，对单位或个人以房屋或其他不动产抵顶有关债务的行为，应按"销售不动产"税目征收营业税。

需要注意的是：抵债资产价格的确定不一定都是按财政部令［2008］52 号第二十条规定的三种方法确定，有时要根据情况具体分析。例如，房地产企业以开发的房产抵偿银行借款，核定收入时，应区分不同情况：（1）抵债资产用于归还银行贷款时：①在贷款期满以前,不动产由房地产企业（归借款人）使用，核定的收入等于尚未归还银行的本息合计。②贷款期间不动产由银行使用，不动产租金用以抵充贷款利息，抵债时核定的收入等于所欠银行的贷款本金（贷款利息按租金收入处理）。（2）若抵债资产拍卖后抵债。核定的收入等于拍卖价格，不能扣除拍卖费用（这部分可以在企业所得税前扣除，但不能计入土地增值税扣除项目）。（3）房地产企业和银行双方估价，由银行将不动产实际价值大于所欠款项的部分退回，核定的收入等于估价金额。

二、将房地产转作他用的土地增值税税务处理

（一）将房地产转作自用或出租不征收土地增值税

国家税务总局《关于房地产开发企业土地增值税清算管理有关问题的通知》（国税发［2006］187 号）（以下简称"国税发［2006］187 号文件"）、国家税务总局《关于印发〈土地增值税清算管理规程〉的通知》（国税发［2009］91 号）（以下简称"国税发［2009］91 号文件"）规定：房地产开发企业将开发的部分房地产转为企业自用或用于出租等商业用途时，如果产权未发生转移，不征收土地增值税，在税款清算时不列收入，不扣除相应的成本和费用。

（二）对特定的对象发生房地产赠送行为征收土地增值税

《土地增值税暂行条例实施细则》第二条规定：条例第二条所称的转让国有土地使用权、地上的建筑物及其附着物并取得收入，是指以出售或者其他方式有偿转让房地产的行为。不包括以继承、赠与方式无偿转让房地产的行为。

财政部、国家税务总局关于土地增值税一些具体问题规定的通知（财税〔1995〕48号）（以下简称"财税〔1995〕48号文件"）：细则所称的"赠与"是指如下情况：（1）房产所有人、土地使用权所有人将房屋产权、土地使用权赠与直系亲属或承担直接赡养义务人的。（2）房产所有人、土地使用权所有人通过中国境内非营利的社会团体、国家机关将房屋产权、土地使用权赠与教育、民政和其他社会福利、公益事业的。

因此，房地产开发企业将开发的房地产无偿赠送给上述两种情形以外的其他单位和个人的，应当征收土地增值税。

（三）将房地产转作投资或其他有偿行为征收土地增值税

国税发〔2006〕187号、国税发〔2009〕91号文件规定：房地产开发企业将开发产品用于职工福利、奖励、对外投资、分配给股东或投资人、抵偿债务、换取其他单位和个人的非货币性资产等，发生所有权转移时应视同销售房地产，其收入按下列方法和顺序确认：（1）按本企业在同一地区、同一年度销售的同类房地产的平均价格确定；（2）由主管税务机关参照当地当年、同类房地产的市场价格或评估价值确定。

其他两个关于投资征税的文件有关规定：

（1）财政部、国家税务总局关于土地增值税一些具体问题规定的通知（财税〔1995〕48号）：对于以房地产进行投资、联营的，投资、联营的一方以土地（房地产）作价入股进行投资或作为联营条件，将房地产转让到所投资、联营的企业中时，暂免征收土地增值税。对投资、联营企业将上述房地产再转让的，应征收土地增值税。

（2）财政部、国家税务总局《关于土地增值税若干问题的通知》（财税〔2006〕21号）规定，对于以土地（房地产）作价入股进行投资或联营的，凡所投资、联营的企业从事房地产开发的，或者房地产开发企业以其建造的商品房进行投资和联营的，均不适用《财政部、国家税务总局关于土增值税一些具体问题规定的通知》（财税字［1995］48号）第一条暂免征收土地增值税的规定。

【总结】土地增值税对有偿转让行为征税，对无偿转让不征税。除非能够证明企业获取了货币、实物以外的经济收益，但也有例外规定（如投资、赠送）。

【思考题】

1. 房地产开发企业以开发的房地产对外投资形成的股权，由于该股权表现的资产是不动产，转让股权时是否应征收土地增值税？

2. 房地产开发企业以现金投资子公司后，购买土地使用权，再将所持子公司的股权转让，是否应该征收土地增值税？

三、将房地产转作他用的企业所得税税务处理

（一）视同销售货物、转让财产的企业所得税征税范围

《企业所得税法实施条例》第二十五条规定：企业发生非货币性资产交换，以及将货物、财产、劳务用于捐赠、偿债、赞助、集资、广告、样品、职工福利或者利润分配等用途的，应当视同销售货物、转让财产或者提供劳务，但国务院财政、税务主管部门另有规定的除外。

国税发［2009］31号文件第七条规定：企业将开发产品用于捐赠、赞助、职工福利、奖励、对外投资、分配给股东或投资人、抵偿债务、换取其他企事业单位和个人的非货币性资产等行为，应视同销售，于开发产品所有权或使用权转移，或于实际取得利益权利时确认收入（或利润）的实现。

国税发［2009］31号文件第二十四条规定：企业开发产品转为自用的，其实际使用时间累计未超过12个月又销售的，不得在税前扣除折旧费用。

1. 将开发的房地产转为自用或出租

房地产开发企业将开发的房地产转为自用或出租，在企业所得税处理上作为内部处置资产，不征收企业所得税。

国税函［2008］828号文件规定，企业发生改变资产用途（如自建商品房转为自用或经营）的处置资产，除将资产转移至境外以外，由于资产所有权属在形式和实质上均不发生改变，可作为内部处置资产，不视同销售

确认收入，相关资产的计税基础延续计算。

2. 视同销售行为

国税函〔2008〕828 号文件规定，企业将资产移送他人的下列情形，因资产所有权属已发生改变而不属于内部处置资产，应按规定视同销售确定收入：（一）用于市场推广或销售；（二）用于交际应酬；（三）用于职工奖励或福利；（四）用于股息分配；（五）用于对外捐赠；（六）其他改变资产所有权属的用途。

【**总结**】企业所得税对视同销售货物、转让财产的征税规定是全范围的，仅对将房地产转作自用的行为不征税。

（二）视同销售收入的确定

国税函〔2008〕828 号文件规定，企业发生视同销售行为时，属于企业自制的资产，应按企业同类资产同期对外销售价格确定销售收入；属于外购的资产，可按购入时的价格确定销售收入。

国家税务总局《关于做好 2009 年度企业所得税汇算清缴工作的通知》（国税函〔2010〕148 号）（以下简称"国税函〔2010〕148 号文件"）规定，企业处置外购资产按购入时的价格确定销售收入，是指企业处置该项资产不是以销售为目的，而是具有替代职工福利等费用支出性质，且购买后一般在一个纳税年度内处置。

【**总结**】视同销售行为确定销售收入的依据，除了属于外购且具有替代职工福利的资产可按购入时的价格以外，均应按公允价值（同类资产同期对外销售价格）确定销售收入。

（三）赠送支出的企业所得税前扣除

1. 如果是企业在业务宣传、广告等活动中，向客户赠送礼品，则属于广告费和业务宣传费。

《企业所得税法实施条例》第四十四条规定：企业发生的符合条件的广告费和业务宣传费支出，除国务院财政、税务主管部门另有规定外，不超过当年销售（营业）收入 15%的部分，准予扣除；超过部分，准予在以后纳税年度结转扣除。

2. 如果企业在年会、座谈会、庆典以及其他活动中向客户赠送礼品，则是交际应酬费，应当归列"业务招待费支出"。

《企业所得税法实施条例》第四十三条规定：企业发生的与生产经营活动有关的业务招待费支出，按照发生额的60%扣除，但最高不得超过当年销售（营业）收入的5‰。

3. 如果将礼品赠送给与本企业业务无关的个人，则属于非广告性质赞助支出。

根据《企业所得税法》第十条第（六）项及其实施条例第五十四条的规定，不得税前扣除。

四、将房地产转作他用的其他税种的税务处理

【问题】房地产开发企业自用房产是否征收房产税？

解答：国家税务总局《关于房产税、城镇土地使用税有关政策规定的通知》（国税发〔2003〕89号）：鉴于房地产开发企业开发的商品房在出售前，对房地产开发企业而言是一种产品，因此，对房地产开发企业建造的商品房，在售出前，不征收房产税；但对售出前房地产开发企业已使用或出租、出借的商品房应按规定征收房产税。房地产开发企业自用、出租、出借本企业建造的商品房，自房屋使用或交付之次月起计征房产税和城镇土地使用税。

【问题】房地产开发企业投资联营的房产是否征收房产税？

解答：对于以房产投资联营，投资者参与投资利润分红，共担风险的情况，按房产原值作为计税依据计征房产税；对于以房产投资，收取固定收入，不承担联营风险的情况，实际上是以联营名义取得房产的租金，因此应根据《中华人民共和国暂行条例》的有关规定由出租方按租金收入计缴房产税。

【问题】房地产开发企业自用房产是否征收城镇土地使用税？

解答：国家税务总局《关于房产税、城镇土地使用税有关政策规定的通知》（国税发〔2003〕89号）规定：鉴于房地产开发企业开发的商品房在出售前，对房地产开发企业而言是一种产品，因此，对房地产开发企业建造的商品房，在售出前，不征收房产税；但对售出前房地产开发企业已使用或出租、出借的商品房应按规定征收房产税。房地产开发企业自用、出租、出借本企业建造的商品房，自房屋使用或交付之次月起计征房产税和城镇土地使用税。

【综合举例】房地产投资业务的税务处理

甲企业是一家房地产开发企业，2010 年 1 月以一栋写字楼向乙企业投资入股。该写字楼评估价值为 3 000 万元，实际占地面积为 2 000 平方米。双方约定甲企业参与乙企业利润分配，共同承担投资风险。

（1）投资方涉税处理

①营业税的处理

财政部、国家税务总局《关于股权转让有关营业税问题的通知》（财税〔2002〕191 号）规定，自 2003 年 1 月 1 日起，以无形资产、不动产投资入股，参与接受投资方利润分配，共同承担投资风险的行为，不征收营业税；对股权转让不征收营业税。

②土地增值税的处理

财政部、国家税务总局《关于土地增值税一些具体问题规定的通知》（财税字〔1995〕48 号）规定，对于以房地产进行投资、联营的，投资、联营的一方以土地（房地产）作价入股进行投资或作为联营条件，将房地产转让到所投资、联营的企业中时，暂免征收土地增值税。对投资、联营企业将上述房地产再转让的，应征收土地增值税。但是，需要注意的是，《财政部、国家税务总局关于土地增值税若干问题的通知》（财税〔2006〕21 号）第五条规定，本文自 2006 年 3 月 2 日起，对于以土地（房地产）作价入股进行投资或联营的，凡所投资、联营的企业从事房地产开发的，或者房地产开发企业以其建造的商品房进行投资和联营的，均不适用财税字〔1995〕48 号文件第一条暂免征收土地增值税的规定。

也就是说，房地产开发企业以其建造的商品房进行投资和联营的，仍应当按规定缴纳土地增值税。由此可见，按规定上例中甲企业应纳土地增值税。假设经核实该写字楼允许扣除项目金额为 2 200 万元，则甲企业应纳土地增值税 =（3 000 - 2 200）×30% = 240（万元）。

③企业所得税的处理

《企业所得税法实施条例》第二十五条规定，企业发生非货币性资产交换，以及将货物、财产、劳务用于捐赠、偿债、赞助、集资、广告、样品、职工福利或者利润分配等用途的，应当视同销售货物、转让财产或者提供劳务，但国务院财政、税务主管部门另有规定的除外。国税函〔2008〕828 号规定，属于企业自制的资产，应按企业同类资产同期对外销售价格确定销售收入。可见，企业将房地产进行股权投资，也就是发生了非货币性资产交换，根据上述规定，应确认财产损益计缴企业所得税。同时投资双方按所得税法的相应规定进行所得税的其他处理。

④印花税的处理

国家税务总局《关于印花税若干具体问题的解释和规定的通知》（国税发〔1991〕155号）第十条规定，"财产所有权"转移书据的征税范围是：经政府管理机关登记注册的动产、不动产的所有权转移所立的书据，以及企业股权转让所立的书据。财政部、国家税务总局《关于印花税若干政策的通知》（财税〔2006〕162号）规定，对土地使用权出让合同、土地使用权转让合同按产权转移书据征收印花税；对商品房销售合同按照产权转移书据征收印花税。由于《公司法》第二十八条规定，股东以货币出资的，应当将货币出资足额存入有限责任公司在银行开设的账户；以非货币财产出资的，应当依法办理其财产权的转移手续。同时，《公司法》第二十七条规定，对作为出资的非货币财产应当评估作价，核实财产，不得高估或者低估作价。法律、行政法规对评估作价有规定的，从其规定。可见，根据印花税规定，以房地产投资入股属于财产所有权的转移，应当按"产权转移书据"税目征收印花税，投资方要按万分之五的税率缴纳印花税，其计税依据为按评估机构核定的评估价。即上例中甲企业应纳印花税 = 3 000 × 0.05% = 1.5（万元）。

（2）被投资方涉税处理

①契税的处理

《中华人民共和国契税暂行条例细则》第八条规定，以土地、房屋权属作价投资、入股，视同土地使用权转让、房屋买卖或者房屋赠与征税。《公司法》规定，投资人以非货币财产出资的，应当依法办理其财产权的转移手续。由于契税的纳税义务人是境内转移土地、房屋权属承受的单位和个人。因此，以房地产投资入股，按规定应由接受房地产投资的被投资方在办理产权转移手续时缴纳契税，其计税依据为按评估机构核定的评估价。即上例中乙企业应纳契税 = 3 000 × 5% = 150（万元）。

②房产税的处理

国家税务总局《关于安徽省若干房产税业务问题的批复》（国税函发〔1993〕368号）规定，对于投资联营的房产，应根据投资联营的具体情况，在计征房产税时予以区别对待。对于以房产投资联营，投资者参与投资利润分红、共担风险的情况，按房产原值作为计税依据计征房产税；对于以房产投资，收取固定收入，不承担联营风险的情况，实际上是以联营名义取得房产的租金，应根据《房产税暂行条例》的有关规定由出租方按租金收入计缴房产税。

需要注意的是，由于甲企业以房地产对外投资，是以企业拥有的房屋产权换取被投资企业的股权，投资后，房屋的产权即归被投资企业乙企业所有，乙企业对该房屋享有独占权和处置权。从会计处理的角度来看，投资方将房地产投出后，账面的固定资产即消失，乙企业按照"接受投资的固定资产的计价"原则确认该项固定资产。因此，以房地产投资入股，其房屋的所有权已发生转移，其应缴纳的房产税应由拥有房屋产权的被投资方缴纳。假设乙企业所在省市规定减除幅度为30%，则上例中乙企业每年应纳房产税 = $3\,000 \times (1-30\%) \times 1.2\% = 25.2$（万元）。

③城镇土地使用税的处理

《中华人民共和国城镇土地使用税暂行条例》第二条规定，在城市、县城、建制镇、工矿区范围内使用土地的单位和个人，为城镇土地使用税的纳税人，应当依照规定缴纳土地使用税。由于企业以房地产对外投资，被投资的房地产的土地使用权随之转移到被投资企业所有，因此被投资企业应按规定计缴城镇土地使用税。假设乙企业所在城市规定城镇土地使用税每平方米税额为10元，则上例中乙企业每年应纳土地使用税 = $10 \times 0.2 = 2$（万元）。

④印花税的处理

《中华人民共和国印花税暂行条例》第八条规定，同一凭证，由两方或者两方以上当事人签订并各执一份的，应当由各方就所执的一份各自全额贴花。也就是说，以房地产投资入股，根据印花税规定，签订"产权转移书据"的双方都要按万分之五的税率缴纳印花税。可见，接受房地产投资入股的被投资方也要缴纳印花税。即上例中乙企业也应纳印花税 = $3\,000 \times 0.05\% = 1.5$（万元）。

⑤土地增值说的处理

按照财税字〔1995〕48号文件规定，对投资、联营企业将上述接受投资的房地产再转让，依据财税字〔1995〕48号文件第十条关于转让旧房如何确定扣除项目金额的问题规定，转让旧房的，应按房屋及建筑物的评估价格、取得土地使用权所支付的地价款和按国家统一规定交纳的有关费用以及在转让环节缴纳的税金作为扣除项目金额计征土地增值税。对取得土地使用权时未支付地价款或不能提供已支付的地价款凭据的，不允许扣除取得土地使用权所支付的金额。

第三节　代收代付费用的税务处理

房地产企业代收代付费用是否免税，各税规定不同，税务处理时应注意。

一、代收代付费用的营业税税务处理

《营业税暂行条例实施细则》、《财政部、国家税务总局关于个人金融商品买卖等营业税若干免税政策的通知》（财税〔2009〕111号）规定：同时满足以下条件的行政事业性收费和政府性基金暂免征收营业税：

（一）由国务院或者财政部批准设立的政府性基金，由国务院或者省级人民政府及其财政、价格主管部门批准设立的行政事业性收费和政府性基金；

（二）收取时开具省级以上（含省级）财政部门统一印制或监制的财政票据；

（三）所收款项全额上缴财政。

凡不同时符合上述三个条件，且属于营业税征税范围的行政事业性收费或政府性基金应照章征收营业税。

这里需要注意的是，房地产开发企业在收取销售房款时，往往会存在代相关政府部门收取费用的情况，税法明确规定了"价外费用"与"代收费用"的界限。房地产企业的价外费用是应该缴纳营业税的，而代收费用是不需要缴纳营业税的。

二、代收代付费用的土地增值税税务处理

财税字〔1995〕48号文件规定："对于县级及县级以上人民政府要求房地产开发企业在售房时代收的各项费用，如果代收费用是计入房价中向购买方一并收取的，可作为转让房地产所取得的收入计税；如果代收费用未

计入房价中，而是在房价之外单独收取的，可以不作为转让房地产的收入。""对于代收费用作为转让收入计税的，在计算扣除项目金额时，可予以扣除，但不允许作为加计20%扣除的基数；对于代收费用未作为转让房地产的收入计税的，在计算增值额时不允许扣除代收费用。"

国税发〔2009〕91号文件规定："对于县级以上人民政府要求房地产开发企业在售房时代收的各项费用，审核其代收费用是否计入房价并向购买方一并收取"，"当代收费用计入房价时，审核有无将代收费用计入加计扣除以及房地产开发费用计算基数的情形"。

三、代收代付费用的企业所得税税务处理

《企业所得税法》规定：第七条收入总额中的下列收入为不征税收入：（一）财政拨款；（二）依法收取并纳入财政管理的行政事业性收费、政府性基金；（三）国务院规定的其他不征税收入。

《企业所得税法实施条例》第二十六条规定："企业所得税法第七条第（一）项所称财政拨款，是指各级人民政府对纳入预算管理的事业单位、社会团体等组织拨付的财政资金，但国务院和国务院财政、税务主管部门另有规定的除外。""企业所得税法第七条第（二）项所称行政事业性收费，是指依照法律法规等有关规定，按照国务院规定程序批准，在实施社会公共管理，以及在向公民、法人或者其他组织提供特定公共服务过程中，向特定对象收取并纳入财政管理的费用。""企业所得税法第七条第（二）项所称政府性基金，是指企业依照法律、行政法规等有关规定，代政府收取的具有专项用途的财政资金。""企业所得税法第七条第（三）项所称国务院规定的其他不征税收入，是指企业取得的，由国务院财政、税务主管部门规定专项用途并经国务院批准的财政性资金"。

财政部、国家税务总局《关于财政性资金、行政事业性收费、政府性基金有关企业所得税政策问题的通知》（财税〔2008〕151号）规定：

一、关于财政性资金

（一）企业取得的各类财政性资金，除属于国家投资和资金使用后要求归还本金的以外，均应计入企业当年收入总额。

（二）对企业取得的由国务院财政、税务主管部门规定专项用途并经国务院批准的财政性资金，准予作为不征税收入，在计算应纳税所得额时从

收入总额中减除。

（三）纳入预算管理的事业单位、社会团体等组织按照核定的预算和经费报领关系收到的由财政部门或上级单位拨入的财政补助收入，准予作为不征税收入，在计算应纳税所得额时从收入总额中减除，但国务院和国务院财政、税务主管部门另有规定的除外。

本条所称财政性资金，是指企业取得的来源于政府及其有关部门的财政补助、补贴、贷款贴息，以及其他各类财政专项资金，包括直接减免的增值税和即征即退、先征后退、先征后返的各种税收，但不包括企业按规定取得的出口退税款；所称国家投资，是指国家以投资者身份投入企业，并按有关规定相应增加企业实收资本（股本）的直接投资。

二、关于政府性基金和行政事业性收费

（一）企业按照规定缴纳的、由国务院或财政部批准设立的政府性基金以及由国务院和省、自治区、直辖市人民政府及其财政、价格主管部门批准设立的行政事业性收费，准予在计算应纳税所得额时扣除。

企业缴纳的不符合上述审批管理权限设立的基金、收费，不得在计算应纳税所得额时扣除。

（二）企业收取的各种基金、收费，应计入企业当年收入总额。

（三）对企业依照法律、法规及国务院有关规定收取并上缴财政的政府性基金和行政事业性收费，准予作为不征税收入，于上缴财政的当年在计算应纳税所得额时从收入总额中减除；未上缴财政的部分，不得从收入总额中减除。

三、企业的不征税收入用于支出所形成的费用，不得在计算应纳税所得额时扣除；企业的不征税收入用于支出所形成的资产，其计算的折旧、摊销不得在计算应纳税所得额时扣除。

国税发〔2009〕31号文件第五条规定：企业代有关部门、单位和企业收取的各种基金、费用和附加等，凡纳入开发产品价内或由企业开具发票的，应按规定全部确认为销售收入；未纳入开发产品价内并由企业之外的其他收取部门、单位开具发票的，可作为代收代缴款项进行管理。

国税发〔2009〕31号文件第十六条规定：企业将已计入销售收入的共用部位、共用设施设备维修基金按规定移交给有关部门、单位的，应于移交时扣除。

【结论】

1. 营业税的税务处理：不征税需要符合三个条件，但不区分是否纳入房价内或开发票。

2. 企业所得税的税务处理：区分两个层面，一个是不征税收入与征税收入，另一个是是否纳入房价内并开发票。结论是：不征税的，支出时也不扣除；征税的，支出时可以扣除。

3. 土地增值税的税务处理：收费的审批权限可低至县级，计入房价内的，确认收入、可扣除但不可加计20%扣除，否则，不确认收入也不扣除。

【思考题】

房地产企业取得政府给予的拆迁补偿应如何作涉税处理？

第四节　不同经营方式的税务处理

房地产开发企业生产经营方式灵活，既有自营行为，也有代建行为、合作建房、挂靠经营、销售精装修房等。不同经营方式的税务处理也有不同，国家税务总局陆续出台了很多文件予以明确。

一、"受托代建"业务的税务处理

在实际业务中，某些房地产企业利用合同进行税收筹划，例如受托定向开发房地产，其实质是房地产开发企业的自营行为，却按"代建房"进行了税务处理，这是不符合税收政策规定的。

国家税务总局《关于"代建"房屋应如何征收营业税问题的批复》（国税函〔1998〕554号）规定：房地产开发企业（以下简称甲方）取得土地使用权并办理施工手续后根据其他单位（以下简称乙方）的要求进行施工，并按施工进度向乙方预收房款，工程完工后，甲方替乙方办理产权转移等手续。甲方的上述行为属于销售不动产，应按"销售不动产"税目征收营业税；如甲方自备施工力量修建该房屋，还应对甲方的自建行为，按"建筑业"税目征收营业税。

对于"代建房屋"的判定标准，有的税务机关做出了具体规定，例如，辽宁省地方税务局《关于对房地产开发企业"代建房"收入征收营业税问题的批复》（辽地税〔2000〕291号）规定："房地产开发企业受托承办国家机关、企事业等单位（以下简称委托建房单位）的房屋建设，应由委托建房单位提供自有土地使用权证书或由其以自己名义办理土地征用手续，并取得有关部门的建设项目批准手续和基建计划；房地产开发企业不垫付资金，建筑施工企业将建筑业发票开具给委托建房单位（由房地产开发企业将该发票转交给委托建房单位）；房地产开发企业与委托建房单位实行全额结算，并另外向委托建房单位收取代建手续费。""房地产开发企业的'代建房'行为，凡同时具备上述条件的，对其取得的代建手续费收入按'服务业——代理业'税目计征营业税；否则，不论委托建房单位与房地产开发企业如何签订协议，也不论房地产开发企业的财务和会计账务如何处理，应对房地产开发企业与委托建房单位的全额结算收入按'销售不动产'税目计征营业税。"

实务中，各省地税对"代建房屋"都有规定，一般认为判断标准必须同时符合四个条件：（1）房地产开发企业必须事先与委托方订有委托代建合同。并在合同上载明收费依据及标准；（2）房地产开发企业所建房屋的基建计划与立项必须是计划部门下达给建设单位的，不发生土地使用权转移；（3）房地产开发企业以委托方的名义与负责施工的施工队结算（注：施工方直接开票给委托方）；（4）房地产开发企业不垫付建设资金。凡未同时具备上述四个条件的代建业务，对受托方按"销售不动产"税目征收营业税。

对"受托代建"业务的税务处理，目前总局文件没有明确，各地规定也不统一。归纳起来，判断代建的标准应该以开发产品权属进行界定，凡是开发产品产权归房地产开发公司的，就不属于代建行为，应按"销售不动产"确定征收营业税和土地增值税、企业所得税等税金。

【举例】某房地产开发公司通过签订虚假代建合同少缴税款案

某房地产开发公司2010年开发某住宅项目，其中A8、A9号楼建筑面积约为5 600平方米，销售给当地某实业有限业公司的分支机构用作职工宿舍，取得收入1 960万元。该房地产开发公司为了达到少缴税款的目的，采取以下虚假手段冒充代建行为：一是该开发公司与某分支机构签订虚假协议，将A8、A9号楼所占的土地无偿赠与分支机构；二是分支机构与建筑公司签订虚假建筑合同，并将建筑安装工程款1 200万元直接拨付给建筑公司；三是开发公司以市政配套费、公共设施费、基本设施费和代建费等各项费用的名义收取分支机构760万元。开发公司只将代建费760万元申报缴纳了营业税。在实际工作中，检查人员通过调查发现以下事实：（1）该住宅项目的土地使用权属证明是由土地管理部门颁发给开发公司的，分支机构并没有以自己名义办理土地征用手续；（2）分支机构并没有取得有关部门的建设项目批准手续和基建计划；（3）建筑公司没有将建筑业发票开具给该分支机构。因此上述行为不属于"代建房"行为。按税法规定应按"销售不动产"税目就全额收入1 960万元计征营业税和土地增值税、企业所得税等相关税金。

二、"合作建房"业务的税务处理

最高人民法院《关于审理房地产管理法施行前房地产开发经营案件若干问题的解答》（法发［1996］2号）的规定：享有土地使用权的一方以土地使用权作为投资与他人合作建房，签订的合建合同是土地使用权有偿转让的一种特殊形式，除办理合建审批手续外，还应依法办理土地使用权变更登记手续。当事人签订合建合同，依法办理了合建审批手续和土地使用权变更登记手续，不因合建一方没有房地产开发经营权而认定合同无效。名为合作建房，实为土地使用权转让的合同，可按合同实际性质处理。

国家税务总局关于印发《营业税问题解答（之一）的通知》（国税函发［1995］156号）（以下简称"国税函发［1995］156号文件"）的规定：合作建房，是指由一方（以下简称甲方）提供土地使用权，另一方（以下简称乙方）提供资金，合作建房。

国家税务总局《关于合作建房营业税问题的批复》（国税函［2004］241号）的规定：156号文件第十七条"合作建房是指由一方提供土地使用权，另一方提供资金"规定中的"一方提供土地使用权"，包括一方提供有关土地使用权益的行为，如取得规划局批准的《建设用地规划许可证》、国土局核发的《建设用地批准书》、《建设用地通知书》、《土地使用证》，以及通过土地行政主管部门核发的其他建设用地文件中当事人享有的土地使用权益。

实务中，合作建房的方式有很多种，不仅局限于一方出土地使用权、另一方出资金这一种方式。因此，通俗地讲，就是参与建房的各方共同通过签订合同或协议等方式合作开发房地产的行为，即为合作建房。

房地产企业以合作建房的方式开发房地产，因合作建房的方式不同，税务处理也不同。

（一）双方以各自拥有的土地使用权和房屋所有权相互交换

双方以各自拥有的土地使用权和房屋所有权相互交换，其交易实质是"以物易物"行为。

最高人民法院《关于审理涉及国有土地使用权合同纠纷案件适用法律问题的解释》（法释〔2005〕5 号）（以下简称"法释〔2005〕5 号文件"）第二十四条规定：合作开发房地产合同约定提供土地使用权的当事人不承担经营风险，只收取固定利益的，应当认定为土地使用权转让合同。

具体的交换方式有以下五种：

1. 甲有地，乙有钱（房企），建成后乙向甲分配固定数量的房屋（本土地上房屋或其他土地上的房屋）

甲有地，乙有钱（房企），建成后乙向甲分房，其交易实质是甲方转让土地使用权换取乙方分配房屋的所有权，而乙方为自营开发房地产，以开发的房地产换取甲方的土地使用权。

（1）营业税的税务处理

根据国税函发〔1995〕156 号文件规定：土地使用权和房屋所有权相互交换，双方都取得了拥有部分房屋的所有权。在这一合作过程中，甲方以转让部分土地使用权为代价，换取部分房屋的所有权，发生了转让土地使用权的行为；乙方则以转让部分房屋的所有权为代价，换取部分土地的使用权，发生了销售不动产的行为。因而合作建房的双方都发生了营业税的应税行为。对甲方应按"转让无形资产"税目中的"转让土地使用权"子目征税；对乙方应按"销售不动产"税目征税。由于双方没有进行货币结算，因此应当按照新《实施细则》第二十条的规定分别核定双方各自的营业额。如果合作建房的双方（或任何一方）将分得的房屋销售出去，则又发生了销售不动产行为，应对其销售收入再按"销售不动产"税目征收营业税。

【结论】①甲方为"转让无形资产"；乙方为"销售不动产"；②核定转让无形资产的营业额；③纳税义务发生时间为不动产所有权、土地使用权转移的当天；④甲方将分得的房屋销售出去，对其销售收入（市场价格）

再按"销售不动产"税目征收营业税。

【举例】甲公司与乙房地产公司签订协议，将其名下 100 亩土地（按评估价每亩 100 万元，总价 10 000 万元，土地取得成本为 3 000 万元）用于与乙房地产公司合作开发房地产项目，待项目开发完毕后，甲公司分得该项目房屋 20 000 平方米，分配开发产品时，房屋的单位成本价为每平方米 3 000 元，公允价值为每平方米 5 500 元。假设甲方不需要向乙方支付补价。甲乙双方应缴纳的营业税为：

甲方应缴纳"转让无形资产"的营业税 = （5 500 × 2 − 3 000）× 5% = 400（万元）

乙方应缴纳"销售不动产"的营业税 = 5 500 × 2 × 5% = 550（万元）

如果乙房地产公司以其开发的其他土地上的房屋 25 000 平方米，公允价值为每平方米 4 000 元向甲方交换土地，则计算甲乙双方应缴纳的营业税为：

甲方应缴纳"转让无形资产"的营业税 = （4 000 × 2.5 − 3 000）× 5% = 350（万元）

乙方应缴纳"销售不动产"的营业税 = 4 000 × 2.5 × 5% = 500（万元）

注意两种情况下，甲方"转让无形资产"营业税的纳税义务发生时间与乙方"销售不动产"营业税的纳税义务发生时间的不同。

（2）土地增值税的税务处理

财税字〔1995〕48 号文件规定：关于合作建房的征免税问题：对于一方出地，一方出资金，双方合作建房，建成后按比例分房自用的，暂免征收土地增值税；建成后转让的，应征收土地增值税。

国税发〔2006〕187 号、国税发〔2009〕91 号文件规定：房地产开发企业将开发产品用于职工福利、奖励、对外投资、分配给股东或投资人、抵偿债务、换取其他单位和个人的非货币性资产等，发生所有权转移时应视同销售房地产，其收入按下列方法和顺序确认：（1）按本企业在同一地区、同一年度销售的同类房地产的平均价格确定；（2）由主管税务机关参照当地当年、同类房地产的市场价格或评估价值确定。

【结论】①甲方转让土地使用权，自转让房地产合同签订之日起 7 日内向房地产所在地主管税务机关办理土地增值税纳税申报，按国税发〔2006〕187 号文件的规定确认收入，缴纳土地增值税（因为没有开发环节，不能加计扣除）；②甲方将分得的房屋自用的，暂免征收甲方不动产土地增值税；

③乙方分出房屋，自转让房地产合同签订之日起 7 日内向房地产所在地主管税务机关办理土地增值税纳税申报（按核定价格或市场价格）；④乙方确认土地使用权的取得成本（以首次分出开发产品时，分次计入），土地使用权的取得成本 = 开发产品（包括首次分出的和以后应分出的）的市场公允价值 + 取得土地使用权应支付的相关税费（契税、印花税等）；⑤双方（或任何一方）将分得的房屋销售出去，再计算征收土地增值税（销售收入为市场价格）。

注意：上述土地使用权转让收入或房屋入账价值、土地使用权的取得成本等按分出（回）房屋的市场公允价格确定时，还需要考虑补价问题。

【举例】甲公司与乙房地产公司签订协议，将其名下 100 亩土地（按评估价每亩 100 万元，总价 10 000 万元，土地取得成本为 3 000 万元）用于与乙房地产公司合作开发房地产项目，待项目开发完毕后，甲公司分得该项目房屋 20 000 平方米，分配开发产品时，房屋的单位成本价为每平方米 3 000 元，公允价值为每平方米 5 500 元。假设甲方需向乙方支付补价 1 000 万元。

则甲乙双方土地增值税的税务处理为：

甲方转让土地使用权确认收入 = 5 500 × 2 − 1 000 = 10 000（万元），扣除项目中土地取得成本 3 000 万元。

甲方房屋的取得成本 = 5 500 × 2 = 11 000（万元）或 = 10 000 + 1 000 = 11 000（万元），另外，加取得房屋所有权时应支付的相关税费。

乙方分出房屋确认收入 = 5 500 × 2 = 11 000（万元）

乙方确认土地使用权的取得成本 = 5 500 × 2 − 10 000 = 10 000（万元），另外，加取得土地使用权时应支付的相关税费。

（3）企业所得税的税务处理

《企业所得税法实施条例》第二十五条规定：企业发生非货币性资产交换，以及将货物、财产、劳务用于捐赠、偿债、赞助、集资、广告、样品、职工福利或者利润分配等用途的，应当视同销售货物、转让财产或者提供劳务，但国务院财政、税务主管部门另有规定的除外。

国税函〔2008〕828 号文件规定，企业发生视同销售行为时，属于企业自制的资产，应按企业同类资产同期对外销售价格确定销售收入；属于外购的资产，可按购入时的价格确定销售收入。

国税函〔2010〕148 号文件规定，企业处置外购资产按购入时的价格确定销售收入，是指企业处置该项资产不是以销售为目的，而是具有替代职工福利等费用支出性质，且购买后一般在一个纳税年度内处置。

国税发〔2009〕31号文件第三十一条的规定，企业、单位以换取开发产品为目的，将土地使用权投资企业的，换取的开发产品如为该项土地开发、建造的，接受投资的企业在接受土地使用权时暂不确认其成本，待首次分出开发产品时，再按应分出开发产品（包括首次分出的和以后应分出的）的市场公允价值和土地使用权转移过程中应支付的相关税费计算确认该项土地使用权的成本。如涉及补价，土地使用权的取得成本还应加上应支付的补价款或减除应收到的补价款。换取的开发产品如为其他土地开发、建造的，接受投资的企业在投资交易发生时，按应付出开发产品市场公允价值和土地使用权转移过程中应支付的相关税费计算确认该项土地使用权的成本。如涉及补价，土地使用权的取得成本还应加上应支付的补价款或减除应收到的补价款。

【结论】①甲方转让土地使用权，按换取房屋的市场公允价值确认财产转让收入，计入当期应纳税所得额；②甲方以换取房屋的市场公允价值＋取得房屋的相关税费（契税、印花税等）作为入账资产的计税基础，收回后自用的，计入"固定资产"原值，收回后对外销售的，计入"库存商品"账户；③乙方确认土地使用权的取得成本（首次分出开发产品时，分次计入），土地使用权的取得成本＝开发产品（包括首次分出的和以后应分出的）的市场公允价值＋土地使用权转移过程中应支付的相关税费（契税、印花税等）；④乙方按分出开发产品的市场公允价值确认开发产品销售收入，计入当期应纳税所得额。

注意：①上述转让土地使用权收入或房屋入账价值、土地使用权的取得成本等按分出（回）房屋的市场公允价格确定时，还需要考虑补价问题；②不能直接按照土地转让价作为开发成本；③不能按照开发产品的成本价作为土地成本。

【举例】甲公司与乙房地产公司签订协议，将其名下100亩土地（按评估价每亩100万元，总价10 000万元）用于与乙房地产公司合作开发房地产项目，待项目开发完毕后，甲公司分得该项目房屋20 000平方米，房地产公司取得该项土地时支付各项税费500万元，分配开发产品时，房屋的单位成本价为每平方米3 000元，公允价值为每平方米5 500元。假设甲方不需向乙方支付补价，则该土地的成本＝5 500×2＋500＝11 500（万元）。

2. 甲有地（房企），乙有钱，建成后甲向乙分配固定数量的房屋（本土地上房屋或其他土地上的房屋）

甲方提供土地使用权，乙方提供资金，甲为房地产开发企业并以其名义合作开发房地产项目，建成后向乙方分配固定数量房屋，其交易实质是甲方销售不动产，乙方购买房屋，甲方收取资金为预售房款收入。

法释〔2005〕5 号文件第二十五条规定：合作开发房地产合同约定提供资金的当事人不承担经营风险，只分配固定数量房屋的，应当认定为房屋买卖合同。

（1）营业税的税务处理

《营业税暂行条例实施细则》第二十五条第二款规定：纳税人提供租赁业劳务，采取预收款方式的，其纳税义务发生时间为收到预收款的当天。

【结论】①建成后甲方向乙方分配房屋的，属于乙方预付购房款，甲方向乙方分配房屋为"销售不动产"，于甲方收到资金时确认预售收入；②核定甲方转让销售不动产的营业额；③纳税义务发生时间为甲方收到乙方支付资金的当天；④乙方（或任何一方）将分得的房屋销售出去，对其销售收入（市场价格）再按"销售不动产"税目征收营业税。

【举例】甲房地产公司与乙公司签订协议，吸收乙公司 40 000 万元用于其名下 100 亩土地（按评估价每亩 100 万元，总价 10 000 万元，土地取得成本为 3 000 万元）的房地产合作开发项目。待项目开发完毕后，乙公司分得该项目房屋 72 000 平方米，分配开发产品时，房屋的单位成本价为每平方米 3 000 元，公允价值为每平方米 5 500 元。假设甲方需向乙方支付补价 400 万元。甲乙双方应缴纳的营业税为：

甲方取得乙公司支付 40 000 万元时应缴纳"销售不动产"的营业税 = 40 000×5% = 2 000（万元）

甲方实际分配 72 000 平方米房屋时应退营业税 =（40 000 - 5 500×7.2）× 5% = 20（万元）

乙方为购买房屋行为，不存在营业税问题。

（2）土地增值税的税务处理

【结论】①甲方分出房屋，视同销售不动产，自转让房地产合同签订之日起七日内向房地产所在地主管税务机关办理土地增值税纳税申报，按国税发〔2006〕187 号文件的规定确认收入，预征土地增值税（因为没有开发环节，不能加计扣除）；②乙方将分得的房屋自用的，暂免征收乙方不动产土地增值税；③乙方将分得的房屋销售出去，再计算征收土地增值税（销售收入为市场价格）。

【举例】承上例，甲乙双方土地增值税的税务处理应为：

甲方确认销售不动产收入 = 5 500 × 7.2 = 39 600（万元），扣除项目中的土地成本为 3 000 万元。

乙方为购买房屋行为，不存在土地增值税问题，但应确认取得房屋成本 = 5 500 × 7.2 = 39 600（万元）或者 = 40 000 - 400 = 39 600（万元），另外，加取得房屋所有权时应缴纳的相关税费。

（3）企业所得税的税务处理

国税发〔2009〕31 号文件第三十六条规定：企业以本企业为主体联合其他企业、单位、个人合作或合资开发房地产项目，且该项目未成立独立法人公司的，凡开发合同或协议中约定向投资各方（即合作、合资方，下同）分配开发产品的，企业在首次分配开发产品时，如该项目已经结算计税成本，其应分配给投资方开发产品的计税成本与其投资额之间的差额计入当期应纳税所得额；如未结算计税成本，则将投资方的投资额视同销售收入进行相关的税务处理。

说明：①首次分配开发产品时已经结算计税成本的，甲方需确认应纳税所得额（而非视同销售收入，即纳税义务发生时间为分出开发产品的时间），即当期应纳税所得额 = 投资额 - 应分配给投资方开发产品的计税成本，乙方应以投资额加购房过程中发生的相关税费（契税、印花税）作为分得房屋的计税基础，再转让时产生新的税收问题；②如未结算计税成本的，甲方先确认视同销售收入（而非应纳税所得额，即纳税义务发生时间为收到投资额的时间），即视同销售收入 = 投资额，待计税成本结算后，再在以后的会计期间扣除。

【结论】①甲方分出房屋，视同销售不动产，财产转让收入或所得，计入当期应纳税所得额；②乙方将分得的房屋销售出去，再计算征收企业所得税（销售收入为市场价格）。

【举例】承上例，甲乙双方企业所得税的税务处理应为：

甲方分配房屋时确认销售不动产收入 = 40 000 - 400 = 5 500 × 7.2 = 39 600（万元），在企业所得税前扣除的销售成本 = 3 000 × 7.2 = 21 600（万元）。

乙方为购买房屋行为，不存在企业所得税问题，但应确认取得房屋成本＝5 500×7.2＝39 600（万元）或者＝40 000－400＝39 600（万元），另外，加取得房屋所有权时应缴纳的相关税费。

3. 建成后按销售收入的一定比例提成或提取固定利润

甲方提供土地使用权，乙方提供资金，以其中为房地产开发企业的一方的名义合作开发房地产项目，建成后按销售收入的一定比例提成或提取固定利润，其交易实质为"转让土地使用权"或融资行为。

甲乙双方不合股，不成立合营企业，双方合作开发房地产项目，建成后按销售收入的一定比例提成或提取固定利润，如果甲方为房地产开发企业，则乙方以资金的形式对甲方进行融资，甲方为吸收资金而自营开发房地产项目。如果乙方为房地产开发企业，则甲方为转让土地使用权给乙方，乙方为赊购土地使用权而自营开发房地产项目。

对甲方提供土地使用权，乙方提供资金，乙为房地产开发企业并以其名义合作开发房地产项目，建成后按销售收入的一定比例提成或提取固定利润，其交易实质为土地使用权买卖行为，即甲方为转让土地使用权行为，乙方为购买土地使用权行为，税务处理可参照上述第一种情形，这里不再赘述。

对甲方提供土地使用权，乙方提供资金，甲为房地产开发企业并以其名义合作开发房地产项目，建成后按销售收入的一定比例提成或提取固定利润，其交易实质为融资行为，即甲方以开发房地产取得的收入或利润换取乙方的资金使用权，乙方为资金的融出行为。

法释〔2005〕5号文件第二十六条规定：合作开发房地产合同约定提供资金的当事人不承担经营风险，只收取固定数额货币的，应当认定为借款合同。

最高人民法院《关于审理建设工程施工合同纠纷案件适用法律问题的解释》（法释〔2004〕14号）第六条规定："当事人对垫资和垫资利息有约定，承包人请求按照约定返还垫资及其利息的，应予支持，但是约定的利息计算标准高于中国人民银行发布的同期同类贷款利率的部分除外。""当事人对垫资没有约定的，按照工程欠款处理。""当事人对垫资利息没有约定，承包人请求支付利息的，不予支持"（注：施工方垫资的，合理的利息作为开发成本）。

【结论】甲乙双方不合股，不成立合营企业，以甲方名义合作开发房地产项目，建成后乙方按销售收入的一定比例取得提成或提取固定利润的，对乙方的出资行为属于甲方向乙方借款,乙方取得提成或提取固定利润减去出资金额的差额,为乙方收取的资金占用费,应按"利息收入"计算缴纳营业税、企业所得税,甲方则将此差额按利息支出在"财务费用"中列支处理(允许在标准内扣除)。这个过程中不存在土地增值税问题。

4. 甲有地,乙有钱(房企),乙在向甲承租的土地上建房,若干年后连房带地一起还给甲

甲有地,乙有钱(房企),乙在向甲承租的土地上建房,若干年后连房带地一起还给甲,其交易实质是甲方出租土地使用权换取乙方在该土地上建造的房屋的所有权,而乙方为在承租的土地上自营开发房地产,以开发的房地产换取甲方的土地使用权的承租权。

(1)营业税的税务处理

国税函发〔1995〕156号文件规定:以出租土地使用权为代价换取房屋所有权。例如,甲方将土地使用权出租给乙方若干年,乙方投资在该土地上建造建筑物并使用,租赁期满后,乙方将土地使用权连同所建的建筑物归还甲方。在这一经营过程中,乙方是以建筑物为代价换得若干年的土地使用权,甲方是以出租土地使用权为代价换取建筑物。甲方发生了出租土地使用权的行为,对其按"服务业——租赁业"征营业税;乙方发生了销售不动产的行为,对其按"销售不动产"税目征营业税。对双方分别征税时,其营业额按营业税暂行条例实施细则第十五条的规定核定。

【结论】①甲方为"服务业——租赁业";乙方为"销售不动产";②核定双方各自的营业额;③纳税义务发生时间,甲方为土地使用权转移的当天,乙方为不动产所有权转移的当天。④甲方收回的房屋对外销售,对其销售收入再按"销售不动产"税目征收营业税。

【举例】甲公司与乙房地产公司签订土地使用权出租协议,将其名下100亩土地(评估价每亩100万元,总价10 000万元,双方确定的租金为5 000万元)用于乙房地产公司开发房地产项目,自合同签订之日起,乙公司拥有对该土地的使用权为5年,5年后乙公司需将承租的甲公司土地连同地上建筑物一同归还甲。乙房地产公司建造房屋的投资额为4 000万元(移交时的市场价格为5 200万元,甲方需要向乙方支付补价200万元)。则甲乙双方应缴纳的营业税为:

甲方应缴纳"服务业——租赁业"的营业税 = 5 000 × 5% = 250(万元)

乙方应缴纳"销售不动产"的营业税 = 5 200 × 5% = 260（万元）

（2）土地增值税的税务处理

【结论】 ①甲方出租土地使用权，不属于土地增值税的征收范围，不征收土地增值税；②乙方归还房屋，自转让房地产合同签订之日起七日内向房地产所在地主管税务机关办理土地增值税纳税申报（按市场公允价格或核定价格确定收入）；③乙方没有土地使用权的取得成本（发生的土地使用权租赁支出，应计入开发间接费）；④甲方分房自用的，暂免征收土地增值税；⑤甲方将收回的房屋销售出去，应计算征收土地增值税（销售收入为市场价格）。

【举例】 甲公司与乙房地产公司签订土地使用权出租协议，将其名下100亩土地（评估价每亩100万元，总价10 000万元，双方确定的租金为5 000万元）用于乙房地产公司开发房地产项目，自合同签订之日起，乙公司拥有对该土地的使用权为5年，5年后乙公司需将承租的甲公司土地连同地上建筑物一同归还甲。乙房地产公司建造房屋的投资额为4 000万元（假设含加计扣除在内的扣除项目金额共计3 600万元，移交时的市场价格为5 200万元，甲方需要向乙方支付补价200万元）。计算乙方应缴纳的土地增值税。

乙方应缴纳的土地增值税 = （5 200 − 3 600）× 30% = 480（万元）

（3）企业所得税的税务处理

【结论】 ①甲方出租土地使用权，按土地使用权租赁合同或协议约定的土地租赁价格（若合同或协议未约定租赁价格的，应按收回房屋的市场公允价格或核定的价格）确认为租赁收入，计入当期应纳税所得额；②甲方以收回房屋的市场公允价格（或核定的价格）+ 取得房屋所有权应支付的相关税费（契税、印花税等）作为入账资产的计税基础。收回后自用的，计入"固定资产"原值，收回后对外销售的，记入"库存商品"账户；③乙方没有土地使用权的取得成本；④乙方按归还开发产品的市场公允价格（或核定的价格）确认开发产品销售收入，计入当期应纳税所得额；⑤乙方按土地使用权租赁合同或协议约定的土地租赁价格（若合同或协议未约定租赁价格的，应按交回房屋的市场公允价格或核定的价格）确认为租赁支出（土地使用权租赁支出），计入开发间接费，在当期应纳税所得税额中扣除。

注意：上述土地使用权转让收入或资产入账价值、支出等价格确认时，如果按收（交）回房屋的市场公允价格确定，还需要考虑补价问题。

【举例】甲公司与乙房地产公司签订土地使用权出租协议，将其名下100亩土地（评估价每亩100万元，总价10 000万元，双方确定的租金为5 000万元）用于乙房地产公司开发房地产项目，自合同签订之日起，乙公司拥有对该土地的使用权为5年，5年后乙公司需将承租的甲公司土地连同地上建筑物一同归还甲。乙房地产公司建造房屋的投资额为4 000万元（移交时的市场价格为5 200万元，甲方需要向乙方支付补价200万元）。甲乙双方企业所得税的处理为：

甲方应确认的租金收入为5 000万元，同时取得房屋的入账价值为5 200 + 相关税费。

乙方应确认的房屋销售收入为5 200万元，当期所得税前扣除的投资额为4 000万元，支付的租金为5 000万元（租金可以一次性计入开发成本）。

5. 甲有地（房企），乙有钱，建成后以租赁或者其他形式使用房屋

法释［2005］5号第二十七条规定：合作开发房地产合同约定提供资金的当事人不承担经营风险，只以租赁或者其他形式使用房屋的，应当认定为房屋租赁合同。

《营业税暂行条例实施细则》第二十五条第二款规定：纳税人提供租赁业劳务，采取预收款方式的，其纳税义务发生时间为收到预收款的当天。

国税发［1993］149号文件规定：租赁业，是指在约定的时间内将场地、房屋、物品、设备或设施等转让他人使用的业务。

《企业所得税法实施条例》第十九条规定："企业所得税法第六条第（六）项所称租金收入，是指企业提供固定资产、包装物或者其他有形资产的使用权取得的收入。""租金收入，按照合同约定的承租人应付租金的日期确认收入的实现。"

《企业所得税法实施条例》第四十七条规定：企业根据生产经营活动的需要租入固定资产支付的租赁费，按照以下方法扣除：（一）以经营租赁方式租入固定资产发生的租赁费支出，按照租赁期限均匀扣除；（二）以融资租赁方式租入固定资产发生的租赁费支出，按照规定构成融资租入固定资产价值的部分应当提取折旧费用，分期扣除。

国家税务总局《关于贯彻落实企业所得税法若干税收问题的通知》（国税函［2010］79号）（以下简称"国税函［2010］79号文件"）规定，关于租金收入确认问题：企业提供固定资产、包装物或者其他有形资产的使用权取得的租金收入，应按交易合同或协议规定的承租人应付租金的日期确认收入的实现。其中，如果交易合同或协议中规定租赁期限跨年度，且租金提前一次性支付的，根据《实施条例》第九条规定的收入与费用配比原则，出租人可对上述已确认的收入，在租赁期内，分期均匀计入相关年度收入。

国税发〔2009〕31 号文件第十条规定，企业新建的开发产品在尚未完工或办理房地产初始登记、取得产权证前，与承租人签订租赁预约协议的，自开发产品交付承租人使用之日起，出租方取得的预租价款按租金确认收入的实现。

【结论】甲乙双方不合股，不成立合营企业，以甲方名义合作开发房地产项目，建成后乙方以租赁或者其他形式使用房屋，其实质为甲方发生租赁行为，收取乙方资金时应确认为预租收入，乙方则为租金支出。税务处理应为：（1）甲方收到乙方提供资金的当天，一次性计算缴纳营业税。企业所得税纳税义务发生时间则在租赁期内，分期均匀计入相关年度收入；（2）乙方于提供资金时确认租入固定资产发生的租赁费支出，按照租赁期限均匀扣除；（3）这个过程中不存在土地增值税问题。

（二）甲方提供土地使用权，乙方提供资金，以其中为房地产开发企业的一方的名义合作开发房地产项目，采取风险共担，利润共享的分配方式

甲方提供土地使用权，乙方提供资金，以其中为房地产开发企业的一方的名义合作开发房地产项目，采取风险共担，利润共享的分配方式，其交易实质是"投资行为"。

甲乙双方不合股，不成立合营企业，如果甲方为房地产开发企业，则乙方以资金的形式对甲方的投资，甲方为吸收投资而自营开发房地产项目。如果乙方为房地产开发企业，则甲方为以土地使用权对乙方的投资，乙方为吸收投资而自营开发房地产项目。

1. 营业税的税务处理

国家税务总局《关于合作建房营业税问题的批复》（国税函〔2005〕1003 号）（以下简称"国税函〔2005〕1003 号文件"）规定：甲方提供土地使用权，乙方提供资金，以甲方名义合作开发房地产项目的行为，不属

于合作建房。不适用《国家税务总局关于印发〈营业税问题解答（之一）〉的通知》（国税发〔1995〕156号）第十七条有关合作建房征收营业税的规定。

【结论】①以甲方名义合作开发房地产项目的，不存在土地使用权投资，不涉及营业税；以乙方名义合作开发房地产项目的，甲方为以土地使用权投资，不征收营业税。②甲方或乙方销售不动产属于自营行为，按税法规定计算缴纳营业税。③甲方或乙方向对方分配的项目利润，如果以房屋所有权转移的形式分配的，应分解成销售不动产和利润分配两笔业务处理。

2. 土地增值税的税务处理

【结论】①以甲方名义合作开发房地产项目的，不存在土地使用权投资，不涉及土地增值税；以乙方名义合作开发房地产项目的，甲方为以土地使用权投资，应征收土地增值税。②甲方或乙方销售不动产属于自营行为，按税法规定计算缴纳土地增值税。③甲方或乙方向对方分配的项目利润，如果以房屋所有权转移的形式分配的，应分解成销售不动产和利润分配两笔业务处理。

3. 企业所得税的税务处理

国税发〔2009〕31号文件第三十六条规定：企业以本企业为主体联合其他企业、单位、个人合作或合资开发房地产项目，且该项目未成立独立法人公司的，凡开发合同或协议中约定分配项目利润的，应按以下规定进行处理：（1）企业应将该项目形成的营业利润额并入当期应纳税所得额统一申报缴纳企业所得税，不得在税前分配该项目的利润。同时不能因接受投资方投资额而在成本中摊销或在税前扣除相关的利息支出。（2）投资方取得该项目的营业利润应视同股息、红利进行相关的税务处理。

【结论】①以甲方名义合作开发房地产项目的，对乙方投入的资金按增加所有者权益处理，甲方不涉及企业所得税的收入与扣除问题，乙方需确认投资的计税基础；②以乙方名义合作开发房地产项目的，甲方为以土地使用权投资，应确认土地使用权转让收入，同时增加投资的计税基础。乙方为吸收投资，同时确认取得土地的成本；③甲方或乙方销售不动产属于自营行为，按税法规定计算缴纳企业所得税；④甲方或乙方向对方分配的项目利润，如果以房屋所有权转移的形式分配的，应分解成销售不动产和利润分配两笔业务处理。

【举例】甲方以其名下 100 亩土地（按评估价每亩 100 万元，总价 10 000 万元，土地取得成本为 3 000 万元），乙方以货币资金 40 000 万元合股，采取风险共担、利润共享的分配形式，不成立合营企业，开发某房地产项目。新建标准、质量均相同的住宅用房 3 000 套，当年销售 2 400 套，每套售价 30 万元，年终按照董事会决议，对投资各方应分配的利润采取实物分配的方式，向投资方分配房屋。假设不需支付补价，合作方式有如下两种：

其一，以甲方名义合作开发房地产项目，甲方向乙方分配房屋 120 套。

则甲乙双方的税务处理为：

甲方确认销售不动产收入 $= 30 \times 2\,400 + 30 \times 120 = 75\,600$（万元），其中，甲方向乙方分配项目利润 $= 30 \times 120 = 3\,600$（万元）。应缴纳"销售不动产"营业税和企业所得税，不缴纳土地增值税。

乙方投资的计税基础为 40 000 万元，取得房屋所有权成本 $= 30 \times 120 = 3\,600$（万元），另外，加取得房屋所有权应缴纳的相关税费，同时，确认取得利润分配 $= 30 \times 120 = 3\,600$（万元）。不缴纳营业税和土地增值税，视乙方身份确定是否应当缴纳企业所得税、个人所得税。

其二，以乙方名义合作开发房地产项目，乙方向甲方分配房屋 30 套。

甲方转让土地使用权确认收入 $= 10\,000$（万元），扣除项目中土地取得成本为 3 000 万元。甲方房屋的取得成本 $= 30 \times 30 = 900$（万元），另外，+取得房屋所有权应支付的相关税费。同时，确认取得利润分配 $= 30 \times 30 = 900$（万元）。应缴纳"转让无形资产"营业税、土地增值税、企业所得税或个人所得税。

乙方接受土地使用权投资，土地使用权取得成本 $= 10\,000$（万元），另外，加取得土地使用权应支付的相关税费。确认销售不动产收入 $= 30 \times 2\,400 + 30 \times 30 = 72\,900$（万元），其中，乙方向甲方分配项目利润 $= 30 \times 30 = 900$（万元）。应缴纳"销售不动产"营业税、土地增值税和企业所得税或个人所得税。

（三）双方以各自拥有的土地使用权或货币成立合营企业，取得固定收益

双方以各自拥有的土地使用权或货币成立合营企业，销售不动产的纳

税人为合营企业，其交易实质为出地一方的以物易物行为和出钱一方的购房行为或资金的融出行为。

具体的合作方式有以下两种：

1. 甲有地，乙有钱（房企），成立合营企业取得固定收益

甲方以土地使用权、乙方以货币资金合股，成立合营企业，房屋建成后甲乙双方采取按销售收入的一定比例提成的方式参与分配，或提取固定利润。

（1）营业税的税务处理

国税函发〔1995〕156号文件规定：房屋建成后甲方如果采取按销售收入的一定比例提成的方式参与分配，或提取固定利润，则不属于营业税所称的投资入股不征营业税的行为，而属于甲方将土地使用权转让给合营企业的行为，那么，对甲方取得的固定利润或从销售收入按比例提取的收入按"转让无形资产"征税，对合营企业全部房屋的销售收入依"销售不动产"税目征收营业税。

【结论】①甲方为"转让无形资产"；②甲方取得的固定利润或从销售收入按比例提取的收入确认为土地使用权转让收入；③房屋归成立的合营企业所有，对外销售时按"销售不动产"税目征收营业税；④乙方取得的固定利润或从销售收入中按比例提取的收入，属于资金融出行为，应按照金融保险业税目依5%的税率征收营业税；⑤纳税义务发生时间甲方为土地使用权转移的当天，乙方融出资金和合营企业销售不动产均为收讫营业收入款项或者取得索取营业收入款项凭据的当天。

【举例】甲公司以其名下100亩土地（评估价每亩100万元，总价10 000万元，土地取得成本为3 000万元）的土地使用权、乙房地产公司以10 000万元的现金成立合营企业A公司，开发某房地产项目，待项目开发完毕后，假设合营企业A公司将开发的房屋全部销售出去，并按销售比例向甲、乙公司各支付14 000万元。甲乙双方应缴纳的营业税为：

甲公司属于转让土地使用权行为，应缴纳的"转让无形资产"营业税 = (14 000 - 3 000) ×5% =550（万元）

乙公司属于资金融出行为，应缴纳的"金融业"营业税 = (14 000 - 10 000) ×5% =200（万元）

同时，合营企业A公司对外销售开发的房屋应缴纳"销售不动产"营业税。

（2）土地增值税的税务处理

【结论】①甲方转让土地使用权，自转让房地产合同签订之日起七日内向房地产所在地主管税务机关办理纳税申报，取得的固定利润或从销售收入按比例提取的收入确认为土地使用权转让收入，缴纳土地增值税（因为没有开发，不能加计扣除）；②乙方没有发生土地增值税纳税义务；③合营企业确认土地使用权的取得成本，土地使用权的取得成本 = 支付的固定利润或从销售收入中按比例提取的收入 + 土地使用权转移过程中应支付的相关税费（契税、印花税等）；④合营企业将房屋销售出去，应按规定计算缴纳土地增值税（销售收入为市场价格）。

（3）企业所得税的税务处理

【结论】①甲方转让土地使用权，按取得的固定利润或从销售收入中按比例提取的收入计入当期应纳税所得额；②合营企业确认土地使用权的取得成本，土地使用权的取得成本 = 支付的固定利润或从销售收入按比例提取的收入 + 土地使用权转移过程中应支付的相关税费（契税、印花税等）；③合营企业将房屋销售出去，应按规定计算缴纳企业所得税（销售收入为市场价格）；④乙方按取得的固定利润或从销售收入按比例提取的收入，应属于资金融出行为的，应确认利息收入，均匀计入受益期应纳税所得额。

2. 甲有地，乙有钱，成立合营企业（房企），建成后双方按一定比例分配房屋

（1）营业税的税务处理

国税函发［1995］156 号文件：甲方以土地使用权乙方以货币资金合股，成立合营企业，如果房屋建成后双方按一定比例分配房屋，则此种经营行为，也未构成营业税所称的以无形资产投资入股，共同承担风险的不征营业税的行为。因此，首先对甲方向合营企业转让的土地，按"转让无形资产"征税，其营业额按实施细则第十五条规定核定。因此，对合营企业的房屋，在分配给甲乙方后，如果各自销售，则再按"销售不动产"征税。

【结论】①甲方为"转让无形资产"，即以转让土地使用权换取房屋的所有权；②甲方以分回房屋的市场公允价格或核定价格确定转让无形资产的营业额；③房屋归成立的合营企业所有，合营企业将房屋分配给甲乙方时，缴纳营业税；④乙方分回房屋的市场公允价格若与其提供的资金相同或者虽然大于其提供的资金，但乙方需要支付补价的，乙方属于购房行为，没有发生营业税纳税义务。如果分回房屋的市场公允价格大于其提供的资金且乙方不需要支付补价的，则乙方属于资金融出行为，应按照金融保险业税目依5%的税率征收营业税；⑤纳税义务发生时间甲方为土地使用权转移的当天，乙方融出资金和合营企业销售不动产均为收讫营业收入款项或者取得索取营业收入款项凭据的当天；⑥甲、乙双方（或任何一方）对外销售分回房屋时再按"销售不动产"税目征收营业税。

【举例】甲公司以其名下100亩土地（评估价每亩100万元，总价10 000万元，土地取得成本为3 000万元）的土地使用权、乙房地产公司10 000万元的现金成立合营企业A公司，开发某房地产项目，待项目开发完毕后，假设合营企业A公司将开发的房屋按销售比例向甲、乙公司各分配18 000平方米（市场公允价格为10 000万元）。甲乙双方应缴纳的营业税为：

甲公司属于以土地使用权换取房屋所有权行为，应缴纳的"转让无形资产"营业税 =（10 000 - 3 000）×5% = 350（万元）

乙公司属于购买房屋行为，没有发生营业税纳税义务。

同时，合营企业A公司应缴纳"销售不动产"营业税 = 20 000 × 5% = 1 000（万元）

（2）土地增值税的税务处理

【结论】①甲方转让土地使用权，自转让房地产合同签订之日起七日内向房地产所在地主管税务机关办理纳税申报，按以分回房屋的市场公允价格或核定价格确认收入，缴纳土地增值税（因为没有开发，不能加计扣除）；②乙方没有发生土地增值税纳税义务；③合营企业将房屋分配给甲乙方时，缴纳土地增值税；④合营企业确认土地使用权的取得成本，土地使用权的取得成本 = 向甲方分配房屋的公允价值（或核定的价格）+ 土地使用权转移过程中应支付的相关税费（契税、印花税等）；⑤甲、乙双方分房自用的，暂免征收土地增值税；⑥甲、乙双方（或任何一方）将分得的房屋销售出去，再按规定计算缴纳土地增值税（销售收入为市场价格）。

（3）企业所得税的税务处理

【结论】①甲方转让土地使用权，按分得房屋的市场公允价格或核定的价格确认的收入计入当期应纳税所得额；②甲方以分得房屋的市场公允价格或核定的价格 + 房屋所有权转移过程中应支付的相关税费（契税、印花税等）作为入账资产的计税基础，分回房屋后自用的，计入"固定资产"原值，对外销售的，计入"库存商品"账户；③合营企业确认土地使用权的取得成本，土地使用权的取得成本＝向甲方分配房屋的公允价值（或核定的价格）＋土地使用权转移过程中应支付的相关税费（契税、印花税等）；④乙方分回房屋的市场公允价格若与其提供的资金相同或者虽然大于其提供的资金，但乙方需要支付补价的，乙方属于购房行为，没有发生企业所得税纳税义务。如果分回房屋的市场公允价格大于其提供的资金且乙方不需要支付补价的，则乙方属于资金融出行为，应确认利息收入，计入当期应纳税所得额；⑤甲、乙双方（或任何一方）将分得的房屋销售出去，再按规定计算缴纳企业所得税（销售收入为市场价格）。

（四）甲有地，乙有钱，成立合营企业（房企），采取风险共担，利润共享的分配方式

甲有地，乙有钱，成立合营企业（房企），采取风险共担、利润共享的分配方式，其交易实质是甲方以土地使用权、乙方以货币对合营企业发生"投资行为"。

1. 营业税的税务处理

国税函发〔1995〕156号文件规定：甲方以土地使用权乙方以货币资金合股，成立合营企业，房屋建成后如果双方采取风险共担，利润共享的分配方式，按照营业税"以无形资产投资入股，参与接受投资方的利润分配，共同承担投资风险的行为，不征营业税"的规定，对甲方向合营企业提供的土地使用权，视为投资入股，对其不征营业税；只对合营企业销售房屋取得的收入按销售不动产征税；对双方分得的利润不征营业税。

【结论】 ①甲方以无形资产投资，不征营业税；②甲乙双方取得利润分配不在营业税征税范围；③合营企业对外销售时按"销售不动产"税目征收营业税；④纳税义务发生时间为销售不动产并收讫营业收入款项或者取得索取营业收入款项凭据的当天。

2. 土地增值税的税务处理

国税发〔2006〕187号文件、国税发〔2009〕91号文件规定：房地产开发企业将开发产品用于职工福利、奖励、对外投资、分配给股东或投资人、抵偿债务、换取其他单位和个人的非货币性资产等，发生所有权转移

时应视同销售房地产,其收入按下列方法和顺序确认:①按本企业在同一地区、同一年度销售的同类房地产的平均价格确定;②由主管税务机关参照当地当年、同类房地产的市场价格或评估价值确定。

财税〔1995〕48号文件规定:对于以房地产进行投资、联营的,投资、联营的一方以土地(房地产)作价入股进行投资或作为联营条件,将房地产转让到所投资、联营的企业中时,暂免征收土地增值税。对投资、联营企业将上述房地产再转让的,应征收土地增值税。

财政部、国家税务总局《关于土地增值税若干问题的通知》(财税〔2006〕21号)(以下简称"财税〔2006〕21号文件")规定,对于以土地(房地产)作价入股进行投资或联营的,凡所投资、联营的企业从事房地产开发的,或者房地产开发企业以其建造的商品房进行投资和联营的,均不适用《财政部、国家税务总局关于土地增值税一些具体问题规定的通知》(财税字〔1995〕48号)第一条暂免征收土地增值税的规定。

即:甲乙双方中任意一方为房地产开发企业的,以土地使用权投资均不享受暂免征税的优惠。

【结论】①甲方转让土地使用权,自转让房地产合同签订之日起七日内向房地产所在地主管税务机关办理纳税申报,按投资额确认收入,缴纳土地增值税(因为没有开发,不能加计扣除);②乙方取得利润分配不在征税范围;③合营企业确认土地使用权的取得成本,土地使用权的取得成本=甲方投资额+土地使用权转移过程中应支付的相关税费(契税、印花税等);④合营企业对外销售时按规定计算缴纳土地增值税(销售收入为市场价格)。

这里需要注意补价问题。

【举例】甲方以其名下100亩土地(按评估价每亩100万元,总价10 000万元,土地取得成本为3 000万元),乙方以货币资金40 000万元合股,采取风险共担、利润共享的分配形式,成立合营企业,开发某房地产项目。该合营企业当年委托其他建筑单位共新建标准、质量均相同的住宅用房3 000套,当年销售2 400套,每套售价30万元,年终按照董事会决议,对投资各方应分配的利润采取实物分配的方式,其中甲方分配房屋30套,乙方分配房屋120套,分配后甲乙双方各自享有房屋的独占权。假设甲乙双方均不需合营企业支付补价。

则甲乙双方土地增值税的税务处理为:

甲方转让土地使用权确认收入 = 10 000（万元），扣除项目中土地取得成本为 3 000 万元。

甲方房屋的取得成本 = 30 × 30 = 900（万元），另外，加取得房屋所有权应支付的相关税费。

乙方以货币投资，不属于土地增值税征收范围，房屋的取得成本 = 30 × 120 = 3 600（万元），另外，加取得房屋所有权应支付的相关税费。

合营企业销售不动产确认收入 = 30 × 2 400 + 30 × (30 + 120) = 76 500（万元）。

合营企业取得土地使用权成本 = 10 000（万元），另外，加取得土地使用权应支付的相关税费。

3. 企业所得税的税务处理

国税发〔2009〕31 号文件第三十一条规定：企业、单位以股权的形式，将土地使用权投资企业的，接受投资的企业应在投资交易发生时，按该项土地使用权的市场公允价值和土地使用权转移过程中应支付的相关税费计算确认该项土地使用权的取得成本。如涉及补价，土地使用权的取得成本还应加上应支付的补价款或减除应收到的补价款。

【结论】①甲方转让土地使用权，按投资额确认收入计入当期应纳税所得额；②合营企业确认土地使用权的取得成本，土地使用权的取得成本 = 甲方投资额 + 土地使用权转移过程中应支付的相关税费（契税、印花税等）；③合营企业对外销售时应按规定计算缴纳企业所得税（销售收入为市场价格）。

综上，合作建房方式的税收性质认定应包括五种情形：（1）以物易物行为；（2）销售或转让房地产行为；（3）投资分利行为；（4）融资行为；（5）租赁行为。

三、"挂靠经营"业务的税务处理

所谓"挂靠经营"，是指企业、合伙组织、个体户或者自然人与另外的一个经营主体达成挂靠协议，然后挂靠的企业、合伙组织、个体户或者自然人使用被挂靠的经营主体的名义对外从事经营活动，被挂靠方提供资质、技术、管理等方面的服务并定期向挂靠方收取一定管理费用的经营方式。

"挂靠经营"的法律特征：①它是一种借用行为。挂靠经营实际上是一种借用关系，这种借用关系并非一般意义上的单纯的物的借用关系，其内容是多种多样的，有的是借用资质、证照、经营权，有的是借用被挂靠人的信誉等。②它是一种独立核算行为。挂靠方的经营方式是独立核算、自主经营、自负盈亏。从挂靠方与被挂靠方的关系来讲，挂靠方是一个独立的民事主体，与被挂靠方地位平等。挂靠方是实体义务的履行者和权利的最终享有者，对经营活动能够独立核算，独自组织实施，是盈亏的终结承受者。③挂靠方要交纳一定的费用。因为是借用被挂靠方的资质、信誉等并对外以被挂靠方名义从事经营活动，挂靠方通常要以管理费、保证金的形式向其交纳一些费用。而被挂靠方只是配合承接工程项目，并非实际上真正履行所谓的管理义务。④挂靠多数是一种临时性行为。挂靠作为一种借用行为，这种性质决定了其暂时性，实践中往往是挂靠方在实施某项经营活动中才挂靠到另外一方，一旦工作完成，这种关系就不再存在。

从法律上讲，挂靠经营是一种"逃法"行为，在行政法上属违法行为，在民法上属典型的欺诈行为。

企业挂靠经营有很大的负面作用，从税收征管的角度讲，扰乱了国家的税收征管秩序。税收征管的对象应是挂靠者，通常由被挂靠者在收取挂靠者包干的"管理费"或"承包费"中支付，税收征管的对象就成了被挂靠者，容易导致被挂靠者侵吞国家的税收。

房地产开发中的"挂靠经营"，主要表现为：低资质或无资质的房地产开发企业或个体经营者、个人等，以已办理立项手续的具有开发资质的房地产开发企业的名义开发房地产项目，或承包开发总体项目中的某独立项目，单独经营、单独投资、自担风险、自负盈亏，只向被挂靠的房地产开发企业交纳管理费。

我国法律、行政法规均作了禁止挂靠经营和转包的规定。

最高人民法院关于适用《中华人民共和国民事诉讼法若干问题的意见》（法发〔1992〕22号）第四十三条规定，个体工商户、个人合伙或私营企业挂靠集体企业并以集体企业的名义从事生产经营活动的，对挂靠人及被挂靠单位的诉讼主体，即该个体工商户、个人合伙或私营企业与其挂靠的集体企业为共同诉讼人。

《中华人民共和国建筑法》第二十八条规定：禁止承包单位将其承包的

全部建筑工程转包给他人，禁止承包单位将其承包的全部建筑工程肢解以后以分包的名义分别转包给他人。

《中华人民共和国合同法》第二百七十二条第二款规定：承包人不得将其承包的全部建设工程转包给第三人或者将其承包的全部建设工程肢解以后以分包的名义分别转包给第三人。

《建设工程质量管理条例》（国务院令第 279 号）第七十八条第三款规定：本条例所称转包，是指承包单位承包建设工程后，不履行合同约定的责任和义务，将其承包的全部建设工程转给他人或者将其承包的全部工程肢解以后以分包的名义分别转给他人承包的行为。

《工程总承包企业资质管理暂行规定》（建施〔1992〕189 号）第十六条规定：工程总承包企业不得倒手转包建设工程项目。前款所称倒手转包，是指将建设项目转包给其他单位承包，只收取管理费，不派项目管理班子对建设项目进行管理，不承担技术经济责任的行为。

对"挂靠经营"业务的税务处理，关键是纳税主体问题。

《营业税暂行条例》第五条规定：纳税人将建筑工程分包给其他单位的，以其取得的全部价款和价外费用扣除其支付给其他单位的分包款后的余额为营业额（注：原《营业税暂行条例》规定：建筑业的总承包人将工程分包或转包给他人的，以工程的全部承包额减去付给分包人或者转包人的价款后的余额为营业额）。

《营业税暂行条例实施细则》第十一条规定：单位以承包、承租、挂靠方式经营的，承包人、承租人、挂靠人（以下统称承包人）发生应税行为，承包人以发包人、出租人、被挂靠人（以下统称发包人）名义对外经营并由发包人承担相关法律责任的，以发包人为纳税人；否则以承包人为纳税人。

【问题】个人挂靠公司开发房地产如何纳税？某个人组织 A（由三人组成）与房地产开发公司 B 签订协议如下：A 以 B 公司的名义开发 C 项目，上交挂靠费 3 万元；A 单独设置账簿，独立核算，并按项目单独以 B 公司的名义申报税款，但所有应缴的税款、规费、负债等全部由 A 承担。在实际操作中 C 项目所有的收入及费用均未在 B 公司的账务中反映，由 A 单独设置保管账簿反映。现在 C 项目已经开发完毕，A 申请清算。那么，能否把个人组织 A 当成独立的纳税人来对待？另外，A 反映的账面利润为 110 万元，A 未提供三人之间的分配协议。A 以借入资金的形式投资了 500 万元，三人分别以20%、30%、50%的比例借入。请问：如把A当成独立的纳税人对待，因为清算后该项目就不存在了，所以相当于注销了，A的未分配利润（实际上应是分配到个人）是否按比例缴纳个人所得税？

解答： 个人组织A挂靠房地产公司从事生产经营活动，上交一定比例的管理费，开发房地产项目C的经营成果全部归个人所有。这种挂靠行为，实质上是A对房地产公司的一种承租、承包经营行为。在这种挂靠经营方式中，个人组织必须以被挂靠的房地产公司名义从事开发经营活动，不具有独立的生产经营权，不符合《税收征管法实施细则》第四十九条规定的独立纳税人条件，因而，A不是独立的从事生产经营活动的承包人或者承租人。

《国家税务总局关于个人对企事业单位实行承包经营、承租经营取得所得征税问题的通知》（国税发〔1994〕179号）规定，一、企业实行个人承包、承租经营后，如果工商登记仍为企业的，不管其分配方式如何，均应先按照企业所得税的有关规定缴纳企业所得税。承包经营、承租经营者按照承包、承租经营合同（协议）规定取得的所得，依照个人所得税法的有关规定缴纳个人所得税，具体为：（一）承包、承租人对企业经营成果不拥有所有权，仅是按合同（协议）规定取得一定所得的，其所得按工资、薪金所得项目征税，适用5～45的九级超额累进税率。（二）承包、承租人按合同（协议）的规定只向发包、出租方交纳一定费用后，企业经营成果归其所有的，承包、承租人取得的所得，按对企事业单位的承包经营、承租经营所得项目，适用5～35的五级超额累进税率征税。二、企业实行个人承包、承租经营后，如工商登记改变为个体工商户的，应依照个体工商户的生产、经营所得项目计征个人所得税，不再征收企业所得税。三、企业实行承包经营、承租经营后，不能提供完整、准确的纳税资料，正确计算应纳税所得额的，由主管税务机关核定其应纳税所得额，并依据《税收征管法》的有关规定，自行确定征收方式。

关于个人所得税方面，《国家税务总局关于个人承包承租经营所得征收个人所得税问题的批复》（国税函〔2000〕395号）进一步明确解释，企业在职职工对企业下属部门实行自筹资金、自主经营、独立核算、自负盈亏的承包和承租经营方式，虽不是对整个企业的承包、承租经营，但其承包和经营的方式基本与上述规定（国税发〔1994〕179号）文件规定的承包经营、承租经营相同。为公平税负，合理负担，对在职职工从事承包、承租经营取得的所得，应比照"对企事业单位的承包经营、承租经营所得"项目缴纳个人所得税。

根据上述税法规定，C 项目的纳税人是房地产公司，该项目所得应并入房地产公司的其他所得一并按照税法规定纳税。个人组织 A 在开发 C 项目中取得的净所得 110 万元属于承租承包经营所得，应按照个人所得税法规定纳税。如果纳税人拒不提供具体的分配数额纳税资料，或者经税务机关责令限期申报，逾期仍不申报的，税务机关可以按照《税收征管法》第三十五条的规定，按照合理的方法核定承包者之间的分配数额，据此核定征收个人所得税。

【思考题】

1. 挂靠经营的房地产企业是否是企业所得税的纳税义务人？
2. 承包、租赁、挂靠经营的逃税犯罪主体如何认定？

四、"精装修"业务的税务处理

实务中，某些房地产开发企业对开发的精装修房进行税务处理时，利用分散收入的方式进行错误的税收筹划，例如，将房地产销售合同分成两个合同签订，一个是扣除装修价格部分的房地产销售合同，一个是装修合同，以此来逃避装修部分的销售不动产营业税、城市维护建设税和教育费附加、土地增值税等纳税义务，同时，购房人逃避缴纳装修部分契税。更有甚者，房地产开发企业将装修部分的合同签订为清包工合同，在逃避缴纳上述税收的情况下，还缩小了装修劳务的营业税税基，税收风险很高。

（一）"精装修"业务的营业税税务处理

国家税务总局《关于销售不动产兼装修行为征收营业税问题的批复》（国税函〔1998〕53 号）规定：纳税人将销售房屋的行为分解成销售房屋与装修房屋两项行为，分别签订两份契约（或合同），向对方收取两份价款。鉴于其装修合同中明确规定，装修合同为房地产买卖契约的一个组成部分，与买卖契约共同成为认购房产的全部合同。因此，根据《中华人民共和国营业税暂行条例》第五条关于"纳税人的营业额为纳税人提供应税劳务、转让无形资产或者销售不动产向对方收取的全部价款和价外费用"

的规定，对纳税人向对方收取的装修及安装设备的费用，应一并列入房屋售价，按"销售不动产"税目征收营业税。

财政部、国家税务总局《关于纳税人以清包工形式提供装饰劳务征收营业税问题的通知》（财税［2006］114号）规定："纳税人采用清包工形式提供的装饰劳务，按照其向客户实际收取的人工费、管理费和辅助材料费等收入（不含客户自行采购的材料价款和设备价款）确认计税营业额。""上述以清包工形式提供的装饰劳务是指，工程所需的主要原材料和设备由客户自行采购，纳税人只向客户收取人工费、管理费及辅助材料费等费用的装饰劳务。"

《营业税暂行条例实施细则》第十六条规定：除本细则第七条规定外，纳税人提供建筑业劳务（不含装饰劳务）的，其营业额应当包括工程所用原材料、设备及其他物资和动力价款在内，但不包括建设方提供的设备的价款。

从上述规定来看，如果房地产开发企业销售的房屋属于精装修房，则应当按照向购房人收取的全部价款和价外费用一并计算缴纳营业税。如果销售的是清水房，在房屋销售的同时购房人可选择委托房地产开发企业或其他装修企业进行装修的，可以另外签订委托装修合同，对装修部分收取的款项不计入销售不动产营业额缴纳营业税，同时，如果是清包工，装修劳务营业税的计税营业额不包括装修材料款。

（二）"精装修"业务的土地增值税税务处理

《土地增值税暂行条例实施细则》第五条规定：条例第二条所称的收入，包括转让房地产的全部价款及有关的经济收益。

国税发［2006］187号文件规定，房地产开发企业销售已装修的房屋，其装修费用可以计入房地产开发成本。

因此，房地产开发企业销售的精装修房，应当按照向购房人收取的全部价款和价外费用一并计算缴纳营业税。同时，对发生的装修支出应计入房地产开发成本。

这里需要提醒的是，对于装修费计入房产的销售价格之内确认收入，应交纳土地增值税，装修费用发生后计入开发成本，可以降低土地增值税率，达到节约税金的效果。

（三）"精装修"业务的企业所得税税务处理

国税发〔2009〕31号文件第五条规定：开发产品销售收入的范围为销售开发产品过程中取得的全部价款，包括现金、现金等价物及其他经济利益。企业代有关部门、单位和企业收取的各种基金、费用和附加等，凡纳入开发产品价内或由企业开具发票的，应按规定全部确认为销售收入；未纳入开发产品价内并由企业之外的其他收取部门、单位开具发票的，可作为代收代缴款项进行管理。

《企业所得税法》第四十七条规定：企业实施其他不具有合理商业目的的安排而减少其应纳税收入或者所得额的，税务机关有权按照合理方法调整。

因此，房地产开发企业如果将精装修房销售收入分解为房屋销售收入和装修收入分别纳税，税务机关有权进行合理调整。

（四）"精装修"业务的契税税务处理

国家税务总局《关于承受装修房屋契税计税价格问题的批复》（国税函〔2007〕606号）：房屋买卖的契税计税价格为房屋买卖合同的总价款，买卖装修的房屋，装修费用应包括在内。

【举例】税务检查人员对某房地产开发公司检查时，了解到该企业装修的样板房销售的单位价格与同类清水房相同，开具发票的金额为60万元，并以此确认商品房销售收入。经核实相关记账资料发现，样板房装修部分由某装修公司给购房者单独开具了发票，票面金额为8万元，款项由房地产开发公司代收。房地产开发公司的账务处理为：

发生装修费用时：

借：其他应收款   80 000

    贷：银行存款   80 000

（后附装修公司出具的"收款收据"一张）

收取样板房销售款时：

借：现金   680 000

    贷：主营业务收入   600 000

        其他应收款   80 000

因此，检查人员应根据税法规定将房地产开发企业收取的装修款并入商品房销售收入中计算补缴营业税及附加等。

【思考题】

1. 房地产开发企业销售"精装修房",可否将收取的装修费用按照代收费用处理?
2. 精装房中的家电算不算房地产开发成本?

五、"产权式经营"业务的税务处理

所谓"产权式经营",也称"产权酒店式经营",是指由投资者买断酒店产权,即酒店将每间客房分割成独立产权出售给投资者,投资者一般不在酒店居住,而是将客房委托给酒店经营分取投资回报,同时还可获得酒店赠送的一定期限的免费入住权。产权式酒店作为一种新型的房产投资和消费方式,符合现代经济资源共享的原则,它将名下房产与酒店经营相结合,向公众提出了一种既是消费又是投资,既是置业又是增值的全新概念。将纯消费融入投资概念,即产权式经营的理念。

产权式酒店是房产投资项目的一种形式,是由购房人出资购买并与开发公司签订委托管理协议,由开发公司整体委托酒店经营公司管理的一种获利方式(一般承诺年投资回报率在10%左右)。购房人享有公司所购买房产的产权,按照惯例还可按年享受一定次数的免费度假时间(一般为7到10天)。但该种投资方式,由于限制较多,例如酒店管理公司管理水平普遍偏低,产权酒店位置的选择一般为非旅游区域,所以现在市场上经常有关于产权酒店诉讼的事件。

国家税务总局《关于酒店产权式经营业主税收问题的批复》(国税函[2006]478号)规定:酒店产权式经营业主(以下简称业主)在约定的时间内提供房产使用权与酒店进行合作经营,如房产产权并未归属新的经济实体,业主按照约定取得的固定收入和分红收入均应视为租金收入,根据有关税收法律、行政法规的规定,应按照"服务业——租赁业"征收营业税,按照财产租赁所得项目征收个人所得税。

六、"经适房"业务的税务处理

经济适用房是指具有社会保障性质的商品住宅,是国家为解决中低收入家庭住房问题而修建的普通住房，具有经济性和适用性的特点。经济性是指住宅价格相对市场价格而言，是适中的，能够适应中低收入家庭的承受能力；适用性是指在住房设计及其建筑标准上强调住房的使用效果，而不是降低建筑标准。这类住宅因减免了工程报建中的部分费用，其中包括免去土地出让金的全部，削减了大市政配套等费用的50%，并且优先享受银行信贷，其成本略低于普通商品房，并且规定了较低的固定利润率，如我国目前规定为3%。

我国税收政策对开发、出租或转让廉租住房、经济适用房给予了税收优惠的照顾和鼓励政策。国务院和国家税务总局相继出台了国务院《关于解决城市低收入家庭住房困难的若干意见》（国发［2007］24号）和财政部、国家税务总局《关于廉租住房、经济适用住房和住房租赁有关税收政策的通知》（财税［2008］24号）等文件。规定如下：

（一）支持廉租住房、经济适用住房建设的税收政策

1. 对廉租住房经营管理单位按照政府规定价格、向规定保障对象出租廉租住房的租金收入，免征营业税、房产税。

2. 对廉租住房、经济适用住房建设用地以及廉租住房经营管理单位按照政府规定价格、向规定保障对象出租的廉租住房用地，免征城镇土地使用税。

开发商在经济适用住房、商品住房项目中配套建造廉租住房，在商品住房项目中配套建造经济适用住房，如能提供政府部门出具的相关材料，可按廉租住房、经济适用住房建筑面积占总建筑面积的比例免征开发商应缴纳的城镇土地使用税。

3. 企事业单位、社会团体以及其他组织转让旧房作为廉租住房、经济适用住房房源且增值额未超过扣除项目金额20%的，免征土地增值税。

4. 对廉租住房、经济适用住房经营管理单位与廉租住房、经济适用住房相关的印花税以及廉租住房承租人、经济适用住房购买人涉及的印花税予以免征。

开发商在经济适用住房、商品住房项目中配套建造廉租住房，在商品住房项目中配套建造经济适用住房，如能提供政府部门出具的相关材料，可按廉租住房、经济适用住房建筑面积占总建筑面积的比例免征开发商应缴纳的印花税。

5. 对廉租住房经营管理单位购买住房作为廉租住房、经济适用住房经营管理单位回购经济适用住房继续作为经济适用住房房源的，免征契税。

6. 对个人购买经济适用住房，在法定税率基础上减半征收契税。

7. 对个人按《廉租住房保障办法》（建设部等 9 部委令第 162 号）规定取得的廉租住房货币补贴，免征个人所得税；对于所在单位以廉租住房名义发放的不符合规定的补贴，应征收个人所得税。

8. 企事业单位、社会团体以及其他组织于 2008 年 1 月 1 日前捐赠住房作为廉租住房的，按《中华人民共和国企业所得税暂行条例》（国务院令第 137 号）、《中华人民共和国外商投资企业和外国企业所得税法》有关公益性捐赠政策执行；2008 年 1 月 1 日后捐赠的，按《中华人民共和国企业所得税法》有关公益性捐赠政策执行。个人捐赠住房作为廉租住房的，捐赠额未超过其申报的应纳税所得额 30% 的部分，准予从其应纳税所得额中扣除。

廉租住房、经济适用住房、廉租住房承租人、经济适用住房购买人以及廉租住房租金、货币补贴标准等须符合国发〔2007〕24 号文件及《廉租住房保障办法》（建设部等 9 部委令第 162 号）、《经济适用住房管理办法》（建住房〔2007〕258 号）的规定；廉租住房、经济适用住房经营管理单位为县级以上人民政府主办或确定的单位。

（二）支持住房租赁市场发展的税收政策

1. 对个人出租住房取得的所得减按 10% 的税率征收个人所得税。

2. 对个人出租、承租住房签订的租赁合同，免征印花税。

3. 对个人出租住房，不区分用途，在 3% 税率的基础上减半征收营业税，按 4% 的税率征收房产税，免征城镇土地使用税。

4. 对企事业单位、社会团体以及其他组织按市场价格向个人出租用于居住的住房，减按 4% 的税率征收房产税。

上述与廉租住房、经济适用住房相关的新的优惠政策自 2007 年 8 月 1 日起执行，文到之日前已征税款在以后应缴税款中抵减。与住房租赁相关的新的优惠政策自 2008 年 3 月 1 日起执行。其他政策仍按现行规定继续执行。

【问题】单位自建房屋销售给职工或由职工集资建房可否适用经济适用房税收优惠政策？

解答： 单位自建房屋销售给职工或由职工集资建房不能适用经济适用房税收优惠政策。理由如下：

《营业税暂行条例实施细则》第五条第（二）项规定，单位或者个人自己新建（以下简称自建）建筑物后销售，其所发生的自建行为，视同发生应税行为。

国家税务总局《关于呼和浩特市铁路局向职工销售住房征免营业税问题的批复》（国税函〔2005〕334 号）规定：纳税人自建住房销售给本单位职工，属于销售不动产行为，应照章征收营业税。

国家税务总局《关于个人从事房地产经营业务征收营业税问题的批复》（国税函〔1996〕718 号）规定：个人以各购房户代表的身份与提供土地使用权的单位或个人签订联合建房协议，由个人出资并负责雇请施工队建房，房屋建成后，再由个人将分得的房屋销售给各购房户，这实际上是个人先通过合作建房的方式取得房屋，再将房屋销售给各购房户。因此对个人应按"销售不动产"税目征营业税，其营业额为个人向各购房户收取的全部价款和价外费用。另一方面，个人与地主的关系，属于一方提供土地使用权，另一方提供资金合作建房的行为，对其双方应按《国家税务总局关于印发〈营业税问题解答（之一）〉的通知》（国税函发〔1995〕156 号）第十七条的有关规定征收营业税。

第五节　关联交易的税务处理

现行税法对关联交易的税收问题做出了明确的规定，例如：

《税收征管法》第三十六条规定：企业或者外国企业在中国境内设立的从事生产、经营的机构、场所与其关联企业之间的业务往来，应当按照独立企业之间的业务往来收取或者支付价款、费用；不按照独立企业之间的业务往来收取或者支付价款、费用，而减少其应纳税的收入或者所得额的，税务机关有权进行合理调整。

《税收征管法实施细则》第五十三条规定：纳税人可以向主管税务机关提出与其关联企业之间业务往来的定价原则和计算方法，主管税务机关审核、批准后，与纳税人预先约定有关定价事项，监督纳税人执行。

《税收征管法实施细则》第五十四条规定：纳税人与其关联企业之间的

业务往来有下列情形之一的，税务机关可以调整其应纳税额：（一）购销业务未按照独立企业之间的业务往来作价；（二）融通资金所支付或者收取的利息超过或者低于没有关联关系的企业之间所能同意的数额，或者利率超过或者低于同类业务的正常利率；（三）提供劳务，未按照独立企业之间业务往来收取或者支付劳务费用；（四）转让财产、提供财产使用权等业务往来，未按照独立企业之间业务往来作价或者收取、支付费用；（五）未按照独立企业之间业务往来作价的其他情形。

《企业所得税法》第四十一条规定："企业与其关联方之间的业务往来，不符合独立交易原则而减少企业或者其关联方应纳税收入或者所得额的，税务机关有权按照合理方法调整。""企业与其关联方共同开发、受让无形资产，或者共同提供、接受劳务发生的成本，在计算应纳税所得额时应当按照独立交易原则进行分摊。"

《企业所得税法》第四十七条规定：企业实施其他不具有合理商业目的的安排而减少其应纳税收入或者所得额的，税务机关有权按照合理方法调整。

《企业所得税法实施条例》第一百一十一条规定：企业所得税法第四十一条所称合理方法，包括：（一）可比非受控价格法，是指按照没有关联关系的交易各方进行相同或者类似业务往来的价格进行定价的方法；（二）再销售价格法，是指按照从关联方购进商品再销售给没有关联关系的交易方的价格，减除相同或者类似业务的销售毛利进行定价的方法；（三）成本加成法，是指按照成本加合理的费用和利润进行定价的方法；（四）交易净利润法，是指按照没有关联关系的交易各方进行相同或者类似业务往来取得的净利润水平确定利润的方法；（五）利润分割法，是指将企业与其关联方的合并利润或者亏损在各方之间采用合理标准进行分配的方法；（六）其他符合独立交易原则的方法。

国家税务总局《关于印发〈特别纳税调整实施办法（试行）〉的通知》（国税发［2009］2号）（以下简称"国税发［2009］2号文件"）第三十条规定：实际税负相同的境内关联方之间的交易，只要该交易没有直接或间接导致国家总体税收收入的减少，原则上不作转让定价调查、调整。

实务中，房地产开发企业因发生关联交易而引发的税收问题应当给予高度关注。例如关联企业间转移定价的税收筹划问题、关联交易是否具有合理的商业目的等，税务机关应当对不当的税收筹划依法进行税收调整。

房地产开发企业利用关联交易进行税收安排，主要手法有：①利用关联建筑公司业务抵销或多开发票。同时，通过资金回流，逃避个人所得税；②在国内设立咨询公司、设计公司，虚开发票，多列费用；③在国外设立设计公司，加大成本（尤其是香港等地）；④设立关联的新办商业企业，运用甲方供材以加大成本；⑤设立关联的装饰公司，销售精装修房进行税收筹划；⑥设立关联的房屋销售代理公司，分解收入，降低增值率。例如，建立了很多避税链公司，财务可能都在一间办公室；⑦虚拟债务重组、资产置换等业务，调节关联企业间税负等。

需要说明的是，某些房地产开发企业通过设立销售子公司进行税收筹划，其追求的税收利益目的很明显，通过压低价格将开发的房地产销售给独立核算的销售子公司，以此降低房地产销售环节的毛利水平，以达到享受土地增值税免税优惠的目的。应该说，这仅是从销售环节的税收负担这一方面考虑的结果，其实，往往是得不偿失的。实务中，还有很多因素需要考虑。即使税务机关没有对其进行价格调整，仅就筹划产生的收益而言，其税收筹划收益也并不明显。从税收的角度来讲，设立销售子公司会同时增加很多税收负担，主要表现在以下四个方面：①设立销售子公司后，母、子公司之间增加了一道销售与采购环节，因而凭空增加了一道印花税的纳税义务；②设立销售子公司后，子公司从母公司购入房产，增加了一道契税的纳税义务；③设立销售子公司后，需要增加注册资金，因而增加了印花税的纳税义务；④因税收筹划而减少的营业税、城建税、教育费附加以及土地增值税等需要并入应纳税所得额，进而增加了企业所得税的纳税负担。另外，还有一个非常重要的因素需要考虑，即因此而增加的税收以外的收费项目，例如，基金、杂费等。

第六节　扣除项目的税务处理

本节重点讲解合法凭证扣除、计税成本的税务处理、"甲供材"业务的税务处理、借款利息的税务处理等。

一、合法凭证扣除的税务处理

房地产开发企业涉及的税种中，与扣除有关的税种有营业税、土地增值税和企业所得税。税法对扣除凭证的规定较为严格。

（一）营业税扣除项目合法凭证的规定

《营业税暂行条例》第六条规定：纳税人按照本条例第五条规定扣除有关项目，取得的凭证不符合法律、行政法规或者国务院税务主管部门有关规定的，该项目金额不得扣除。

《营业税暂行条例实施细则》第十九条规定：条例第六条所称符合国务院税务主管部门有关规定的凭证（以下统称合法有效凭证），是指：（一）支付给境内单位或者个人的款项，且该单位或者个人发生的行为属于营业税或者增值税征收范围的，以该单位或者个人开具的发票为合法有效凭证；（二）支付的行政事业性收费或者政府性基金，以开具的财政票据为合法有效凭证；（三）支付给境外单位或者个人的款项，以该单位或者个人的签收单据为合法有效凭证，税务机关对签收单据有疑义的，可以要求其提供境外公证机构的确认证明；（四）国家税务总局规定的其他合法有效凭证。

财税〔2003〕16 号文件规定：营业额减除项目支付款项发生在境内的，该减除项目支付款项凭证必须是发票或合法有效凭证；支付给境外的，该减除项目支付款项凭证必须是外汇付汇凭证、外方公司的签收单据或出具的公证证明。

（二）土地增值税扣除项目合法凭证的规定

国税发〔2006〕187 号文件规定：房地产开发企业办理土地增值税清算时计算与清算项目有关的扣除项目金额，应根据土地增值税暂行条例第六条及其实施细则第七条的规定执行。除另有规定外，扣除取得土地使用权所支付的金额、房地产开发成本、费用及与转让房地产有关税金，须提供合法有效凭证；不能提供合法有效凭证的，不予扣除。

国税发〔2009〕91 号文件规定：在土地增值税清算中，计算扣除项目金额时，其实际发生的支出应当取得但未取得合法凭据的不得扣除。

（三）企业所得税扣除项目合法凭证的规定

国税发〔2009〕31 号文件第三十四条规定：企业在结算计税成本时其实际发生的支出应当取得但未取得合法凭据的，不得计入计税成本，待实际取得合法凭据时，再按规定计入计税成本。

国家税务总局《关于企业所得税若干问题的公告》（总局公告 2011 年第 34 号）（以下简称"总局公告 2011 年第 34 号文件"）第六条规定：企业当年度实际发生的相关成本、费用，由于各种原因未能及时取得该成本、费用的有效凭证，企业在预缴季度所得税时，可暂按账面发生金额进行核算；但在汇算清缴时，应补充提供该成本、费用的有效凭证。

国家税务总局《关于企业所得税应纳税所得额若干税务处理问题的公告》（总局公告 2012 年第 15 号）第六条规定："根据《中华人民共和国税收征收管理法》的有关规定，对企业发现以前年度实际发生的、按照税收规定应在企业所得税前扣除而未扣除或者少扣除的支出，企业做出专项申报及说明后，准予追补至该项目发生年度计算扣除，但追补确认期限不得超过 5 年。""企业由于上述原因多缴的企业所得税税款，可以在追补确认年度企业所得税应纳税款中抵扣，不足抵扣的，可以向以后年度递延抵扣或申请退税。""亏损企业追补确认以前年度未在企业所得税前扣除的支出，或盈利企业经过追补确认后出现亏损的，应首先调整该项支出所属年度的亏损额，然后再按照弥补亏损的原则计算以后年度多缴的企业所得税款，并按前款规定处理。"

二、计税成本的税务处理

（一）计税成本与开发成本的差异

1. 计税成本与开发成本的内容

"计税成本"是与会计核算的"开发成本"相对应的、国税发 [2009] 31 号文件提出的概念。

（1）计税成本

计税成本是指企业在开发、建造开发产品过程中所发生的按照税收规定进行核算与计量的应归入某项成本对象的各项费用。

开发产品计税成本支出的内容包括：①土地征用费及拆迁补偿费；②前期工程费；③建筑安装工程费；④基础设施建设费；⑤公共配套设施费；⑥开发间接费。

（2）开发成本

开发成本是指房地产企业根据会计制度、会计准则归集和分配土地、房屋、配套设施、代建工程开发过程中所发生的各项成本费用。

企业在土地、房屋、配套设施和代建工程的开发过程中发生的各项费用，包括土地征用及拆迁补偿费、前期工程费、基础设施费、建筑安装工程费、配套设施费和开发间接费用等。

从内容上看，计税成本与开发成本包含的内容是一致的。

2. 计税成本与开发成本差异的主要表现

计税成本与开发成本的最大区别在于归集成本费用的依据不同，前者的依据是税收政策与规定，后者依据的是会计准则与房地产企业会计制度。两者从金额上讲，一般来说后者大于前者。从企业所得税汇算的角度来看，计税成本是唯一的，会计制度与税收政策不一致的，应当做相应的税收调整。

（1）收入与成本的配比原则不同

房地产企业在对计税成本与开发成本的处理中强调收入与成本的配比原则，是符合会计核算与税法要求的，但是由于房地产企业所得税的特殊规定，即未完工销售开发产品的，需要在计税成本不能准确计算的情况下先计算预计计税毛利率，并以此预缴企业所得税，这种计算仅间接核算了计税成本，而非实际的计税成本，收入与成本的配比不能体现真实性，与会计核算要求的配比原则是不同的。

（2）成本核算终止日不同

会计上对成本的年终结算止于资产负债表日，而企业所得税的计税成本可以次年5月31日前任一时点为核算终止日。

【问题】 如何理解国税发〔2009〕31号文件第三十五条关于"开发产品完工后，企业可在完工年度企业所得税汇算清缴前选择确定计税成本核算终止日，不得滞后"的规定？

解答：《企业所得税法》第五十三条规定，企业所得税按纳税年度计算。纳税年度自公历1月1日起至12月31日止。因此企业在年度中间完工的，可以根据31号文件规定选择计税成本核算终止日，但是最迟不得晚于完工年度的12月31日。

（3）会计遵循权责发生制原则，税法则有特殊规定

税法对权责发生制原则的运用有特殊的规定，会计与税法的差异主要表现在两个方面：

①预提费用问题

会计成本对未入账的成本费用均可以预提，计税成本则规定预提成本费用不得超过一定的范围和标准。

房地产企业会计制度规定，根据权责发生制和收入与成本费用配比原则，应由商品房等开发产品负担的费用，如不能有偿转让的公共配套设施费等，应在结转商品房等开发产品销售成本时预提。

国税发［2009］31 号文件第三十二条规定：除以下几项预提（应付）费用外，计税成本均应为实际发生的成本。（一）出包工程未最终办理结算而未取得全额发票的，在证明资料充分的前提下，其发票不足金额可以预提，但最高不得超过合同总金额的 10%。（二）公共配套设施尚未建造或尚未完工的，可按预算造价合理预提建造费用。此类公共配套设施必须符合已在售房合同、协议或广告、模型中明确承诺建造且不可撤销，或按照法律法规规定必须配套建造的条件。（三）应向政府上交但尚未上交的报批报建费用、物业完善费用可以按规定预提。物业完善费用是指按规定应由企业承担的物业管理基金、公建维修基金或其他专项基金。

②合法凭据扣除问题

房地产开发企业在 12 月 31 日至 5 月 31 日之间取得的合法凭据，会计上作为次年度发生的成本费用或冲减预提成本，税法则可以计入当年度计税成本。

国税发［2009］31 号文件第三十四条规定：企业在结算计税成本时其实际发生的支出应当取得但未取得合法凭据的，不得计入计税成本，待实际取得合法凭据时，再按规定计入计税成本。

总局公告 2011 年第 34 号文件和总局公告 2012 年第 15 号文件规定：发生在纳税期间的应扣未扣的成本支出，在汇算清缴时取得合法凭据的，可以在当期企业所得税前作为计税成本扣除。

（二）成本核算对象的确定

1. 企业所得税计税成本的的确定

国税发［2009］31 号文件第二十六条规定：成本对象是指为归集和分配开发产品开发、建造过程中的各项耗费而确定的费用承担项目。

2. 土地增值税成本核算对象的确定

《土地增值税暂行条例实施细则》第八条规定，土地增值税以纳税人房地产成本核算的最基本的核算项目或核算对象为单位计算。

国税发〔2006〕187号文件第一条规定：土地增值税以国家有关部门审批的房地产开发项目为单位进行清算，对于分期开发的项目，以分期项目为单位清算。开发项目中同时包含普通住宅和非普通住宅的，应分别计算增值额。

针对既有普通标准住宅又有商业用房的土地增值税成本核算对象如何划分问题，总局文件没有做出进一步的规定，一些地方性文件做出了具有可操作性的规定，例如：

《河南省地方税务局关于营业税、资源税、土地增值税若干征税问题的通知》（豫地税发〔1997〕160号）规定，我省有许多临街普通标准住宅与商业用房是同一体的，即底层是商业性用房，上层部分是住宅楼房或其他用房。一般情况下，企业是将"同体房"作为一个项目核算的。有偿转让时，应根据土地增值税的有关规定，按照各地普通标准住宅的划分标准，分别核算商业用房和普通住宅的开发成本及费用，正确分摊有关费用，分别计算增值额。凡不能准确核算扣除项目和增值额的，不得享受普通标准住宅减免税优惠。

宁波市地方税务局《关于宁波市土地增值税清算若干政策问题的补充通知》（甬地税二〔2010〕106号）规定，对于同一清算项目中不同房地产类型共同的成本包括土地使用权成本、房地产开发成本、费用的分摊计算，暂按照以下原则处理：（1）同一清算项目中不同房地产类型应按规定分别计算增值额、增值率，缴纳土地增值税；（2）对不同房地产类型共同的成本、费用包括土地使用权成本、开发成本、开发费用等，如无法按房地产类型进行完整、明确区分的，暂按可售建筑面积进行分摊，分别核算增值额、增值率；（3）对不同房地产类型所属的土地使用权成本，如能提供确切证明材料（如决算报告、图纸等）且能明确区分的，可单独按其实际占地计算土地使用权成本；（4）考虑到商业用房开发成本较高的实际情况，如同一清算项目中有住宅、办公用房、商业用房、车库、车位等多种房地产类型，且无法明确区分各类型成本、费用的，在按可售建筑面积分摊共同的成本、费用包括土地使用权成本、开发成本、开发费用时，允许商业用房分摊系数上浮10%计算，同时其他房屋类型相应下浮。

《辽宁省房地产开发企业土地增值税清算管理办法》（辽地税发〔2007〕102号）第三条规定，对一个清算项目中既有普通标准住宅又有非普通标准住宅的，应分别核算增值额；未分别核算增值额的，按照普通标准住宅和非普通标准住宅的可售面积占清算项目可售面积的比例计算扣除项目金额后，分别按照普通标准住宅和非普通标准住宅的销售收入减去扣除项目金额计算增值额。

【总结】对一个清算项目中既有普通标准住宅又有非普通标准住宅的，可按以上规定分别计算增值额、增值率，缴纳土地增值税。未分别核计算增值额的，按照普通标准住宅和非普通标准住宅的可售面积占清算项目可售面积的比例计算扣除项目金额后，分别按照普通标准住宅和非普通标准住宅的销售收入和计算的扣除项目金额计算增值额。

【问题】共有建筑面积应如何计算及分摊？

解答：房屋共有建筑面积，是指各产权人共同占有或共同使用的建筑面积。整幢建筑物的建筑面积扣除整幢建筑物各套套内建筑面积之和，并扣除已作为独立使用的地下室、车棚、车库、为多幢建筑服务的警卫室、管理用房以及人防工程等建筑面积，即为整幢建筑物的共有建筑面积。包括电梯井、管道井、楼梯间、垃圾道、变电室、设备间、公共门厅、过道、地下室、值班警卫室等，以及为整幢服务的公共用房和管理用房的建筑面积，以水平投影面积计算。共有建筑面积还包括套与公共建筑之间的分隔墙，以及外墙（包括山墙）水平投影面积一半的建筑面积。独立使用的地下室、车棚、车库，为多幢建筑服务的警卫室、管理用房，作为人防工程的地下室都不计入共有建筑面积。

共有建筑面积的计算及分摊方法：

（1）住宅楼共有建筑面积的分摊方法：住宅楼以幢为单元，根据各套房屋的套内建筑面积，求得各套房屋分摊所得的共有建筑分摊面积。

（2）商住楼共有建筑面积的分摊方法：首先，根据住宅和商业等的不同使用功能按各自的建筑面积将全幢的共有建筑面积分摊成住宅和商业两部分，即住宅部分分摊得到的全幢共有建筑面积和商业部分分摊得到的全幢共有建筑面积。然后，住宅和商业部分将所得的分摊面积再各自进行分摊。其中，住宅部分：将分摊得到的全幢共有建筑面积，加上住宅部分本身的共有建筑面积，按各套内的建筑面积分摊计算各套房屋的分摊面积。商业部分：将分摊得到的全幢共有建筑面积，加上本身的共有建筑面积，按各层套内的建筑面积依比例分摊至各层，作为各层共有建筑面积的一部分，加至各层的共有建筑面积中，得到各层总的共有建筑面积，然后再根据层内各套房屋的套内建筑面积按比例分摊至各套，求出各套房屋分摊得到的共有建筑面积。

（3）多功能综合楼共有建筑面积的分摊方法：多功能综合楼共有建筑面积按照各自的功能，参照商住楼的分摊计算方法进行分摊。

（三）计税成本的核算程序与分配方法

国税发〔2009〕31号文件第二十八条、第二十九条、第三十条规定了计税成本的核算程序与方法。

1. 计税成本的核算程序

企业计税成本核算的一般程序如下：

（1）对当期实际发生的各项支出，按其性质、经济用途及发生的地点、时间区进行整理、归类，并将其区分为应计入成本对象的成本和应在当期税前扣除的期间费用。同时还应按规定对有关预提费用和待摊费用进行计量与确认。

（2）对应计入成本对象中的各项实际支出、预提费用、待摊费用等合理地划分为直接成本、间接成本和共同成本，并按规定将其合理的归集、分配至已完工成本对象、在建成本对象和未建成本对象。

（3）对本期前已完工成本对象应负担的成本费用按已销开发产品、未销开发产品和固定资产进行分配，其中应由已销开发产品负担的部分，在当期纳税申报时进行扣除，未销开发产品应负担的成本费用待其实际销售时再予以扣除。

（4）对本期已完工成本对象分类为开发产品和固定资产并对其计税成本进行结算。其中属于开发产品的，应按可售面积计算其单位工程成本，据此再计算已销开发产品计税成本和未销开发产品计税成本。对本期已销开发产品的计税成本，准予在当期扣除，未销开发产品计税成本待其实际销售时再予以扣除。

（5）对本期未完工和尚未建造的成本对象应当负担的成本费用，应分别建立明细台账，待开发产品完工后再予以结算。

2. 计税成本的分配方法

（1）共同成本和不能分清负担对象的间接成本的分配方法

企业开发、建造的开发产品应按制造成本法进行计量与核算。其中，应计入开发产品成本中的费用属于直接成本和能够分清成本对象的间接成本，直接计入成本对象，共同成本和不能分清负担对象的间接成本，应按受益的原则和配比的原则分配至各成本对象，具体分配方法可按以下规定选择其一：

①占地面积法。指按已动工开发成本对象占地面积占开发用地总面积的比例进行分配。

一次性开发的，按某一成本对象占地面积占全部成本对象占地总面积的比例进行分配。

分期开发的，首先按本期全部成本对象占地面积占开发用地总面积的比例进行分配，然后再按某一成本对象占地面积占期内全部成本对象占地总面积的比例进行分配。期内全部成本对象应负担的占地面积为期内开发用地占地面积减除应由各期成本对象共同负担的占地面积。

②建筑面积法。指按已动工开发成本对象建筑面积占开发用地总建筑面积的比例进行分配。

一次性开发的，按某一成本对象建筑面积占全部成本对象建筑面积的比例进行分配。

分期开发的，首先按期内成本对象建筑面积占开发用地计划建筑面积的比例进行分配，然后再按某一成本对象建筑面积占期内成本对象总建筑面积的比例进行分配。

③直接成本法。指按期内某一成本对象的直接开发成本占期内全部成本对象直接开发成本的比例进行分配。

④预算造价法。指按期内某一成本对象预算造价占期内全部成本对象预算造价的比例进行分配。

（2）计税成本的分配方法

①土地成本的分配，一般按占地面积法进行分配。如果确需结合其他方法进行分配的，应商税务机关同意。土地开发同时联结房地产开发的，属于一次性取得土地分期开发房地产的情况，其土地开发成本经商税务机关同意后可先按土地整体预算成本进行分配，待土地整体开发完毕再行调整。

《土地增值税暂行条例实施细则》第九条规定：纳税人成片受让土地使用权后，分期分批开发、转让房地产的，其扣除项目金额的确定，可按转让土地使用权的面积占总面积的比例计算分摊，或按建筑面积计算分摊，也可按税务机关确认的其他方式计算分摊。

【举例】某房地产开发企业开发某小区住宅项目，取得土地面积为

10 000 平方米，分三期开发，一期占地为 2 500 平方米，二期占地为 3 000 平方米，三期占地为 1 800 平方米。土地成本为 8 000 万元，土地成本分配如下：

根据国税发〔2009〕31 号文件文第二十九条的规定，对计入开发产品计税成本中的土地成本 8 000 万元，应分成两个部分，其中属于直接成本和能够分清成本对象的间接成本，即三期开发共占地 7 300 平方米分别对应各期的成本，可以直接计入成本对象；共同成本和不能分清负担对象的间接成本，应按受益的原则和配比的原则分配至各成本对象，即 10 000 − 7 300 = 2 700（平方米），这部分面积对应的成本属于共同成本和不能分清负担对象的间接成本，应按三期面积比例配比分配计入各期成本中去。则：

共同成本按面积配比计入第一期的比例 = 2 500 ÷ 7 300 = 34.2%

共同成本按面积配比计入第二期的比例 = 3 000 ÷ 7 300 = 41.1%

共同成本按面积配比计入第三期的比例 = 1 800 ÷ 7 300 = 24.7%

计入第一期的土地成本 = 8 000 × 2 500/10 000 + 8 000 × 2 700/10 000 × 34.2% = 2 736（万元）

计入第二期的土地成本 = 8 000 × 3 000/10 000 + 8 000 × 2 700/10 000 × 41.1% = 3 288（万元）

计入第三期的土地成本 = 8 000 × 1 800/10 000 + 8 000 × 2 700/10 000 × 24.7% = 1 976（万元）

或者直接采用如下计算方法：

计入第一期的土地成本 = 8 000 × 34.2% = 2 736（万元）

计入第二期的土地成本 = 8 000 × 41.1% = 3 288（万元）

计入第三期的土地成本 = 8 000 × 24.7% = 1 976（万元）

②单独作为过渡性成本对象核算的公共配套设施开发成本，应按建筑面积法进行分配。

③借款费用属于不同成本对象共同负担的，按直接成本法或按预算造价法进行分配。

④其他成本项目的分配法由企业自行确定。

【总结】计税成本核算须划清的界限为：①正确确定成本费用开支范围，划清开发产品的成本费用与非开发产品的成本费用的界限；②正确确定各个会计期间成本费用的范围，划清本期与其他会计期间成本费用界限；③正确划分计税成本和期间费用的界限；④正确划分直接成本、间接成本和共同成本的界限；⑤正确划分各种开发产品计税成本的界限；⑥正确划分已完工开发产品计税成本和未完工开发产品计税成本的界限；⑦正确划分已销开发产品计税成本和未销开发产品计税成本的界限。

（四）计税成本项目的具体范围和内容

1. 土地成本的范围和内容

（1）企业所得税与土地增值税中土地成本的内容

国税发［2009］31号文件第二十七条规定，土地征用费及拆迁补偿费，指为取得土地开发使用权（或开发权）而发生的各项费用，主要包括土地买价或出让金、大市政配套费、契税、耕地占用税、土地使用费、土地闲置费、土地变更用途和超面积补交的地价及相关税费、拆迁补偿支出、安置及动迁支出、回迁房建造支出、农作物补偿费、危房补偿费等。

《土地增值税暂行条例实施细则》第七条规定：计算增值额的扣除项目，取得土地使用权所支付的金额，是指纳税人为取得土地使用权所支付的地价款和按国家统一规定交纳的有关费用。开发土地和新建房及配套设施（以下简称"房增开发"）的成本，是指纳税人房地产开发项目实际发生的成本（以下简称"房增开发成本"），包括土地征用及拆迁补偿费。土地征用及拆迁补偿费，包括土地征用费、耕地占用税、劳动力安置费及有关地上、地下附着物拆迁补偿的净支出、安置动迁用房支出等。

【问题】房地产开发企业取得土地使用权时支付的契税的土地增值税扣除问题？

解答：国税函［2010］220号文件规定，房地产开发企业为取得土地使用权所支付的契税，应视同"按国家统一规定交纳的有关费用"，计入"取得土地使用权所支付的金额"中扣除。

同时，缴纳的契税可以作为两项计提的基数。

（2）会计核算中土地成本的内容

《企业会计准则——无形资产》规定，外购无形资产的成本，包括购买价款、相关税费以及直接归属于使该项资产达到预定用途所发生的其他支出。从会计处理角度看，房地产企业购买土地的成本不仅包括购买土地的价款，还应该包括拍卖手续费、佣金、缴纳的相关税金及其他费用。

（3）土地的取得成本

目前我国很多地区土地使用权的转让是通过土地储备交易中心实施的，即先由土地储备交易中心收储被转让的土地使用权，并向转让方支付价款，再由土地储备交易中心将土地使用权竞拍卖出。

但也有其他的土地取得方式，房地产开发企业取得土地的来源不同，其成本所确定的内容也有所区别。

①招、拍、挂拿地方式土地成本的确定

所谓"招、拍、挂"程序，是指招标、拍卖和挂牌出让的简称。

出让土地一方为国家的，由于没有任何税费，拿地一方应以支付的所有款项（包括契税）计入企业所得税和土地增值税的土地成本。

【问题】企业招拍土地后，政府给予的土地返还款是按冲减土地成本处理还是按其他收入处理？对企业所得税和土地增值税有什么影响？

解答：

第一，企业所得税方面。

财政部、国家税务总局《关于财政性资金、行政事业性收费、政府性基金有关企业所得税政策问题的通知》（财税［2008］151号）规定，"企业取得的各类财政性资金，除属于国家投资和资金使用后要求归还本金的以外，均应计入企业当年收入总额。""本条所称财政性资金，是指企业取得的来源于政府及其有关部门的财政补助、补贴、贷款贴息，以及其他各类财政专项资金，包括直接减免的增值税和即征即退、先征后退、先征后返的各种税收，但不包括企业按规定取得的出口退税款；所称国家投资，是指国家以投资者身份投入企业，并按有关规定相应增加企业实收资本（股本）的直接投资。"

对于上述政策，各地有不同的规定，如青岛市国家税务局《关于2010年度企业所得税汇算清缴若干问题的公告》（青岛市国家税务局公告2011年第1号）规定，企业招拍土地后，政府给予的土地返还款不得冲减土地成本，而应当并入当期收入总额缴纳企业所得税。宁波市地方税务局《关于明确所得税有关问题解答口径的函》（甬地税一函［2010］20号）规定，在土地受让、改变用途过程中，如果政府约定了返还金额，返还金额应冲减对应的计税基础；如果事后取得了政府的补助或奖励，应作为补贴收入处理。

第二，土地增值税方面。

《土地增值税暂行条例实施细则》第七条规定，"取得土地使用权所支付的金额，是指纳税人为取得土地使用权所支付的地价款和按国家统一规定缴纳的有关费用。"

对于上述政策，各地有不同的规定，如《大连市地方税务局关于进一步加强土地增值税清算工作的通知》（大地税函［2008］188号）规定，纳税人应当凭政府或政府有关部门下发的《土地批件》、《土地出让金缴费证明》以及财政、土地管理等部门出具的土地出让金缴纳收据、土地使用权购置发票、政府或政府部门出具的相关证明等合法有效凭据计算"取得土地使用权所支付的金额"。凡取得票据或者其他资料，但未实际支付土地出让金或购置土地使用权价款或支付土地出让金、购置土地使用权价款后又返还的，不允许计入扣除项目。

因此，房地产开发企业收到政府返还的土地出让金，在土地受让、改变用途过程中，如果能够通过政府文件或协议、收据等证明企业取得政府返还款为土地出让金的返还，则应冲减对应的"取得土地使用权所支付的金额"，在企业所得税前扣除和计入土地增值税扣除额。否则，在无法确定是由于土地出让金返还而取得了政府的补助或奖励等，则不得冲减土地成本，而应当并入当期收入总额。

这里需要注意的是：企业招拍土地后，政府给予的土地返还款不冲减土地成本，而并入当期收入总额缴纳企业所得税。对房地产企业而言有两点好处：①不影响企业所得税，若跨年度取得返还，可推迟缴纳企业所得税；②少缴土地增值税，由于以土地出让金全额计入土地成本，在计算开发间接费和加计扣除时可以扩大计算基数。

②购买转让土地方式取得土地成本的确定

买方（房地产企业）购买转让土地方式取得土地的，应当直接以支出款项作为成本费用，除了缴纳契税以外，没有其他涉税问题。买方必须以卖方提供的发票列支，不得自己去开发票。

③购买股权方式取得土地成本的确定

房地产开发企业获得土地使用权，除在土地交易市场参加公开竞标和通过购买转让的土地外，还可以通过采取股权投资方式获取土地资源。

【问题】购买股权方式取得土地，土地成本应如何确定？

例如，甲公司控股的全资子公司A公司名下有一宗土地，取得成本为10 000万元。甲公司与乙公司（房地产开发公司）签订了股权转让协议，转让其持有 A 公司 100% 股权。评估基准日该土地的评估价为 12 000 万元，A 公司净资产评估价为 16 000 万元（账面净资产为 14 000 万元），在购买过程中支付手续费等相关费用 400 万元。

解答：相关账务处理如下：

乙公司在取得 A 公司股权时：

借：长期股权投资——A 公司 　　　　　　　　16 400 万元

　　贷：银行存款 　　　　　　　　　　　　　　　16 400 万元

A 公司凭相关法律文件，做变更投资人的账务处理

借：实收资本——甲公司 　　　　　　　　　　14 000 万元

　　贷：实收资本——乙公司 　　　　　　　　　　14 000 万元

甲公司确认股权转让收益

借：银行存款 　　　　　　　　　　　　　　　16 000 万元

　　贷：长期股权投资——A 公司 　　　　　　　　14 000 万元

　　　　投资收益 　　　　　　　　　　　　　　　2 000 万元

从账务处理来看，土地评估增值部分并没有在股权交易过程中得到确认。从产权转移的角度来看，由于房地产开发企业以股权投资方式获取土地，但实质上土地使用权并没有发生转移，该土地的使用权仍为 A 公司所拥有，乙公司通过只有 A 公司股权的方式而享有该土地的使用权。因此，在税务处理上，该土地评估增值不涉及税收问题，不会增加土地的计税基础。

④以拆迁安置方式取得土地成本的确定

房地产企业的拆迁补偿形式可归纳为三种：

第一种，作价补偿形式。拆迁人将被拆除房屋的价值，以货币结算方式补偿给被拆除房屋的所有人，这是一种货币补偿形式。

货币安置拆迁的，房地产开发企业凭合法有效凭据计入拆迁补偿费。

对于拆迁补偿费，房地产企业出具下列凭证可以税前扣除：A. 政府规定的拆迁补偿费标准的文件；B. 被拆迁人签字的收款收据或收条；C. 被拆迁人与房地产企业签订的拆迁补偿费协议；D. 被拆迁户的相关资料（如原房屋产权证件等）。

【思考题】

1. 房地产企业支付给被拆迁人的拆迁补偿费是否需要取得发票？

2. 支付青苗补偿费是否因被拆迁人取得补偿不征营业税而不需要发票?

第二种，产权调换形式。拆迁人以易地建设或原地建设的房屋补偿给被拆除房屋的所有人的实物补偿形式，使原所有人继续保持其对房屋的所有权。

产权调换形式的拆迁补偿费的税务处理：A. 企业用本项目建造的房地产安置回迁户的，以安置用房视同销售价格确认为房地产开发项目的拆迁补偿费。房地产开发企业支付给回迁户的补差价款，计入拆迁补偿费；回迁户支付给房地产开发企业的补差价款，应抵减本项目拆迁补偿费。B. 企业采取异地安置的，异地安置的房屋属于自行开发建造的，以房屋价值视同销售价格计入本项目的拆迁补偿费。C. 异地安置的房屋属于购入的，以实际支付的购房支出计入拆迁补偿费。

第三种，货币补偿与产权调换相结合的补偿方式。应分别按上述补偿方式进行税务处理。

⑤以土地使用权投资入股方式取得土地成本的确定

其他单位或个人以土地使用权向房地产开发企业投资入股，房地产开发企业吸收投资取得的土地使用权应以公允价值计入土地成本，其中包括土地使用权溢价部分。

对土地投资方而言，以土地使用权投资入股，根据财税〔2002〕191号文件规定不缴营业税，投资方为非房地产开发企业的，根据财税字〔1995〕48号文件规定暂免征收土地增值税。但是如果向房地产开发企业投资，根据财税〔2006〕21号文件规定，则不适用暂免征收土地增值税的规定。根据国税函〔2008〕828号文件规定，凡是资产所有权属发生改变的应按规定视同销售确认收入。

⑥以合作建房方式取得土地成本的确定

由于合作建房的方式不同，税务处理有差异。以合作建房方式取得土地成本的，有两种合同形式：一种是以投资合同的形式，另一种是非投资合同的形式。非投资合同的形式的有两种分配方式：A. 建成后分配房屋；B. 分配固定收益或利润。以投资合同的形式取得土地的，如上述⑤分析。以非投资合同的形式取得土地的，土地成本的确定如下：

第一种方式：合作建房，建成后分房，其实质是以物易物，即甲方拥有土地，乙方拥有资金及资质，合作建房，建成后乙方向甲方分房。此种合作建房，实质是甲方以地换房。

乙方土地成本确认的税务处理是：A. 换入土地使用权与交付开发产品不同步的，在分配产品环节确认土地成本，即首次分出的和以后应分出的市场公允价值＋土地使用权转移过程中应支付的相关税费（契税、印花税等）±补价。B. 换入土地使用权与交付开发产品同步的，在接受土地环节确认土地成本，即应付出开发产品市场公允价值＋土地使用权转移过程中应支付的相关税费±补价。

【举例】A 公司与甲房地产公司签订协议，将其名下 100 亩土地（按评估价每亩 100 万元，总价 10 000 万元转让）用于与甲房地产公司合作开发，待项目开发完毕后，分得该项目 30 000 平方米房屋，房地产公司取得该项土地时支付各项税费 500 万元，分配开发产品时，房屋的单位成本价为每平方米 3 000 元，公允价值为每平方米 5 500 元。则该项土地的成本＝5 500 × 30 000＋500＝17 000（万元）。

【举例】A 公司与甲房地产公司签订协议，用其名下 50 亩土地（按评估价每亩 100 万元，总价 5 000 万元转让）换取甲房地产公司名下另一处房产。交换业务发生时，被交换房产的市场公允价值为 6 000 万元。在土地转让过程中，房屋开发公司支付相关税费 200 万元。该土地的成本＝6 000＋200＝6 200（万元）。

注意：以上两种情况，都是以换出产品的公允价值加上取得土地时的相关税费为土地成本价。不同的是，成本确认时间不同，前者是在分配产品环节，后者是在接受土地环节。

国税发〔2009〕31 号文件，未对土地成本的确认做出规定，仅规定了计税成本与投资额差额的纳税调整问题。政策存在问题，这里需要注意。应按照对等原则处理好企业所得税问题。

第二种方式：合作建房，建成后分利润。即取得土地的一方向出地一方分配固定利润的，其实质是土地使用权转让，取得土地的一方应以分配的固定利润作为土地成本。

国税发〔2009〕31 号文件，对于未成立项目公司的，只要在合同中约定不在企业所得税前分配就可不作为土地使用权的买卖处理，而对于是否收取固定利润或费用则不作规定性限制。

⑦以分立的方式取得土地成本的确定

以分立的方式取得土地成本，如果符合特殊性税务处理的条件，并且已经去税务部门备案的，可以用原被分立企业的计税基础入账；如果只符合一般性税务处理的条件，清算后可以按公允价值入账。

国家税务总局《关于企业重组业务企业所得税处理若干问题的通知》（财税〔2009〕59号）（以下简称"财税〔2009〕59号文件"）规定：同时符合下列条件的，适用特殊性税务处理，除此以外按一般税务处理：（一）具有合理的商业目的，且不以减少、免除或者推迟缴纳税款为主要目的。（二）被收购、合并或分立部分的资产或股权比例符合本通知规定的比例。（三）企业重组后的连续12个月内不改变重组资产原来的实质性经营活动。（四）重组交易对价中涉及股权支付金额符合本通知规定比例。（五）企业重组中取得股权支付的原主要股东，在重组后连续12个月内，不得转让所取得的股权。

财税〔2009〕59号文件规定：企业分立，被分立企业所有股东按原持股比例取得分立企业的股权，分立企业和被分立企业均不改变原来的实质经营活动，且被分立企业股东在该企业分立发生时取得的股权支付金额不低于其交易支付总额的85%，可以选择按以下规定处理：A.分立企业接受被分立企业资产和负债的计税基础，以被分立企业的原有计税基础确定。B.被分立企业已分立出去资产相应的所得税事项由分立企业承继。C.被分立企业未超过法定弥补期限的亏损额可按分立资产占全部资产的比例进行分配，由分立企业继续弥补。

注意：按原持股比例取得分立企业的股权才可以享受特殊重组。

⑧以合并方式取得土地成本的确定

以合并方式取得土地成本，如果符合特殊性税务处理的条件，并且已经去税务部门备案的，可以用持有的被合并企业股权的计税基础确定；如果只符合一般性税务处理的条件，清算后可以按公允价值入账。

财税〔2009〕59号文件规定：同时符合下列条件的，适用特殊性税务处理，除此以外，按一般税务处理：（一）具有合理的商业目的，且不以减少、免除或者推迟缴纳税款为主要目的。（二）被收购、合并或分立部分的资产或股权比例符合本通知规定的比例。（三）企业重组后的连续12个月内不改变重组资产原来的实质性经营活动。（四）重组交易对价中涉及股权支付金额符合本通知规定比例。（五）企业重组中取得股权支付的原主要股东，在重组后连续12个月内，不得转让所取得的股权。

⑨以划拨方式取得土地成本的确定

土地使用权划拨，是县级以上人民政府依法批准，在土地使用者缴纳补偿、安置等费用后将该宗土地交付其使用，或者将土地使用权无偿交付给土地使用者使用的行为。

根据国土资源部《划拨用地目录》（2001 年第 9 号令）及相关的法律规定，房地产企业能够采用划拨方式获取土地的情形是廉租房和经济适用房，但是现在也有很多城市采用招标的方式确定开发企业。

以划拨方式取得土地使用权的，需要支付给原土地使用者拆迁安置及各项补偿费用，同时，以划拨方式取得土地使用权的，经批准转让房地产时，应由房地产转让者补缴契税，其计税依据为补缴的土地使用权出让费用或者土地收益。因此，房地产开发企业以划拨的土地开发经济适用房的，其土地成本应包括拆迁安置及补偿费、补缴的契税等，不包括土地出让金、减免的大市政配套费等规费。经济适用住房再次上市交易时，需要由出让方计缴对其减免的包含级差地租和大市政配套费在内的土地出让金以及相关规费。

（4）土地闲置费

国土资源部《关于闲置土地处置办法》（国土资源部令［1999］第 5号）第二条规定，闲置土地是指土地使用者依法取得土地使用权后，未经原批准用地的人民政府同意，超过规定的期限未动工开发建设的建设用地。

不同税种关于土地闲置费的扣除有差异。

①土地闲置费的营业税的扣除

财税［2003］16 号文件规定，单位和个人销售或转让其购置的不动产或受让的土地使用权，以全部收入减去不动产或土地使用权的购置或受让原价后的余额为营业额。单位和个人销售或转让抵债所得的不动产、土地使用权的，以全部收入减去抵债时该项不动产或土地使用权作价后的余额为营业额。

房地产开发如果发生将受让的土地使用权转让行为的，因其支付的土地闲置费不属于受让的土地使用权的原价部分而不得在转让时从营业额中扣除。

②土地闲置费的土地增值税的扣除

国税函［2010］220 号文件规定：房地产企业逾期开发缴纳的土地闲置费不得扣除。

③土地闲置费企业所得税的扣除

国税发［2009］31 号文件第二十七条规定，土地征用费及拆迁补偿费，包括土地闲置费。

国税发［2009］31号文件第二十二条规定，企业因国家无偿收回土地使用权而形成的损失，可作为财产损失按有关规定在税前扣除。

类似的情形还有国税发［2009］31号文件第二十三条规定，企业开发产品（以成本对象为计量单位）整体报废或毁损，其净损失按有关规定审核确认后准予在税前扣除。

【总结】房地产开发企业因闲置土地而被征收土地闲置费的，发生的土地闲置费支出不得在转让土地使用权时从营业额中扣除，开发房地产对外销售时不得计入土地增值税扣除额，但可以在竣工结算时从当期应纳税所得额中扣除。如果土地使用权被无偿收回的，则应作为财产损失从土地成本中减除而调整至期间费用，在当期应纳税所得额中扣除。

2. 前期工程费的范围和内容

国税发［2009］31号文件第二十七条规定，前期工程费，指项目开发前期发生的水文地质勘察、测绘、规划、设计、可行性研究、筹建、场地通平等前期费用。

《土地增值税暂行条例实施细则》第七条规定：计算增值额的扣除项目，包括前期工程费。前期工程费包括规划、设计、项目可行性研究和水文、地质、勘察、测绘、"三通一平"等支出。

国税发［2009］91号文件规定，审核前期工程费、基础设施费时应当重点关注：（一）前期工程费、基础设施费是否真实发生，是否存在虚列情形。（二）是否将房地产开发费用计入前期工程费、基础设施费。（三）多个（或分期）项目共同发生的前期工程费、基础设施费，是否按项目合理分摊。

【问题】支付境外的设计费应如何进行税务处理？

解答：

1. 营业税的税务处理

《营业税暂行条例实施细则》第四条第（一）项规定，条例第一条所称在中华人民共和国境内（以下简称"境内"）提供条例规定的劳务、转让无形资产或者销售不动产，是指提供或者接受条例规定劳务的单位或者个人在境内。

《营业税暂行条例》第十一条第（一）项规定：中华人民共和国境外的单位或者个人在境内提供应税劳务、转让无形资产或者销售不动产，在境内未设有经营机构的，以其境内代理人为扣缴义务人；在境内没有代理人的，以受让方或者购买方为扣缴义务人。

从上述可见，提供或者接受条例规定劳务的单位或者个人在境内均应该缴纳营业税，支付境外劳务费应该由支付方代扣代缴营业税。

2. 企业所得税的税务处理

《企业所得税法实施条例》第七条第（二）项规定：企业所得税法第三条所称来源于中国境内、境外的所得，提供劳务所得，按照劳务发生地确定。

国家税务总局《关于印发〈非居民企业所得税核定征收管理办法〉的通知》（国税发〔2010〕19号）第七条规定：非居民企业为中国境内客户提供劳务取得的收入，凡其提供的服务全部发生在中国境内的，应全额在中国境内申报缴纳企业所得税。凡其提供的服务同时发生在中国境内外的，应以劳务发生地为原则划分其境内外收入，并就其在中国境内取得的劳务收入申报缴纳企业所得税。税务机关对其境内外收入划分的合理性和真实性有疑义的，可以要求非居民企业提供真实有效的证明，并根据工作量、工作时间、成本费用等因素合理划分其境内外收入；如非居民企业不能提供真实有效的证明，税务机关可视同其提供的服务全部发生在中国境内，确定其劳务收入并据以征收企业所得税。

因此，如果设计行为全部发生在境外，则不需要在中国缴纳企业所得税。如果设计行为需要来华提供服务的，要分清境内劳务与境外劳务。派人来华设计要构成常设机构才征收企业所得税。

3. 建筑安装工程费的范围和内容

国税发〔2009〕31号文件第二十七条规定，建筑安装工程费。指开发项目开发过程中发生的各项建筑安装费用。主要包括开发项目建筑工程费和开发项目安装工程费等。

《土地增值税暂行条例实施细则》第七条规定：计算增值额的扣除项目，包括建筑安装工程费。建筑安装工程费，是指以出包方式支付给承包单位的建筑安装工程费，以自营方式发生的建筑安装工程费。

国税发〔2006〕187号文件规定：房地产开发企业办理土地增值税清算所附送的前期工程费、建筑安装工程费、基础设施费、开发间接费用的凭证或资料不符合清算要求或不实的，地方税务机关可参照当地建设工程造价管理部门公布的建安造价定额资料，结合房屋结构、用途、区位等因素，核定上述四项开发成本的单位面积金额标准，并据以计算扣除。具体核定方法由省税务机关确定。

国税发〔2009〕91号文件规定，审核建筑安装工程费时应当重点关注：（一）发生的费用是否与决算报告、审计报告、工程结算报告、工程施工合同记载的内容相符。（二）房地产开发企业自购建筑材料时，自购建材费用是否重复计算扣除项目。（三）参照当地当期同类开发项目单位平均建安成本或当地建设部门公布的单位定额成本，验证建筑安装工程费支出是否存在异常。（四）房地产开发企业采用自营方式自行施工建设的，还应当关注有无虚列、多列施工人工费、材料费、机械使用费等情况。（五）建筑安装发票是否在项目所在地税务机关开具。

实务中，建筑安装工程费的税务处理时需要注意以下几点：

（1）建筑安装工程费必须取得施工所在地发票，不能取得外地发票

《营业税暂行条例》第十四条第（一）项规定：纳税人提供应税劳务应当向其机构所在地或者居住地的主管税务机关申报纳税。但是，纳税人提供的建筑业劳务以及国务院财政、税务主管部门规定的其他应税劳务，应当向应税劳务发生地的主管税务机关申报纳税。

（2）虚开建筑业发票不能扣除

虚开建筑业发票是指在没有真实业务的情况下开具建筑业发票，采取交纳营业税，用以抵减企业所得税和土地增值税，获取差价的方式。这是不符合真实性原则的，属于偷税行为。

判断虚开建筑业发票有一个"三价对比"的方法，即预算价、结算价、计入成本价。

（3）"甲供材"不能重复扣除

（4）未取得全额发票的，最多可以预提合同总金额的10%

国税发〔2009〕31号文件第三十二条第（一）项规定：出包工程未最终办理结算而未取得全额发票的，在证明资料充分的前提下，其发票不足金额可以预提，但最高不得超过合同总金额的10%。

这里需要注意几点：①未最终办理结算的时点，是指在"计税成本核算终止日"前（国税发〔2009〕31号文件第三十五条规定，由企业选择确定计税成本核算终止日，即企业可以在年度结束后的5个月汇算清缴期内，尽快完成工程结算，索取发票，完整确定完工项目的计税成本）；②在证明资料充分的前提下，应理解为工程竣工后；③必须是实际发生；④未取得

全额发票；⑤最高不得超过合同总金额的10%。

另外，国税发［2006］187号文件规定：房地产开发企业的预提费用，除另有规定外，不得扣除。即土地增值税对上述预提的费用不允许扣除。

【问题】如何界定"资料充分"？

解答：年度申报预提工程款计入开发成本计算扣除时，应提供竣工验收备案证明或交付使用证明、正式的出包合同、出包工程的项目预算书以及预算调整的相关证明等，另外还需提供下表。

出包工程项目	承包单位名称	承包单位税务登记号	承包单位主管税务机关	出包合同号	出包项目开工日期	出包项目完工日期	合同金额	已开票金额	发票号码	预提金额

【问题】这里的合同额应当按照分包合同金额计算，还是合同总金额计算呢？

解答：根据国税发［2009］31号文件第三十二条规定，应按照合同总金额计算。如某公司某项目（属于同一成本核算对象）有两个出包合同，一个合同为8 000万元，另外一个合同为4 004万元，其中8 000万元的合同已经取得了全额发票，4 000万元的合同未取得发票。在计算计税成本时，可以按照9 200万元在税前扣除，即按照总合同金额1 200万元预提1 200万元。

（5）未支付的质量保证金以开具发票作为扣除依据，不管是否实际支付。

国税函［2010］220号文件规定，房地产开发企业在工程竣工验收后，根据合同约定，扣留建筑安装施工企业一定比例的工程款，作为开发项目的质量保证金，在计算土地增值税时，建筑安装施工企业就质量保证金对房地产开发企业开具发票的，按发票所载金额予以扣除；未开具发票的，扣留的质保金不得计算扣除。

企业所得税对此未做出明确规定，实务中应当按照配比原则、权责发生制原则，于实际发生时凭合法有效凭证扣除。

一般来说，房地产公司与施工企业结算竣工工程价款时，均会按照合同约定，预留施工单位3%～5%的工程质量保证金，待保修期满后再支付给施工企业。在实际工作中有两种做法：其一，施工单位开具包括工程质量保证金在内全额建筑业发票，房地产企业预留保证金时向施工单位开具"保证金收据"；其二，施工单位仅仅开具实收工程款的建筑业发票，对没有收取的工程质量保证金不开具发票。

【问题】房地产开发企业在进行土地增值税清算时无法完整的提供前期工程费、建筑安装工程费、基础设施费等开发成本的凭证或资料，如何进行土地增值税的清算？

解答：国税发〔2006〕187号文件第四条第（二）项规定："房地产开发企业办理土地增值税清算所附送的前期工程费、建筑安装工程费、基础设施费、开发间接费用的凭证或资料不符合清算要求或不实的，地方税务机关可参照当地建设工程造价管理部门公布的建安造价定额资料，结合房屋结构、用途、区位等因素，核定上述四项开发成本的单位面积金额标准，并据以计算扣除。具体核定方法由省税务机关确定。"

（6）建安成本要在普通住宅和非普通住宅合理分摊。

（7）利息支出的处理。

国税函〔2010〕220号文件第三条第四项规定：土地增值税清算时，已经计入房地产开发成本的利息支出，应调整至财务费用中计算扣除。

即：房地产开发企业发生的利息支出只能作为房地产开发费用进行税务处理，不允许计入"开发成本"而享受成本加计扣除的税收优惠政策。另外，财务费用中的诸如顾问费之类的支出，虽然属于财务费用，但不属于利息支出，应归属于其他开发费用限额扣除。对委托贷款发生的利息支出，由于贷款业务属于金融机构的经营活动范畴，可以在企业所得税前扣除，但在土地增值税扣除时不能超过同类同期商业银行贷款利率水平。

4. 基础设施建设费的范围和内容

国税发〔2009〕31号文件第二十七条规定，基础设施建设费，指开发项目在开发过程中所发生的各项基础设施支出，主要包括开发项目内道路、供水、供电、供气、排污、排洪、通信、照明等社区管网工程费和环境卫生、园林绿化等园林环境工程费。

《土地增值税暂行条例实施细则》第七条规定：计算增值额的扣除项目，包括基础设施费。基础设施费，包括开发小区内道路、供水、供电、供气、排污、排洪、通信、照明、环卫、绿化等工程发生的支出。

国税发〔2009〕91号文件规定，审核前期工程费、基础设施费时应当重点关注：（一）前期工程费、基础设施费是否真实发生，是否存在虚列情形。（二）是否将房地产开发费用计入前期工程费、基础设施费。（三）多个（或分期）项目共同发生的前期工程费、基础设施费，是否按项目合理分摊。

【问题】园林绿化等环境工程费是否属于公共配套设施费？可否允许预提并在企业所得税前扣除？

解答：园林绿化等园林环境工程费不属于公共配套设施费，国税发〔2009〕31号文件规定，公共配套设施尚未建造或尚未完工的，可按预算造价合理预提建造费用。但是，国税发〔2009〕31号文件第二十七条明确规定，园林绿化等环境工程费属于开发产品计税成本中的基础设施建设费，而不属于公共配套设施费。因此，园林绿化费用不允许采取预提的方式在企业所得税前扣除。

园林绿化等园林环境工程费税法没有规定必须按照建筑面积对园林进行分摊，企业可以自行按照占地面积法、建筑面积法、工程概算法等办法进行分摊扣除。

5. 公共配套设施费的范围和内容

国税发〔2009〕31号文件第二十七条规定，公共配套设施费：指开发项目内发生的、独立的、非营利性的，且产权属于全体业主的，或无偿赠与地方政府、政府公用事业单位的公共配套设施支出。

《土地增值税暂行条例实施细则》第七条规定：计算增值额的扣除项目，包括公共配套设施费。公共配套设施费，包括不能有偿转让的开发小区内公共配套设施发生的支出。

国税发〔2006〕187号文件规定：房地产开发企业开发建造的与清算项目配套的居委会和派出所用房、会所、停车场（库）、物业管理场所、变电站、热力站、水厂、文体场馆、学校、幼儿园、托儿所、医院、邮电通信等公共设施，按以下原则处理：（1）建成后产权属于全体业主所有的，其成本、费用可以扣除；（2）建成后无偿移交给政府、公用事业单位用于非营利性社会公共事业的，其成本、费用可以扣除；（3）建成后有偿转让的，应计算收入，并准予扣除成本、费用。

国税发〔2009〕91号文件规定，审核公共配套设施费时应当重点关注：（一）公共配套设施的界定是否准确，公共配套设施费是否真实发生，有无预提的公共配套设施费情况。（二）是否将房地产开发费用记入公共配套设施费。（三）多个（或分期）项目共同发生的公共配套设施费，是否按项目合理分摊。

实务中，公共配套设施费的税务处理时需要注意以下几点：

（1）产权归开发商所有的配套设施，要单独核算成本

国税发［2009］31号文件第十七条规定，企业在开发区内建造的会所、物业管理场所、电站、热力站、水厂、文体场馆、幼儿园等配套设施，按以下规定进行处理：（一）属于非营利性且产权属于全体业主的，或无偿赠与地方政府、公用事业单位的，可将其视为公共配套设施，其建造费用按公共配套设施费的有关规定进行处理。（二）属于营利性的，或产权归企业所有的，或未明确产权归属的，或无偿赠与地方政府、公用事业单位以外其他单位的，应当单独核算其成本。除企业自用应按建造固定资产进行处理外，其他一律按建造开发产品进行处理。

注意：配套设施的权属一直是税务检查的重点，特别是产权归开发商所有的会所，要单独核算成本，在做汇算清缴的时候可能要纳税调增。

（2）给予的经济补偿可直接抵扣该项目的建造成本

国税发［2009］31号文件第十八条规定，企业在开发区内建造的邮电通信、学校、医疗设施应单独核算成本，其中，由企业与国家有关业务管理部门、单位合资建设，完工后有偿移交的，国家有关业务管理部门、单位给予的经济补偿可直接抵扣该项目的建造成本，抵扣后的差额应调整当期应纳税所得额。

这里需要注意的是，公共配套设施开发成本，应按建筑面积法进行分配。因此，房地产开发企业取得政府管理部门给予的经济补偿也应按照建筑面积法在受益对象间分摊抵扣。

土地增值税没有对给予的经济补偿做出应当抵扣的规定。

【举例】甲房地产公司开发的某新建小区地处郊区，城市配套设施较差，为提高小区的服务功能，规划建设一所小学校，建设总投资3 000万元，市财政局同意用教育经费给予补偿2 400万元，补偿款已存入银行，其余由甲公司自行解决。房地产公司进行账务处理时，有两种核算方法：

其一：建设小学发生的支出按公共配套设施处理，因此，收到补偿款时的账务处理为：

借：银行存款   2 400万元

　　　　贷：开发成本或开发产品或主营业务成本　　　　2 400 万元

　　这时，房地产企业新建小区发生的公共配套设施费调整为 600 万元，同时追溯冲减已经分摊给各成本核算对象的 2 400 万元。

　　其二：建设小学发生的支出按单独建造的房屋处理，因此，收到补偿款时的账务处理为：

　　（1）收到补偿款

　　借：银行存款　　　　　　　　　　　　　　　　　2 400 万元

　　　　贷：开发产品——小学　　　　　　　　　　　　　　2 400 万元

　　（2）将差额转损益，调整当期应纳税所得额。

　　借：营业外支出　　　　　　　　　　　　　　　　600 万元

　　　　贷：开发产品——小学　　　　　　　　　　　　　　600 万元

　　这时，房地产企业新建小区按视同销售处理，计入当期应纳税所得额中的捐赠支出 600 万元，未超出 12% 比例的允许在企业所得税前扣除。

　　上述两种处理方法中，第一种方法对房地产企业比较有利，这也符合交易实质和税法规定。

【思考题】

　　某房地产公司开发一楼盘时，与当地政府签订了土地使用权转让协议，总的土地使用权转让费为 1 000 万元，房地产开发企业支付 300 万元，其余的款项 700 万元由房地产开发企业按照政府的要求建设一座小学来抵顶。试分析房地产开发企业按政府要求建设的小学发生的 700 万元支出，应该如何进行税务处理？是否属于非货币资产交换？

　　（3）不具有独立产权的地下停车场应界定为公共配套设施

　　国税发〔2009〕31 号文件第三十三条规定：企业单独建造的停车场所，应作为成本对象单独核算。利用地下基础设施形成的停车场所，作为公共配套设施进行处理。

　　（4）公共配套设施费用可以预提

　　国税发〔2009〕31 号文件第三十二条规定：公共配套设施尚未建造或尚未完工的，可按预算造价合理预提建造费用。此类公共配套设施必须符合已在售房合同、协议或广告、模型中明确承诺建造且不可撤销，或按照法律法规规定必须配套建造的条件。

　　根据国税发〔2006〕187 号文件的规定，房地产开发企业的预提费用，在计算土地增值税时不得扣除。

6. 开发间接费的确定

国税发〔2009〕31 号文件第二十七条规定，开发间接费，指企业为直接组织和管理开发项目所发生的，且不能将其归属于特定成本对象的成本费用性支出。主要包括管理人员工资、职工福利费、折旧费、修理费、办公费、水电费、劳动保护费、工程管理费、周转房摊销以及项目营销设施建造费等。

《土地增值税暂行条例实施细则》第七条规定：计算增值额的扣除项目，包括开发间接费用。开发间接费用，是指直接组织、管理开发项目发生的费用，包括工资、职工福利费、折旧费、修理费、办公费、水电费、劳动保护费、周转房摊销等。

计算增值额的扣除项目中不包括项目营销设施建造费。

国税发〔2009〕91 号文件规定，审核开发间接费用时应当重点关注：（一）是否存在将企业行政管理部门（总部）为组织和管理生产经营活动而发生的管理费用计入开发间接费用的情形。（二）开发间接费用是否真实发生，有无预提开发间接费用的情况，取得的凭证是否合法有效。

实务中，开发间接费的税务处理时需要注意以下几点：

（1）开发间接费必须实际发生。

（2）必须是与开发项目有直接的组织、管理关系，其他间接管理如行政人员的工资等不得计入开发间接费。

这里要注意严格区分开发间接费和管理费用的界限。开发间接费是指企业为直接组织和管理开发项目所发生的费用，即使房地产公司只有一个开发项目，总经理、会计等公司管理人员的工资也不可以作为"开发间接费用"，因为总经理和会计属于公司管理人员，其合理的工资薪金应作为期间费用，在企业所得税前据实扣除。

（3）项目营销设施的建造费是否计入开发间接费用，应区分不同情形，且企业所得税与土地增值税的处理不同。

项目营销设施建造费计入开发间接费用，也就是说企业所得税不允许将营销设施的建造费通过计提折旧的形式转入销售费用，而是要计入开发成本。而土地增值税则不允许项目营销设施建造费计入开发成本。

三、"甲供材"业务的税务处理

所谓"甲供材"就是建设方（甲方）和施工方（乙方）之间材料供

应、管理和核算的一种方法。即：建设方在进行施工招投标与施工方签订施工合同时，合同中规定该工程项目中所使用的主要材料由甲方统一购入，材料价款的结算按照实际的价格结算，数量按照甲方调拨给乙方数量结算。

在"甲供材"方法中，材料的价格风险由甲方承担，材料的数量风险由乙方承担。甲方根据施工图计算施工所需的材料量，列出材料供应清单，乙方根据工程进度预算所需要的材料量提前上报计划，开发单位统一购入管理。

选择"甲供材"方式，对甲方而言，主要目的有两个：一是控制工程质量，二是降低工程造价。对乙方而言，可以减少材料的资金投入和资金垫付压力，避免材料价格上涨带来的风险。

实践中经常会碰到建设方和施工方在确定工程造价时，在合同中明确约定"甲供材"不参与计提管理费和利润。甚至在某些情况下，建设方约定"甲供材"也不参与提税，即工程最终决算造价中不包含"甲供材"税金，从而导致施工方为降低自身税收负担而逃避纳税。

（一）"甲供材"业务的增值税或营业税税务处理

"甲供材"合作方式在实际操作中有三种常见的方式：自购材料、代购材料和合同外供料。不同合作方式的税务处理不同。

1. "甲供材"业务的增值税税务处理

《增值税暂行条例》第一条规定：在中华人民共和国境内销售货物或者提供加工、修理修配劳务以及进口货物的单位和个人，为增值税的纳税人。

财政部、国家税务总局《关于增值税、营业税若干政策规定的通知》（财税字〔1994〕026号）规定，凡同时具备以下条件的代购货物行为，不征收增值税；不同时具备以下条件的，无论会计制度规定如何核算，均征收增值税：①受托方不垫付资金；②销货方将发票开具给委托方，并由受托方将该项发票转交给委托方；③受托方按销售方实际收取的销售额和增值税额（如系代理进口货物则为海关代征的增值税额）与委托方结算货款，并另外收取手续费。

（1）"自购材料"的增值税税务处理

所谓"自购材料"，是指甲方作为发包方与乙方订立的工程施工承包合同中，在合同中约定由其负责购买并向乙方提供全部或者部分建筑材料，这些材料是承包合同总价款的一部分。这种方式的特点是材料供货方把建筑材料相关的增值税发票直接开具给甲方。甲方把这部分建筑材料交付给乙方时，无论是将这部分材料直接计入其"开发成本"账户，还是计入乙方"施工成本"账户，其实质都是甲方将购买的建筑材料销售给乙方，乙方实际上就是在购买建筑材料。在这种"自购材料"方式中，甲方发生了增值税规定的应税行为，应依法缴纳增值税。

（2）"代购材料"的增值税税务处理

所谓"代购材料"，是指由甲方负责确定材料的供应商和材料价格，然后由乙方和材料供应商订立买卖合同，购买建筑材料并取得材料采购发票。在甲方和乙方签订的建筑工程施工合同中，约定的合同价款中包含该部分材料的采购金额。实际操作中甲方全额支付工程款，乙方为实际的材料付款方，甲方负责把供应商开具给乙方的增值税发票转交给乙方。在这种"代购材料"方式中，甲方只是对材料采购起到监督作用，没有应税行为，甲方不缴纳增值税。

（3）"合同外供料"的增值税税务处理

所谓"合同外供料"，是指甲乙双方所签订的合同工程价款中不包括材料部分金额。建筑材料由甲方自行采购，乙方不支付材料采购款也不对材料进行核算，甲方将材料采购成本直接计入"开发成本"账户进行核算。在实际工作中，由于建造合同价款中不包括甲供材部分金额，甲供材在施工过程中仅发生材料的拨付行为，不存在甲供材所有权的转移，乙方在收到甲供材以后，作为代管物资进行备查登记，通过备查账反映其收发和领用情况，不需要进行账务处理。乙方在确认建造合同收入和建造合同成本时，也不需要将其纳入建造合同进行核算。在这种"合同外供料"方式中，甲方只是材料采购并用于开发产品中，没有发生材料的销售行为，甲方不缴纳增值税。

2. 上述三种合作方式的营业税税务处理

（1）"甲供材"营业税计税依据

《营业税暂行条例实施细则》第十六条规定：纳税人提供建筑业劳务（不含装饰劳务）的，其营业额应当包括工程所用原材料、设备及其他物资和动力价款在内，但不包括建设方提供的设备的价款。

也就是说，除乙方提供的装饰劳务可按实际收入额净额计税外，其他建筑业劳务，无论签订建筑施工合同的双方采取何种合作方式、如何进行账务处理、如何结算，建筑施工方缴纳建筑业营业税的计税依据均应包括

"甲供材"的价款。

因此，在营业税方面的税务风险是甲方提供给乙方材料后，乙方未能足额申报缴纳营业税。

【举例】某建筑施工企业 A 承包了一项目的主体建筑工程，甲乙双方的承包合同约定承包总价（不含甲供材料）5 000 万元，该工程的主要建筑材料（混凝土、钢筋、水泥）3 000 万元由甲方提供。则该乙方应缴纳建筑业营业税 = (5 000 + 3 000) × 3% = 240（万元）。

（2）"甲供材"营业税纳税义务发生时间

对于"甲供材"的营业税纳税义务发生时间，目前并无进一步的规定。根据《营业税暂行条例》的相关规定，建筑业是按预收款确定营业税纳税义务发生时间，如果将建设方把"甲供材"提供给施工方视作建设方以材料方式预付款的话，施工方取得"甲供材"时，就应当缴纳营业税。

根据原建设部《建筑工程施工发包与承包计价管理办法》（建设部令第107 号）的规定，工程总造价根据发包与承包价的计算方法分为工料单价法和综合单价法。住房和城乡建设部颁布的《建设工程工程量清单计价规范》的解释中规定，甲方供料应计入投标报价中，并在综合单价中体现；甲方购买材料费必须列入综合单价，如果在招投标阶段无法准确定价，应按暂估价计算。

因此，在实践中，施工方以无法取得"甲供材"的实际购买价而推迟申报纳税的理由是不成立的。但是确实存在在工程决算环节发生甲方提供材料的结余或增补的问题，双方还需要重新计算相应的工程款。乙方可能还会存在申请退还多缴营业税或补缴营业税的问题，税务机关应加强管理。

（3）"甲供材"营业税的纳税申报

财政部、国家税务总局《关于建筑业营业税若干政策问题的通知》（财税〔2006〕177 号）规定，建设方（甲方）与施工方不在同一地区的，建设方是建筑工程施工方营业税的扣缴义务人。

《营业税暂行条例实施细则》第二十六条规定，建筑工程的施工方应当向应税劳务发生地、土地或者不动产所在地的主管税务机关申报纳税。

国家税务总局《关于非居民承包工程作业和提供劳务税收管理暂行办法》（国家税务总局令 2009 年第 19 号）第二十条规定：非居民在中国境内发生营业税或增值税应税行为而在境内未设立经营机构的，以代理人为营业税或增值税的扣缴义务人；没有代理人的，以发包方、劳务受让方或购买方为扣缴义务人。

因此，乙方为境内企业的，乙方为营业税的纳税义务人，建设方甲方不是营业税的扣缴义务人。

这里面需要强调的是，关于乙方如何向甲方开具建筑业劳务发票的问题。根据《营业税暂行条例实施细则》的规定，乙方需要对建筑劳务的全部价款和价外费用作为营业税的计税依据缴纳营业税，计税依据中包括"甲供材"部分的金额。但是在"合同外供料"的情况下，如果乙方开具了全额发票，则违背了《发票管理办法》及其《实施细则》的相关规定，乙方存在虚开发票的问题。同时由于乙方开具的"不符合规定的发票"，不能作为甲方财务报销的凭证，甲方依此在企业所得税前扣除是违法的。

在实际操作中，乙方应依据"甲供材料"的不同形式开具不同金额的发票，而不是一律都要全额开具发票。基本做法是：①全额缴税，全额开票。即：如果双方签订的工程合同总金额中包含"甲供材"部分，如"自购材料"和"代购材料"两种合作方式，乙方必须全额缴税，全额开票。具体来说，乙方在进行实际操作时，一方面需要从甲方（自购材料）或材料供货方（代购材料）索取增值税发票，核算建筑材料的采购成本；另一方面在给甲方开具建筑业劳务发票时，也要将这部分材料金额包含在开票金额之中。②全额缴税，净额开票。即：双方签订的工程合同总金额中不包含"甲供材"部分，采取"合同外供料"合作方式，乙方应当全额缴税，但需要净额开票。也就是说，乙方虽然要按照包含"甲供材"的金额向税务机关申报缴纳营业税，但由于"甲供材"部分没有发生物权转移，由甲方计入"开发成本"进行核算，乙方没有实际取得该项收入，根据配比原则和《发票管理办法》及其《实施细则》的规定，乙方只需按照合同规定的工程款向甲开具发票即可。

（二）"甲供材"业务的企业所得税和土地增值税税务处理

在企业所得税和土地增值税方面的税务风险是甲供材成本扣除问题。

（1）"合同内甲供材"业务的甲供材成本扣除问题

对"合同内甲供材"业务，由于建设方开具（或转交）发票给施工方，施工方以合法凭证做成本入账，材料采购成本允许扣除，但需要注意两点：一是甲供材成本的入账时间，乙方应以实际领用时间记入"工程施工"账户核算，并随着工程施工产品的完工而结转记入"主营业务成本"账户，于当期企业所得税前或土地增值税清算时扣除；二是甲供材成本的扣除金额，如果甲方将材料转售给乙方或由乙方直接付款给材料供应商的，乙方应当以实际购买价确定，如果甲方购买后拨付给乙方并在支付给乙方的工程款中坐扣的，乙方应以坐扣甲或预算价确定。实际购买价与预算价差额部分，计入建设方开发成本。

实务中应关注甲方供材的成本重复列支问题。

【举例】甲乙双方签订工程施工合同规定，工程总造价为 1 000 万元，其中乙方施工费 400 万元，材料完全由甲方自购，甲方将购买的材料再销售给乙方。

甲方的税务处理与财务核算：甲方自购材料，取得采购材料的发票（增值税专用发票或普通发票），领发材料时，向乙方开具增值税普通发票。甲方为增值税的纳税人，应缴纳增值税。

①甲方购买材料入库并通过银行付款

借：工程物资　　　　　　　　　　　　　 600 万元

　　贷：银行存款　　　　　　　　　　　　　　　 600 万元

②向乙方转售材料并开具增值税发票

借：预付账款　　　　　　　　　　　　　 600 万元

　　贷：其他业务收入　　　　　　　 $600/(1+3\%)$ 万元

　　　　应交税费——应交增值税　 $600/(1+3\%)\times3\%$ 万元

③期末结转材料成本

借：其他业务成本　　　　　　　　　　　 600 万元

　　贷：工程物资　　　　　　　　　　　　　　　 600 万元

④与乙方结算工程款取得建筑业劳务发票

借：开发成本　　　　　　　　　　　　 1 000 万元

　　贷：预付账款　　　　　　　　　　　　　　 1 000 万元

⑤向乙方支付工程款

借：预付账款　　　　　　　　　　　　　 400 万元

　　贷：银行存款　　　　　　　　　　　　　　　 400 万元

如果开发产品竣工并全部销售，则甲方计入企业所得税和土地增值税中的建筑安装工程费为 1 000 万元。其中包括材料成本 600 万元、工程劳务费 400 万元。

乙方的税务处理与财务核算：乙方应取得甲方开具的增值税普通发票，

作为工程成本入账。乙方开具建筑业发票给甲方，乙方为营业税的纳税人，并按 1 000 万元计算缴纳营业税。

①乙方收到材料时

借：工程物资　　　　　　　　　　　　　　　　　600 万元

　　贷：预收账款　　　　　　　　　　　　　　　　600 万元

②乙方将工程物资用于工程时

借：工程施工——合同成本　　　　　　　　　　　600 万元

　　贷：工程物资　　　　　　　　　　　　　　　　600 万元

③乙方按工程进度确认合同毛利，计算主营业务收入和主营业务成本：

借：工程施工——合同毛利、主营业务成本　　　1 000 万元

　　贷：主营业务收入　　　　　　　　　　　　　1 000 万元

乙方将 1 000 万元计入营业税、土地增值税、企业所得税的计税依据，同时将材料成本 600 万元计入扣除项目金额。

(2)"合同外甲供材"业务的甲供材成本扣除问题

对"合同外甲供材"业务，施工方不做"甲供材"成本入账。"甲供材"成本仅体现在建设方（甲方）开发成本中。甲方凭材料采购发票记入"工程物资"账户，向乙方拨付材料时，直接记入"开发成本"账户，随开发产品的竣工而结转至销售成本，于当期企业所得税前或土地增值税清算时扣除。乙方则对于"甲供材"部分应只做缴纳营业税处理，无需开具发票。

有两点需要注意：①甲方若领料以调拨单方式拨交乙方后，因为乙方未按规定取得材料的合法发票，以取得的施工单位工程决算报告和建设方提供的购买材料的发票清单作为工程成本扣除，是税法不允许的。②由于"甲供材"营业税为价内税，施工方为营业税纳税人，无论合同约定材料是否计入工程结算价款之内，该部分营业税均由施工方承担并可于企业所得税前扣除。

【举例】工程总造价为 1 000 万元，甲方与乙方签订的合同价款中约定不包括甲方自行采购材料部分 600 万元。合同注明材料部分由甲方自购，与乙方的合同中仅规定乙方施工费 400 万元。

甲方的税务处理与财务核算：工程总造价 1 000 万元，其中甲方材料部分 600 万元在"开发成本"中核算（相关的材料采购发票开具给甲方），完工后随同乙方开具的 400 万元建筑业发票，计入开发成本计价中，并据此在

企业所得税前和土地增值税中扣除。甲方所购材料不涉及增值税问题。

甲方的账务处理：

①购入"甲供材"时

借：工程物资　　　　　　　　　　　　　　　　　600 万元

　　贷：银行存款　　　　　　　　　　　　　　　　600 万元

②领发"甲供材"时

借：开发成本　　　　　　　　　　　　　　　　　600 万元

　　贷：工程物资　　　　　　　　　　　　　　　　600 万元

乙方的税务处理与财务核算：乙方向甲方开具"建筑业"发票仅为施工费 400 万元，但须按工程造价 1 000 万元（包括 600 万元"甲供材"）计征营业税。

乙方在收到材料时不作账务处理，只在账外备查登记管理，"甲供材"部分不反映在乙方的工程收入和工程施工成本中。

四、借款利息的税务处理

（一）借款利息的资本化与费用化

房地产开发企业发生的利息支出，在开发产品完工前，应计入有关房地产的开发成本。在开发产品完工后，应计入财务费用。

《企业所得税法实施条例》第三十七条规定：企业为购置、建造固定资产、无形资产和经过 12 个月以上的建造才能达到预定可销售状态的存货发生借款的，在有关资产购置、建造期间发生的合理的借款费用，应当作为资本性支出计入有关资产的成本，并依照本条例的规定扣除。

国税发〔2009〕31 号文件第二十一条规定：企业为建造开发产品借入资金而发生的符合税收规定的借款费用，可按企业会计准则的规定进行归集和分配，其中属于财务费用性质的借款费用，可直接在税前扣除。

《〈企业会计准则第 17 号——借款费用〉应用指南》中规定，符合借款费用资本化条件的存货，主要包括企业（房地产开发）开发的用于对外出售的房地产开发产品、企业制造的用于对外出售的大型机械设备等。这类存货通常需要经过相当长时间的建造或者生产过程，才能达到预定可销售状态。

【问题】房地产企业多项目同时开发而发生的借款利息应该以何为标准

在不同项目之间进行资本化分摊？如土地面积、建筑面积、投资总额、已经发生并支付的投资额等。

解答：国税发［2009］31号文件第三十条规定，借款费用属于不同成本对象共同负担的，按直接成本法或按预算造价法进行分配。

国税发［2009］31号文件第二十九条规定，直接成本法指按期内某一成本对象的直接开发成本占期内全部成本对象直接开发成本的比例进行分配。预算造价法指按期内某一成本对象预算造价占期内全部成本对象预算造价的比例进行分配。

国税发［2009］31号文件第二十六条规定，成本对象是指为归集和分配产品开发、建造过程中的各项耗费而确定的费用承担项目。计税成本对象的确定原则包括可否销售原则、分类归集原则、功能区分原则、定价差异原则、成本差异原则、权益区分原则。

【问题】房地产开发企业利息资本化、费用化是否有明显的分界点？如按税务确认收入时、房屋竣工验收时等。

解答：国税发［2009］31号文件第二十一条规定：企业为建造开发产品借入资金而发生的符合税收规定的借款费用，可按企业会计准则的规定进行归集和分配，其中属于财务费用性质的借款费用，可直接在税前扣除。

《企业会计准则——借款费用》规定，专门借款利息开始资本化应同时具备三个条件：（1）资产支出已经发生；（2）借款费用已经发生；（3）为使资产达到预定可使用状态的购建活动已经开始。当所购建的固定资产达到预定可使用状态时，应当停止其借款费用的资本化。

因此，房地产企业借款利息应在完工时停止资本化，不再计入开发成本，计入当期财务费用。

（二）借款利息的资本弱化

1. 借款利息的基本规定

《企业所得税法》第四十一条规定：企业与其关联方之间的业务往来，不符合独立交易原则而减少企业或者其关联方应纳税收入或者所得额的，税务机关有权按照合理方法调整。

《企业所得税法》第四十六条规定：企业从其关联方接受的债权性投资与权益性投资的比例超过规定标准而发生的利息支出，不得在计算应纳税所得额时扣除。

《企业所得税法实施条例》第一百一十九条规定：企业所得税法第四十六条所称债权性投资，是指企业直接或者间接从关联方获得的，需要偿还本金和支付利息或者需要以其他具有支付利息性质的方式予以补偿的融资。

企业间接从关联方获得的债权性投资，包括：

（1）关联方通过无关联第三方提供的债权性投资；

（2）无关联第三方提供的、由关联方担保且负有连带责任的债权性投资；

（3）其他间接从关联方获得的具有负债实质的债权性投资。

企业所得税法第四十六条所称权益性投资，是指企业接受的不需要偿还本金和支付利息，投资人对企业净资产拥有所有权的投资。

企业所得税法第四十六条所称标准，由国务院财政、税务主管部门另行规定。

2. 借款利息的扣除标准

财政部、国家税务总局《关于企业关联方利息支出税前扣除标准有关税收政策问题的通知》（财税〔2008〕121号）规定：

一、在计算应纳税所得额时，企业实际支付给关联方的利息支出，不超过以下规定比例和税法及其实施条例有关规定计算的部分，准予扣除，超过的部分不得在发生当期和以后年度扣除。

企业实际支付给关联方的利息支出，除符合本通知第二条规定外，其接受关联方债权性投资与其权益性投资比例为：

（一）金融企业，为5∶1；

（二）其他企业，为2∶1。

二、企业如果能够按照税法及其实施条例的有关规定提供相关资料，并证明相关交易活动符合独立交易原则的；或者该企业的实际税负不高于境内关联方的，其实际支付给境内关联方的利息支出，在计算应纳税所得额时准予扣除。

【问题】个人股东也属于关联方，也受比例限制吗？

解答：国家税务总局《关于企业向自然人借款的利息支出企业所得税税前扣除问题的通知》（国税函〔2009〕777号）规定：企业向股东或其他与企业有关联关系的自然人借款的利息支出，应根据《企业所得税法》第四十六条及财政部、国家税务总局《关于企业关联方利息支出税前扣除标准有关税收政策问题的通知》（财税〔2008〕121号）规定的条件，计算企业所得税扣除额。

　　因此，个人股东也属于关联方，同样受比例限制。

（三）借款利息的扣除

1. 借款利息的企业所得税前扣除

（1）借款利息的扣除范围与标准

　　《企业所得税法》第八条规定：企业实际发生的与取得收入有关的、合理的支出，包括成本、费用、税金、损失和其他支出，准予在计算应纳税所得额时扣除。

　　《企业所得税法实施条例》第三十八条规定：企业在生产经营活动中发生的下列利息支出，准予扣除：（一）非金融企业向金融企业借款的利息支出、金融企业的各项存款利息支出和同业拆借利息支出、企业经批准发行债券的利息支出；（二）非金融企业向非金融企业借款的利息支出，不超过按照金融企业同期同类贷款利率计算的数额的部分。

　　总局公告 2011 年第 34 号文件关于金融企业同期同类贷款利率确定问题的规定：根据《实施条例》第三十八条规定，非金融企业向非金融企业借款的利息支出，不超过按照金融企业同期同类贷款利率计算的数额的部分，准予税前扣除。鉴于目前我国对金融企业利率要求的具体情况，企业在按照合同要求首次支付利息并进行税前扣除时，应提供"金融企业的同期同类贷款利率情况说明"，以证明其利息支出的合理性。

　　"金融企业的同期同类贷款利率情况说明"中，应包括在签订该借款合同当时，本省任何一家金融企业提供同期同类贷款利率情况。该金融企业应为经政府有关部门批准成立的可以从事贷款业务的企业，包括银行、财务公司、信托公司等金融机构。"同期同类贷款利率"是指在贷款期限、贷款金额、贷款担保以及企业信誉等条件基本相同下，金融企业提供贷款的利率。既可以是金融企业公布的同期同类平均利率，也可以是金融企业对某些企业提供的实际贷款利率。

　　【总结】计入企业所得税扣除项目必须是实际发生的，没有实际发生的利息支出不允许扣除。准予扣除的利息支出，分两种情况：①金融机构借款，符合费用化处理的据实扣除；②非金融机构借款，只要提供"金融企业的同期同类贷款利率情况说明"，不超过标准部分可据实扣除。

　　【问题】同期同类贷款利率包括浮动利率吗？

解答： 同期同类贷款利率包括浮动利率，但是，不能超过金融机构同期、同档次贷款利率（不含浮动）的 4 倍。

中国人民银行《关于取缔地下钱庄及打击高利贷行为的通知》（银发〔2002〕30 号）规定：严格规范民间借贷行为。民间个人借贷活动必须严格遵守国家法律、行政法规的有关规定，遵循自愿互助、诚实信用的原则。民间个人借贷中，出借人的资金必须是属于其合法收入的自有货币资金，禁止吸收他人资金转手放款。民间个人借贷利率由借贷双方协商确定，但双方协商的利率不得超过中国人民银行公布的金融机构同期、同档次贷款利率（不含浮动）的 4 倍。超过上述标准的，应界定为高利借贷行为。

（2）集团统借统还

国税发〔2009〕31 号文件第二十一条规定：企业集团或其成员企业统一向金融机构借款分摊集团内部其他成员企业使用的，借入方凡能出具从金融机构取得借款的证明文件，可以在使用借款的企业间合理的分摊利息费用，使用借款的企业分摊的合理利息准予在税前扣除。

【问题】 企业集团应具备什么条件？

解答： 企业集团必须符合规定的条件。根据《企业集团登记管理暂行规定》，企业集团应当具备下列条件：①企业集团的母公司注册资本在 5 000 万元人民币以上，并至少拥有 5 家子公司；②母公司和其子公司的注册资本总和在 1 亿元人民币以上；③集团成员单位均具有法人资格。

【问题】 集团统借统还关联方借款需要什么凭证税前扣除？

解答： 财政部、国家税务总局《关于非金融机构统借统还业务征收营业税问题的通知》财税字〔2000〕7 号规定：统借方将资金分拨给下属单位，不得按高于支付给金融机构的借款利率水平向下属单位收取利息，否则，将视为具有从事贷款业务的性质，应对其向下属单位收取的利息全额征收营业税。

由于集团统借统还关联方借款按金融机构的借款利率水平向下属单位收取用于归还金融机构的利息不征收营业税，因此可以凭协议、资金划拨凭证就可以税前扣除了，不需要开具发票。

（3）支付利息支出必须取得合法的凭证依据

《中华人民共和国发票管理办法》（国务院令第 587 号）（以下简称"《发票管理办法》"）第二十条规定：所有单位和从事生产、经营活动的个人在购买商品、接受服务以及从事其他经营活动支付款项，应当向收款方取得发票。取得发票时，不得要求变更品名和金额。

《发票管理办法》第二十一条规定：不符合规定的发票，不得作为财务报销凭证，任何单位和个人有权拒收。

国税发〔2009〕31号文件第三十四条规定：企业在结算计税成本时其实际发生的支出应当取得但未取得合法凭据的，不得计入计税成本，待实际取得合法凭据时，再按规定计入计税成本。

【问题】企业向个人支付利息支出也必须取得合法的凭证吗？

解答：国家税务总局《关于企业向自然人借款的利息支出企业所得税税前扣除问题的通知》（国税函〔2009〕777号）规定：企业向除第一条规定以外的内部职工或其他人员借款的利息支出，其借款情况同时符合以下条件的，其利息支出在不超过按照金融企业同期同类贷款利率计算的数额的部分，根据税法第八条和税法实施条例第二十七条规定，准予扣除。（一）企业与个人之间的借贷是真实、合法、有效的，并且不具有非法集资目的或其他违反法律、法规的行为；（二）企业与个人之间签订了借款合同。

（4）投资者投资未到位而发生的利息支出不得在计算企业应纳税所得额时扣除

国家税务总局《关于企业投资者投资未到位而发生的利息支出企业所得税前扣除问题的批复》（国税函〔2009〕312号）规定：凡企业投资者在规定期限内未缴足其应缴资本额的，该企业对外借款所发生的利息，相当于投资者实缴资本额与在规定期限内应缴资本额的差额应计付的利息，其不属于企业合理的支出，应由企业投资者负担，不得在计算企业应纳税所得额时扣除。投资者资本金到位，企业因对外投资资金不足而发生的借款费用，且符合国家有关税收规定的，允许税前扣除。

（5）售后回购与售后回租产生的利息不可以税前扣除

①售后回租

国家税务总局《关于融资性售后回租业务中承租方出售资产行为有关税收问题的公告》（国家税务总局公告2010年第13号）规定，融资性售后回租业务是指承租方以融资为目的将资产出售给经批准从事融资租赁业务的企业后，又将该项资产从该融资租赁企业租回的行为。融资性售后回租业务中，承租人出售资产的行为，不确认为销售收入，对融资性租赁的资产，仍按承租人出售前原账面价值作为计税基础计提折旧。租赁期间，承租人支付的属于融资利息的部分，作为企业财务费用在税前扣除。

【注意】国家税务总局公告 2010 年第 13 号规定售后回租不征税是有条件的，注意"将资产出售给经批准从事融资租赁业务的企业"这个条件，这里的经批准是指按商建发［2004］560 号文件规定：根据国务院办公厅下发的商务部"三定"规定，原国家经贸委、外经贸部有关租赁行业的管理职能和外商投资租赁公司管理职能划归商务部，今后凡（财税［2003］16号）中涉及原国家经贸委和外经贸部管理职能均改由商务部承担。外商投资租赁公司的市场准入及行业监管工作继续按照商务部的有关规定执行。也就是说，出租方属于经商务部批准的从事融资租赁的企业，出售方即承租方可以按国家税务总局公告 2010 年第 13 号的规定不征增值税、营业税，融资利息作为财务费用税前列支；出租方属于未经商务部批准的从事融资租赁的企业，出售方即承租方要按国税函［2007］603 号文、国税函［2008］576 号规定征收营业税、企业所得税，承租人支付的属于融资利息的部分，不能作为企业财务费用在税前扣除。

②售后回购

会计核算中的"售后回购"，是指企业在销售资产的同时又以合同的形式约定日后按一定价格重新购回该资产。售后回购业务从本质上看是一项融资业务，且在形式上的销售发生后，一般仍然保留对资产的控制权与管理权，因而不符合销售确认的条件，在会计核算中不确认收入。回购价格大于原售价的差额，应在回购期间按期计提利息，计入财务费用。

国税函［2008］875 号文件第一条第三款规定：采用售后回购方式销售商品的，销售的商品按售价确认收入，回购的商品作为购进商品处理。有证据表明不符合销售收入确认条件的，如以销售商品方式进行融资，收到的款项应确认为负债，回购价格大于原售价的，差额应在回购期间确认为利息费用。

我国法律规定禁止房地产企业返本销售、售后包租，最高人民法院《关于审理非法集资刑事案件具体应用法律若干问题的解释》（法释［2010］18 号）第二条第（一）项的规定：不具有房产销售的真实内容或者不以房产销售为主要目的，以返本销售、售后包租、约定回购、销售房产份额等方式非法吸收资金的，将按刑法第一百七十六条有关规定，以非法吸收公众存款罪定罪处罚。

【举例】2010 年 1 月 1 日，某房地产企业将开发的房屋销售给 A 企业，销售额为 5 000 万元，合同约定房地产企业需在 2 年后回购该房屋，约定的回购价格为 6 000 万元。房地产企业的会计处理为：

（1）销售时，将收取的房屋销售款确认为负债：

借：银行存款   5 000 万元

       贷：应付账款   5 000 万元

（2）2010 年、2011 年每年年底，计提利息：

借：财务费用   500 万元

       贷：应付账款   500 万元

（3）2012 年回购时：

借：应付账款   6 000 万元

       贷：银行存款   6 000 万元

税务处理：房地产企业在对 2010 年、2011 年年度汇算清缴时，如果有证据表明不符合销售收入确认条件的，不需要做调增应纳税所得额 500 万元处理（假定不超过当年银行同期利率）。

【思考题】

可否把资金占用费筹划称为违约金？例如，甲房地产企业因资金紧张而拟采取合作方式开发房地产，与乙公司签订了合作开发协议。协议约定甲公司以其名下土地、乙公司以 5 000 万元资金，以甲公司名义共同开发。后由于某种原因，合作开发项目没有达成。经协商，甲公司同意支付乙公司 300 万元作为损失赔偿。甲公司可否凭合作协议、损失赔偿协议、付款记录等，以违约金的名义在企业所得税前扣除？

2. 借款利息的土地增值税扣除

财税字〔1995〕48 号文件关于扣除项目金额中的利息支出如何计算问题规定：（一）利息的上浮幅度按国家的有关规定执行，超过上浮幅度的部分不允许扣除；（二）对于超过贷款期限的利息部分和加罚的利息不允许扣除。

国税函〔2010〕220 号文件第三条关于房地产开发费用的扣除问题的规定：

（一）财务费用中的利息支出，凡能够按转让房地产项目计算分摊并提供金融机构证明的，允许据实扣除，但最高不能超过按商业银行同类同期贷款利率计算的金额。其他房地产开发费用，按照"取得土地使用权所支付的金额"与"房地产开发成本"金额之和的 5% 以内计算扣除。

（二）凡不能按转让房地产项目计算分摊利息支出或不能提供金融机构证明的，房地产开发费用按"取得土地使用权所支付的金额"与"房地产开发成本"金额之和的10%以内计算扣除。

全部使用自有资金，没有利息支出的，按照以上方法扣除。

上述具体适用的比例按省级人民政府此前规定的比例执行。

（三）房地产开发企业既向金融机构借款，又有其他借款的，其房地产开发费用计算扣除时不能同时适用本条（一）、（二）项所述两种办法。

（四）土地增值税清算时，已经计入房地产开发成本的利息支出，应调整至财务费用中计算扣除。

【总结】房地产开发企业在财务费用中的利息支出可以据实扣除的标准必须同时符合三个条件：①能够按转让房地产项目计算分摊；②能够提供金融机构证明；③最高不能超过按商业银行同类同期贷款利率计算的金额。否则，并入房地产开发费用处理，通过将房地产开发费用计算比例由5%提高到10%的方式扣除。同时，在土地增值税清算时，无论是否符合三个标准，对已经计入房地产开发成本的利息支出，均应调整至财务费用。全部使用自有资金，没有利息支出的，将借款利息支出在房地产开发费用计算比例10%以内一并考虑扣除。

（四）房地产信托融资利息费用

房地产信托，是指信托投资公司以发行信托受益凭证的形式向投资者募集资金，对募集资金实行多元投资组合策略，投资于不同类型的房地产项目和业务，获得的净收益分配给投资者，信托投资公司则获得相应的管理费的一种投资形式。

我国目前大量采用的房地产融资方式是房地产资金信托，即委托人基于对信托投资公司的信任，将自己合法拥有的资金委托给信托投资公司，由信托投资公司按委托人的意愿以自己的名义，为受益人的利益或特定目的，将资金投向房地产业并进行管理和处分的行为。房地产资金信托目前主要有两种模式：一种是信托债务融资，即房地产企业向信托公司举债进行项目开发，约定按期支付本息。另一种是信托股权融资，即房地产开发企业直接吸收信托公司投资用于开发项目。

与银行借款不同，房地产信托融资成本较高，远高于银行贷款基准利率，即便不高于商业银行同期同类贷款利率，也可能要额外支付大笔融资顾问费或者财务顾问费。

房地产信托融资的涉税风险主要体现在土地增值税方面，且信托债务融资和信托股权融资下又各有不同。

1. 信托债务融资成本的土地增值税与企业所得税的扣除处理

房地产开发企业信托债务融资所支付的利息应该能够提供金融机构证明，比如融资合同及利息单据，且融资合同一般明确了具体开发项目专款专用，也可以做到按转让房地产项目计算分摊利息。但是应该注意，信托公司虽然属于金融机构但不属于商业银行，其所收取的利息及融资顾问费不会低于商业银行同类同期贷款利率计算的利息金额。根据国税函〔2010〕220号文件第三条的规定，发生的利息支出高于按商业银行同类同期贷款利率计算的金额部分，不能扣除。另外，由于融资顾问费形式上取得的是服务业发票，也不能作为利息资本化处理。企业所得税一般不受限制。

2. 信托股权融资成本的土地增值税与企业所得税的扣除处理

信托股权融资方面，与信托债务融资不同，房地产企业到期后需要股权溢价赎回信托公司所持股份，股权转让溢价所得即为信托公司实质上的利息收入，实质上即为房地产企业的融资成本。实务操作中，很容易将信托股权融资做成投资行为而使房地产企业对实际发生的融资成本不能在计算土地增值税和企业所得税时扣除。

【举例】某房地产企业，注册资本20 000万元。2010年获得立项审批开发X项目，预计总投资90 000万元，项目前期已经投入了10 000万元，并取得了相应的《国有土地使用权证》、《建设用地规划许可证》、《建设工程规划许可证》以及《建筑工程施工许可证》。由于资金不足，且不能满足30%最低投资的贷款政策要求，银行不提供信贷支持，开发项目工程面临资金困难。房地产企业为缓解资金紧张状况，吸收某信托投资公司20 000万元的股权融资，并办理了X项目公司工商增资变更手续，进入施工后，剩余开发资金再通过预售收入和银行信贷解决。房地产企业与信托投资公司在签订的合同中约定，项目开发结束后，信托公司持有的X项目公司20 000万元股权，由房地产企业以2.6亿元溢价赎回。

X项目公司吸收信托公司资金，按增资处理，会计处理为：

借：银行存款　　　　　　　　　　　　　　　　20 000万元

　　贷：实收资本——信托公司　　　　　　　　　　20 000万元

房地产企业溢价赎回股权时，即信托公司将来转让股权，X项目公司的会计处理为：

　　借：实收资本——信托公司　　　　　　　　　　20 000 万元

　　　　贷：实收资本——房地产企业　　　　　　　　20 000 万元

房地产企业的会计处理为：

　　借：长期股权投资——X 项目公司　　　　　　　26 000 万元

　　　　贷：银行存款　　　　　　　　　　　　　　　26 000 万元

若房地产企业无力购买股权，则 X 项目公司可以按减资处理。

由于 X 项目公司取得的是股权融资，按照现行土地增值税政策规定，其融资成本不能作为开发费用扣除。不仅如此，按照《企业所得税法》的规定，X 项目公司的股权融资成本也不能在税前列支，不考虑土地增值税抵扣的因素，相当于损失了应由税前支付的 8 000 万元 [6 000 ÷ (1 − 25%)] 的融资费用。

（五）借款利息费用企业所得税与土地增值税的差异

1. 借款利息费用扣除的标准不同

企业所得税允许扣除的利息支出，根据《企业所得税法实施条例》第三十八条和总局公告 2011 年第 34 号文件的规定，房地产开发企业向金融机构借款，符合费用化处理的可以据实扣除，不受利率水平的限制，向非金融机构借款，只要能够提供"金融企业的同期同类贷款利率情况说明"的，不超过标准部分可据实扣除。

土地增值税允许扣除的利息支出，根据国税函〔2010〕220 号文件第三条的规定，房地产开发企业在财务费用中的利息支出可以据实扣除的标准必须同时符合三个条件：①能够按转让房地产项目计算分摊；②能够提供金融机构证明；③最高不能超过按商业银行同类同期贷款利率计算的金额。否则，并入房地产开发费用处理。

2. 借款利息费用计入扣除的渠道不同

计算企业所得税时，为建造开发产品发生的借款利息费用，其资本化部分应按规定计入开发产品的计税成本。而在土地增值税项目清算时，利息费用不得计入扣除项目中的开发成本中，应调整作为财务费用中的利息费用处理。也就是说，房地产开发费用计算扣除的基数不包括实际发生的借款利息支出，而借款利息支出的扣除分两种情况，一种情况是对符合据实扣除条件的可据实扣除，但房地产开发费用计算比例为 5%；另一种情况是不符合据实扣除条件的，提高房地产开发费用计算比例至 10%，将借款利息支出一并考虑。

3. 是否实际发生的扣除规定不同

根据《企业所得税法》第八条的规定，计入企业所得税扣除项目必须是实际发生的，没有实际发生的利息支出不允许扣除。而土地增值税对全部使用自有资金，没有利息支出的，将借款利息支出在房地产开发费用计算比例 10% 以内一并考虑扣除。

（六）审核利息支出时应当重点关注的内容

国税发〔2009〕91 号文件规定，审核利息支出时应当重点关注：（一）是否将利息支出从房地产开发成本中调整至开发费用。（二）分期开发项目或者同时开发多个项目的，其取得的一般性贷款的利息支出，是否按照项目合理分摊。（三）利用闲置专项借款对外投资取得收益，其收益是否冲减利息支出。

第七节　回迁安置业务的税务处理

拆迁补偿是房地产企业取得土地使用权的一种方式。房地产企业为取得开发用地而支付原国有土地使用权人一定的补偿，补偿方式有三种：（1）货币作价补偿；（2）产权调换（也称"回迁安置"、"拆一还一"、"实物还建"）；（3）产权调换与作价补偿相结合。补偿金的实际支付人、实际负担人有两种：（1）政府；（2）房地产开发企业。

其中，产权调换形式的补偿方式也有三种情形：（1）企业用本项目建造的房地产安置回迁户；（2）企业用自行开发建造的房地产异地安置；（3）企业用外购房地产异地安置。

房地产开发企业在进行拆迁安置时，如果被拆迁户选择货币补偿方式，该项支出作为"拆迁补偿费"计入开发成本中的土地成本中。如果房地产开发企业用外购房地产异地安置的，应以购入价加上取得房屋所有权所应支付的各项税费计入开发成本中的土地成本中。这两种补偿方式的扣除处理，需要注意必须取得合法有效凭据。

根据会计制度的规定：以非货币性形式支付的拆迁补偿支出、安置及动迁支出、回迁房建造支出等，适用《企业会计准则第 7 号——非货币资产交换》的规定，回迁房的非货币性资产交换，预计未来能带来更多现金流，一般情况下是具有商业实质，且公允价值能够可靠计量的，应当以支付的非货币性形式资产的公允价值作为各项支出的入账价值。同样的，企业所得税的规定也以该资产的公允价值为计税基础。

一、回迁安置业务的营业税税务处理

三种回迁安置方式下，无论是就地安置还是异地安置，只要是本企业开发的房地产就会发生营业税纳税义务，均应按销售不动产处理。

（一）回迁安置房屋按销售不动产处理计入营业额

国家税务总局《关于个人销售拆迁补偿住房征收营业税问题的批复》（国税函〔2007〕768 号）规定：房地产开发公司对被拆迁户实行房屋产权调换时，其实质是以不动产所有权为表现形式的经济利益的交换。房地产开发公司将所拥有的不动产所有权转移给了被拆迁户，并获得了相应的经济利益，根据现行营业税有关规定，应按"销售不动产"税目缴纳营业税；被拆迁户以其原拥有的不动产所有权从房地产开发公司处获得了另一处不动产所有权，该行为不属于通过受赠、继承、离婚财产分割等非购买形式取得的住房。

上述规定已经明确了，房地产开发企业通过产权调换方式获得土地使用权的行为属于"以物易物"行为，应分解成两笔业务进行税务处理，即一方面体现将开发的房地产分配给原房屋所有权人，发生了视同销售行为；另一方面获得了原房屋所有权人的土地使用权。但是上述文件规定并没有明确计税营业额是开发成本还是市场价格或组成计税价格、纳税义务发生时间是协议签订时间还是以房屋所有权实际转移的时间，例如，是办理房产过户手续当天，还是合同约定的房屋所有权转移日期当天，或房屋实际控制权转移的当天等。是否可以认为，只要其中任何一个事实成立，即应视为房产所有权实际发生转移。下面就围绕这两个问题进行分析：

1. 就地安置的营业额的确定

在就地安置拆迁户的房地产开发项目中，原住户按政府拆迁办法规定的补偿标准内的面积部分不需缴纳房款，超过部分应按规定缴纳房款，在这种情况下，房地产开发企业的收入应如何确认？在营业税计税依据的确定上，应区分以下两种情形：

（1）对偿还面积与拆迁建筑面积相等的部分的营业额的确定

应当按开发成本还是市场价格或组成计税价格核定，现行政策并不明确。

根据国家税务总局《关于外商投资企业从事城市住宅小区建设征收营业税问题的批复》（国税函发［1995］549号）规定：对外商投资企业从事城市住宅小区建设，应当按照《中华人民共和国营业税暂行条例》的有关法规，就其取得的营业额计征营业税；对偿还面积与拆迁建筑面积相等的部分，由当地税务机关按同类住宅房屋的成本价核定计征营业税，对最终转让时未作价结算的住宅区配套公共设施（如居委会用房、车棚、托儿所等），凡转让收入已包含在住宅房屋转让价格中并已征收营业税的，不再征收营业税。

房地产开发企业拆迁安置中发生的等面积调换业务，从本质上说是一种"以物易物"行为，等面积调换的房屋应当考虑支付的对价问题，而对价就应该是按市场价格确认，而非成本价，更不用说是"同类住宅房屋的成本价"只有这样才具有真实性。另外，国税函发［1995］549号文是对外商投资企业从事城市住宅小区建设而下发的文件，具有照顾性质，新《营业税暂行条例》颁布实施后，该文件应自动失效。

因此，应该按公允价值确定等面积部分转让价格，因为成本价在拆迁安置支出没有确定之前是无法确定的，这时账面上的成本价是不包括拆迁补偿支出计入开发成本部分的。

（2）对超出拆迁建筑面积的部分的营业额的确定

对超出拆迁建筑面积的部分的营业额的确定，也存在是按市场价格还是按约定优惠价格的问题。

实务中，对超出拆迁建筑面积的部分也分成两个部分，一是赠送面积部分，应按《营业税暂行条例实施细则》第二十条规定的顺序确定计税营业额，即：①可以按纳税人最近时期发生同类应税行为的平均价格核定；②可以按其他纳税人最近时期发生同类应税行为的平均价格核定；③按下列公式核定：营业额＝营业成本或者工程成本×（1＋成本利润率）÷（1－营业税税率）。二是对优惠价格部分，应该按照实收价格确定。但纳税人必须提供政府文件和与拆迁户签订的协议、开具的收款收据或发票，确定优惠价格有正当理由。

这里需要明确的，市场价格也可以是房屋交易市场的价格、房屋中介交易价格或优惠价格。

【举例】某房地产企业根据政府拆迁改造政策的规定对旧城区进行拆迁改造。王某是被拆迁户之一，原住房面积为100平方米。与房地产企业达成如下拆迁协议：拆迁归还房屋系房地产企业开发本项目建造的，房地产安置回迁面积140平方米，其中100平方米为等面积调换部分、20平方米为赠送面积、10平方米按约定成本价每平方米5 700元收取、10平方米按约定优惠价每平方米9 000元收取。假设税务机关核定的该房屋同类成本为5 000元，市场价格为10 000元。则，房地产企业对给王某调换的140平方米的房屋的营业税计税价格＝120×10 000＋10×5 700＋10×9 000＝134.7（万元）。

房地产开发企业在办理拆迁补偿房产时，营业税的纳税义务发生时间目前没有明确规定。《营业税暂行条例实施细则》第二十四条第二款规定：取得索取营业收入款项凭据的当天，为书面合同确定的付款日期的当天；未签订书面合同或者书面合同未确定付款日期的，为应税行为完成的当天。但是在实务中，一般认为拆迁补偿的营业税纳税义务发生时间应该为补偿房产竣工并与被拆迁户办理交接手续时。

2. 异地安置的营业额的确定

对异地安置的营业额的确定，无论是等面积部分还是超出拆迁建筑面积的部分，均应按《营业税暂行条例实施细则》第二十条规定的顺序确定计税营业额。

房地产开发企业在办理拆迁补偿房产时，纳税义务发生时间为安置房屋所有权、土地使用权转移的当天。

如果是政策性搬迁，被拆迁人不缴纳营业税。

（二）拆迁劳务收入应纳营业税的处理

国税函［2009］520号文件规定：纳税人受托进行建筑物拆除、平整土地并代委托方向原土地使用权人支付拆迁补偿费的过程中，其提供建筑物拆除、平整土地劳务取得的收入应按照"建筑业"税目缴纳营业税；其代委托方向原土地使用权人支付拆迁补偿费的行为属于"服务业—代理业"行为，应以提供代理劳务取得的全部收入减去其代委托方支付的拆迁补偿费后的余额为营业额计算缴纳营业税。

二、回迁安置业务的土地增值税税务处理

三种回迁安置方式下，如果房地产开发企业用于安置的房屋是本企业开发的房地产，无论采取就地安置还是异地安置，都会发生土地增值税纳税义务，均应按销售不动产处理。

回迁安置土地增值税的税务处理应分解成两笔业务处理：一是视同销售不动产，即回迁安置房屋计入土地增值税的增值额；二是拆迁补偿支出，应计入土地开发成本。

因此，房地产开发企业在对回迁安置业务的税务处理时应需要重点关注回迁安置在增值额和计入土地开发成本时确认的金额和时点两个方面。

（一）回迁安置增值额和拆迁补偿费的确认

国税函〔2010〕220号文件第六条第（一）项规定：房地产企业用建造的本项目房地产安置回迁户的，安置用房视同销售处理，按《国家税务总局关于房地产开发企业土地增值税清算管理有关问题的通知》（国税发〔2006〕187号）第三条第（一）款规定确认收入，同时将此确认为房地产开发项目的拆迁补偿费。房地产开发企业支付给回迁户的补差价款，计入拆迁补偿费；回迁户支付给房地产开发企业的补差价款，应抵减本项目拆迁补偿费。

国税函〔2010〕220号文件第六条第（二）项规定：开发企业采取异地安置，异地安置的房屋属于自行开发建造的，房屋价值按国税发〔2006〕187号第三条第（一）款的规定计算，计入本项目的拆迁补偿费；异地安置的房屋属于购入的，以实际支付的购房支出计入拆迁补偿费。

《土地增值税暂行条例实施细则》规定：旧房及建筑物的评估价格，是指在转让已使用的房屋及建筑物时，由政府批准设立的房地产评估机构评定的重置成本价乘以成新度折扣率后的价格。评估价格须经当地税务机关确认。

1. 安置用房视同销售处理

房地产开发企业回迁安置业务在土地增值税的处理上，对安置用房按视同销售处理，其收入按下列方法和顺序确认：（1）按本企业在同一地区、

同一年度销售的同类房地产的平均价格确定；（2）由主管税务机关参照当地当年、同类房地产的市场价格或评估价值确定。

与营业税税务处理不同，土地增值税对计入销售的金额有明确规定。对房地产开发企业来说，以市场价格确认收入更合算，因为确认收入的金额与计入土地成本的金额是对等的，以开发成本还是市场价格确认对增值额没有影响，但是由于土地增值税存在加计扣除问题，按市场价格确认能够加大扣除基数。

如果房地产开发企业采取异地安置，且以旧房安置的，房地产开发企业征收增值税的旧房应以当地税务机关确认的评估价格为销售额。

2. 拆迁补偿费的确认

房地产开发企业回迁安置确认视同销售收入的同时，还应将与此收入相同的金额确认为房地产开发项目的拆迁补偿费。如果存在补价的，还应当将房地产开发企业支付给回迁户的补差价款计入拆迁补偿费，或者将回迁户支付给房地产开发企业的补差价款抵减本项目拆迁补偿费。同时，土地使用权转移过程中应支付的相关税费，如营业税及城建税、教育费附加等，应计算确认为该项土地使用权的成本，相应的安置房建造支出可以获得加计扣除。

（二）回迁安置增值额和拆迁补偿费的确认时点

《土地增值税暂行条例》第十条规定：纳税人应当自转让房地产合同签订之日起七日内向房地产所在地主管税务机关办理纳税申报，并在税务机关核定的期限内缴纳土地增值税。

因此，房地产开发企业与被拆迁人签订转让房地产合同时即为回迁安置视同销售收入与将拆迁补偿费计入土地开发成本的时间。

如果是政策性搬迁，被拆迁人不缴纳土地增值税。

三、回迁安置业务的企业所得税税务处理

与土地增值税税务处理一样，三种回迁安置方式下，本企业开发的房地产无论是就地安置还是异地安置，都会发生企业所得税纳税义务，均按销售不动产处理。

回迁安置企业所得税的税务处理应分解成两笔业务处理：一是视同销

售不动产，即回迁安置房屋计入土地增值税的增值额；二是拆迁补偿支出，应计入土地开发成本。

《企业所得税法实施条例》第六十六条第（三）项规定：通过捐赠、投资、非货币性资产交换、债务重组等方式取得的无形资产，以该资产的公允价值和支付的相关税费为计税基础。

国税发〔2009〕31号文件第七条规定，企业将开发产品用于捐赠、赞助、职工福利、奖励、对外投资、分配给股东或投资人、抵偿债务、换取其他企事业单位和个人的非货币性资产等行为，应视同销售，于开发产品所有权或使用权转移，或于实际取得利益权利时确认收入（或利润）的实现。

同时，国税发〔2009〕31号文件号第二十七条还规定，拆迁补偿支出、安置及动迁支出、回迁房建造支出等应计入土地征用及拆迁补偿费支出。

（一）就地安置企业所得税的处理

1. 视同销售收入的确认

国税发〔2009〕31号文件第七条规定，确认收入（或利润）的方法和顺序为：（1）按本企业近期或本年度最近月份同类开发产品市场销售价格确定；（2）由主管税务机关参照当地同类开发产品市场公允价值确定；（3）按开发产品的成本利润率确定。开发产品的成本利润率不得低于15%，具体比例由主管税务机关确定。

2. 土地使用权的成本的确认

国税发〔2009〕31号文件第三十一条规定：企业以非货币交易方式取得土地使用权的，应按下列规定确定其成本：企业、单位以换取开发产品为目的，将土地使用权投资企业的，按下列规定进行处理：换取的开发产品如为该项土地开发、建造的，接受投资的企业在接受土地使用权时暂不确认其成本，待首次分出开发产品时，再按应分出开发产品（包括首次分出的和以后应分出的）的市场公允价值和土地使用权转移过程中应支付的相关税费计算确认该项土地使用权的成本。如涉及补价，土地使用权的取得成本还应加上应支付的补价款或减除应收到的补价款。

需要注意的是，计算的拆迁补偿费不应仅为回迁房成本承担，而应计入所有开发项目的成本之中。例如，被拆迁房占地共10 000平方米，开发房屋的占地面积为7 600平方米，回迁安置房屋的市场价格为8 000万元，回迁房建造成本4 800万元，回迁房占地面积1 000平方米，那么回迁房视同销售收入为 8 000 万元，则拆迁补偿费 8 000 万元和回迁房建造成本 4 800 万元应由 7 600 平方米承担，并按占地面积进行分摊。

【总结】房地产开发企业就地安置房屋补偿方式的税务处理，需要从两个方面考虑，一方面确认视同销售所得，对补偿的房屋按照公允价值或参照同期同类房屋的市场价格确定视同销售收入，同时按照税收规定计算确认拆迁安置房屋的视同销售成本。另一方面，需要确认土地成本中的"拆迁补偿费支出"。因为房屋补偿方式相当于房地产企业向被拆迁户支付货币补偿资金，然后被拆迁户再用这笔货币补偿资金向房地产企业购入房屋，因此应按公允价值或同期同类房屋市场价格计算的金额和土地使用权转移过程中应支付的相关税费作为"拆迁补偿费"计入开发成本的土地成本中（同时享受加计 20% 的税收优惠）。

【举例】承上例，房地产开发企业对给王某调换的 140 平方米的房屋的土地增值税、企业所得税的计税价格应为按市场价格和优惠价格（有正当理由）分段计算，即 134.7 万元（120 × 10 000 + 10 × 5 700 + 10 × 9 000）。同时以 120 万元（等面积部分 + 赠送面积部分）作为拆迁补偿支出计入土地增值税、企业所得税的扣除项目中。另需注意，该拆迁支出还可以作为土地增值税的加计扣除基数。

【举例】某房地产开发企业就地安置拆迁户 5 000 平方米，市场售价为每平方米 8 000 元，土地出让金为 20 000 万元，建筑施工等其他开发成本 10 000 万元，总可售面积 80 000 平方米。则

视同销售收入 = 0.8 × 5 000 = 4 000（万元）

单位可售面积计税成本 =（20 000 + 4 000 + 10 000）/80 000 = 4 250（元）

视同销售成本 = 4 250 × 5 000 = 2 125（万元）

视同销售所得 = 4 000 − 2 125 = 1 875（万元）

（二）异地安置企业所得税的处理

国税发 ［2009］31 号文件第三十一条规定：企业以非货币交易方式取得土地使用权的，应按下列规定确定其成本：换取的开发产品如为其他土地开发、建造的，接受投资的企业在投资交易发生时，按应付出开发产品市场公允价值和土地使用权转移过程中应支付的相关税费计算确认该项土地使用权的成本。如涉及补价，土地使用权的取得成本还应加上应支付的

补价款或减除应收到的补价款。

如果是政策性搬迁，被拆迁人缴纳企业所得税优惠，根据国家税务总局关于发布《企业政策性搬迁所得税管理办法》的公告（总局公告 2012 年第 40 号）的规定，企业取得符合条件的政策性搬迁和处置收入，可以享受按重置资产折旧或摊销额税前扣除和递延 5 年纳税等税收优惠。

四、回迁安置业务的契税税务处理

财政部、国家税务总局《关于国有土地使用权出让等有关契税问题的通知》（财税〔2004〕134 号）规定：出让国有土地使用权的，其契税计税价格为承受人为取得该土地使用权而支付的全部经济利益。

1. 以协议方式出让的，其契税计税价格为成交价格。

成交价格包括土地出让金、土地补偿费、安置补助费、地上附着物和青苗补偿费、拆迁补偿费、市政建设配套费等承受者应支付的货币、实物、无形资产及其他经济利益。

没有成交价格或者成交价格明显偏低的，征收机关可依次按下列两种方式确定：

（1）评估价格：由政府批准设立的房地产评估机构根据相同地段、同类房地产进行综合评定，并经当地税务机关确认的价格。

（2）土地基准地价：由县以上人民政府公示的土地基准地价。

2. 以竞价方式出让的，其契税计税价格，一般应确定为竞价的成交价格，土地出让金、市政建设配套费以及各种补偿费用应包括在内。

需要说明的是，由于拆迁还建的影响，还建的商品房是在实际交付后依据未来市场价值计算的公允价值，在开发商办理土地使用权证时暂时是无法确定的。

【举例】天籁房地产公司竞价取得某市旧城改造项目，除向政府缴纳土地出让金、各项配套费 10 000 万元外，还涉及拆迁还建 50 套商品房和货币拆迁补偿 1 000 万元。则：

该公司办理土地使用权证时应缴纳的契税计税依据 = 10 000 + 1 000 = 11 000（万元）

假设 50 套商品房未来实际交付时的公允价值为 2 500 万元，则房屋实际交付时，再按照 2 500 万元计算补缴契税。

第八节　配套设施、临时设施、人防设施
（地下停车场）的税务处理

房地产开发企业除了开发可供销售的房屋之外，同时还会开发一些用于公共使用、周转使用、临时使用、出租等的建筑或房屋，例如，配套设施、临时建筑、人防设施（地下停车场）等。

一、公共配套设施的税务处理

所谓房地产开发企业的公共配套设施主要指住宅区内的市政公用设施、公共设施和绿地等。公用设施包括道路、公交站场、环卫设施、各类公用管线（自来水、电力、电信、燃气、热力、有线电视、雨水、污水等）及相应的建筑物、构筑物。公共设施主要包括教育、医疗卫生、文化体育、商业服务、行政管理和社区服务和绿地（包括公园、小游园、组团绿地及其他块状、带状绿地）等设施。

（一）公共配套设施的土地增值税税务处理

1. 公共配套设施费的扣除原则

国税发〔2006〕187号文件第四条第（三）项规定：房地产开发企业开发建造的与清算项目配套的居委会和派出所用房、会所、停车场（库）、物业管理场所、变电站、热力站、水厂、文体场馆、学校、幼儿园、托儿所、医院、邮电通讯等公共设施，按以下原则处理：（1）建成后产权属于全体业主所有的，其成本、费用可以扣除；（2）建成后无偿移交给政府、公用事业单位用于非营利性社会公共事业的，其成本、费用可以扣除；（3）建成后有偿转让的，应计算收入，并准予扣除成本、费用。

2. 公共配套设施费的扣除要求和审核内容

国税发〔2009〕91号文件第二十一条第（一）项规定：在土地增值税清算中，计算扣除项目金额时，其实际发生的支出应当取得但未取得合法凭据的不得扣除。

【总结】房地产开发企业开发建造的与清算项目配套的公共设施的扣

除，土地增值税产权属于全体业主所有的，不论其是营利性还是非营利性的，都可以扣除。建成后无偿移交给政府、公用事业单位的公共配套设施必须用于非营利性社会公共事业。同时，以产权为标准划分，产权明确且用于转让的，按照单独的开发项目为单位进行清算，确认收入与扣除项目金额。产权归全体业主或政府、公用事业单位用于非营利性社会公共事业的，按公共配套设施费处理，在房地产开发项目间分摊扣除。土地增值税扣除的公共配套设施费，必须实际发生，而且必须提供合法有效凭证。

（二）公共配套设施的企业所得税税务处理

国税发〔2009〕31号文件第十七条规定：企业在开发区内建造的会所、物业管理场所、电站、热力站、水厂、文体场馆、幼儿园等配套设施，按以下规定进行处理：（1）属于非营利性且产权属于全体业主的，或无偿赠与地方政府、公用事业单位的，可将其视为公共配套设施，其建造费用按公共配套设施费的有关规定进行处理。（2）属于营利性的，或产权归企业所有的，或未明确产权归属的，或无偿赠与地方政府、公用事业单位以外其他单位的，应当单独核算其成本。除企业自用应按建造固定资产进行处理外，其他一律按建造开发产品进行处理。

国税发〔2009〕31号文件第三十二条第（二）项规定：公共配套设施尚未建造或尚未完工的，可按预算造价合理预提建造费用。此类公共配套设施必须符合已在售房合同、协议或广告、模型中明确承诺建造且不可撤销，或按照法律法规规定必须配套建造的条件。

【总结】房地产开发企业开发建造的公共设施的企业所得税的扣除，以产权和营利性两个标准划分，按公共配套设施费处理在房地产开发项目间分摊扣除的，分两种情况：①无偿赠与地方政府、公用事业单位的不区分其非营利性还是非营利；②产权属于全体业主的必须用于非营利性。应当单独核算其成本扣除的，分三种情况：①营利性且产权归企业所有；②产权归房地产开发企业所有的（如出租，自用的除外）；③未明确产权归属的；④无偿赠与其他单位的（地方政府、公用事业单位除外）。企业所得税公共配套设施尚未建造或尚未完工的只要提供必须发生的相关证据就可以通过预提的方法计算扣除。

二、临时设施的税务处理

所谓房地产开发企业的临时设施，是指房地产企业为开发房地产而工地上临时建造的各种工棚、材料棚、休息棚和办公室、食堂、茶炉房、汽车房等临时性房屋，以及为了销售房屋而建造的售楼部和样板间等营销设施。

由于房地产企业的临时性设施一次性支出金额较大，并且临时性设施均不构成最终开发产品实体，也没有分摊占地面积的土地成本，根据收入与费用匹配的原则，应进行分期摊销，因此，对于临时性设施的建造成本，实际发生时直接计入开发成本，会计上的处理是：借：前期工程费——临时设施费（工地上各种工棚、材料棚、休息棚和办公室、食堂、茶炉房、汽车房等临时性设施），贷：银行存款。将来开发产品销售时，作为共同成本予以分配转出。

（一）临时设施的土地增值税和企业所得税的处理

税法没明确，可根据会计制度规定处理。

国税发〔2009〕31号文件第二十六条（一）项规定：以可否销售原则确定计税成本对象规定：开发产品能够对外经营销售的，应作为独立的计税成本对象进行成本核算；不能对外经营销售的，可先作为过渡性成本对象进行归集，然后再将其相关成本摊入能够对外经营销售的成本对象。

因此，对于这些临时性辅助设施不作为计税成本核算对象出现，应作为过渡成本处理。在计算土地增值税和企业所得税时可以作为开发成本扣除。

（二）临时性设施的房产税处理

财政部、国家税务总局《关于转发〈关于房产税若干具体问题的解释和暂行规定〉、〈关于车船使用税若干具体问题的解释和暂行规定〉的通知》（财税地〔1986〕8号）第二十一条规定："凡是在基建工地为基建工地服务的各种工棚、材料棚、休息棚和办公室、食堂、茶炉房、汽车房等临时性房屋，不论是施工企业自行建造还是由基建单位出资建造交施工企业使用的，在施工期间，一律免征房产税。但是，如果在基建工程结束以后，施工企业将这种临时性房屋交还或者估价转让给基建单位的，应当从基建单位接收的次月起，依照规定征收房产税。"

【总结】房地产开发企业临时性建筑物不征房产税必须同时满足两个条件：一是临时设施必须为基建工地服务；二是必须处于施工期间的临时设施。如果基建工程结束，临时性建筑物归基建单位使用，则须从基建单位使用的次月起缴纳房产税。

【举例】2011 年 2 月，亿豪房地产公司对其取得的土地使用权按照规划局要求进行项目开发，先期投入建造的临时设施包括项目基建用房 1 000 平方米，建造成本 120 万元。该公司对临时设施的账务处理应为：

借：开发成本——开发间接费（临时设施）　　　　120 万元

贷：银行存款　　　　　　　　　　　　　　　　120 万元

根据财税地〔1986〕8 号文件第二十一条的规定，亿豪房地产公司项目施工期间，基建用房 1 000 平方米免征房产税，但是如果项目结束，基建用房未拆除的话，则应按建造成本缴纳房产税。同时，如果该基建用房作为周转用房使用，发生的建造成本不能一次性计入开发成本计算扣除。

三、营销设施的税务处理

根据国税发〔2009〕31 号文件第二十七条规定，开发间接费包括项目营销设施建造费。

国税发〔2009〕31 号文件第二十九条规定：企业开发、建造的开发产品应按制造成本法进行计量与核算。其中，应计入开发产品成本中的费用属于直接成本和能够分清成本对象的间接成本，直接计入成本对象，共同成本和不能分清负担对象的间接成本，应按受益的原则和配比的原则分配至各成本对象，具体分配方法包括占地面积法、建筑面积法、直接成本法、预算造价法。企业根据需要可以自行确定。

《土地增值税暂行条例实施细则》第七条规定：开发间接费用，是指直接组织、管理开发项目发生的费用，包括工资、职工福利费、折旧费、修理费、办公费、水电费、劳动保护费、周转房摊销等。

从上述规定来看，房地产开发企业发生的营销设施建造费在企业所得税和土地增值税处理时，有不同的规定。根据企业所得税的规定，营销设施建造费可以计入开发成本的开发间接费项目中，而土地增值税的规定，开发间接费却不包括项目营销设施建造费。在计算土地增值税时，项目营销设施建造费应作为销售费用处理，不计入开发成本中，不允许作为加计扣除的基数。其实，就企业所得税而言，也并非一定将项目营销设施发生的建造费用全部作为开发间接费处理，实务中，需要按照项目营销设施的存在形态，采取不同的税务处理方式。

项目营销设施包括售楼部、样板间、接待中心、展台、展位等不同类型，项目营销设施设立的方式有四种：

（一）利用开发产品设立项目营销设施

房地产开发企业利用开发完成或部分完成的楼宇内的商品房装修、装饰后作为项目营销设施使用，项目销售完毕，作为开发产品销售处理以及转为企业自用或出租。

将楼宇内的商品房装修、装饰后作为售楼部、样板间使用，商品房本身就成为特定的成本对象，一般情况下，发生的装修、装饰费用，未来会随着商品房主体一并出售，因此，应按如下原则处理：

1. 建造成本计入商品房（售楼部或样板间）的"开发成本"，同时发生的装修、装饰费用，因未来会随着商品房主体一并出售，所以也一并计入"开发成本"。如果不能确定是否随着商品房主体一并出售，则可以计入"开发间接费用"。

2. 当商品房（售楼部或样板间）竣工验收时，从"开发成本"转入"开发产品"科目。

3. 当商品房（售楼部或样板间）对外销售时，确认收入并结转成本，其成本从"开发产品"转入"主营业务成本"。

4. 当商品房（售楼部或样板间）转为自用时，不确认收入，其成本从"开发产品"转入"固定资产"。

5. 当商品房（售楼部或样板间）对外出租时，结转成本时，其成本从"开发产品"转入"投资性房地产"，并按租赁期限分期确认租金收入。

【总结】房地产开发企业利用开发产品经装修、装饰后作为项目营销设施使用的，应按照开发产品进行单独核算，发生的建造费用（包括设计、装修、装饰费用）应按照直接费用进行处理。计算企业所得税和土地增值税时均可以作为开发成本计算扣除。将项目营销设施转为自用或出租的，不征收企业所得税和土地增值税，但应当征收房产税。

（二）利用项目开发的公共配套设施设立的项目营销设施

房地产开发企业利用开发小区内的公共配套设施（如会所）装修、装饰后，作为项目营销设施临时使用。项目销售完毕作为开发产品销售处理或者转为企业自用或出租，或者移交物业公司。

因该类项目营销设施的最终用途在规划设计阶段已经确定，通常是作为会所、物业场所使用。这种情况下，其成本不能计入项目的"开发间接费用"，而应当按照公共配套设施处理。

建造费用根据会所、物业场所的产权情况分别进行企业所得税和土地增值税的税务处理，如前所述，这里不再赘述。

（三）开发项目内建造设立的项目营销设施

房地产开发企业利用开发小区内主体之外的引人注目的位置建造临时设施，例如，售楼部、样板间作为项目营销设施使用，主体开发项目销售完毕即行拆除或转为企业自用或出租。

按照《企业会计准则》，其发生的建造成本及装修费用在"在建工程"科目核算。完工后，若项目销售完毕即行拆除，其成本从"在建工程"转入"开发间接费用"，若项目销售完毕转为企业自用或出租，其成本从"在建工程"转入"固定资产"或"投资性房地产"。

【总结】房地产开发企业利用开发小区内主体之外建造临时设施，主体开发项目销售完毕即行拆除的，营销设施建造费在企业所得税处理时应作为开发间接费用处理，但土地增值税处理则不允许计入开发成本扣除。如果转为企业自用或出租的，不征收企业所得税和土地增值税，但应当征收房产税。

【举例】2011 年 2 月，亿豪房地产公司对其取得的土地使用权按照规划局要求进行项目开发，先期投入建造的临时设施包括售楼部 2 000 平方米（建造成本 340 万元）。该公司的账务处理为：

（1）发生建造费用时

借：开发成本——开发间接费（临时设施费）　340 万元

　　贷：银行存款　340 万元

（2）如果将售楼部转为自用

借：固定资产——售楼部　340 万元

　　贷：开发成本　340 万元

税务处理为：

根据财税地〔1986〕8号第二十一条规定，亿豪房地产公司项目施工期间，售楼部免征房产税，但是项目结束，售楼部未拆除而转为自用，则应缴纳房产税，应当自建造完毕次月起缴纳房产税。

（四）开发项目外租入或自建设立的项目营销设施

房地产开发企业在开发小区之外的人口活跃密集区租入或自建销售网点，项目销售完毕，转为其他项目使用或出租、销售处理。

在开发小区之外租入或自建展示区、接待处、售楼部等，无论税务处理还是会计处理，其租金支出或建造费用均应通过"营业费用"或"销售费用"反映，其中自建的营销设施，应先通过"在建工程"转入"固定资产"，计入"营业费用"或"销售费用"的应是计提的折旧。

【总结】当商品房（样板间）从"开发产品"或"在建工程"转入"固定资产"或"投资性房地产"时，于投入使用的次月起，可计提折旧，但实际使用时间累计未超过12个月又销售的，不得在税前扣除折旧费用。已计提的折旧费用，应作调增处理。此外，自建自用的售楼部、样板间应当缴纳房产税及城镇土地使用税。应当自建造完毕次月起缴纳。

四、人防设施（地下停车场）的税务处理

《中华人民共和国人民防空法》（以下简称"《人民防空法》"）第十八条规定：人民防空工程包括为保障战时人员与物资掩蔽、人民防空指挥、医疗救护等而单独修建的地下防护建筑，以及结合地面建筑修建的战时可用于防空的地下室。

《人民防空法》第二十条规定：建设人民防空工程，应当在保证战时使用效能的前提下，有利于平时的经济建设、群众的生产生活和工程的开发利用。

《人民防空法》第二十二条规定：城市新建民用建筑按照国家有关规定修建战时可用于防空的地下室。

国家人防委、国家计委、城乡建设部《关于改变结合民用建筑修建防空地下室规定的通知》（人防委字〔1984〕9号）第三条规定：结合民用建筑修建防空地下室一律由建设单位负责修建。

因此，对于房地产开发企业来说，人防工程的支出是一种义务性支出，带有强制性的特点。实务中，房地产开发公司可以选择修建人防工程，或者缴纳异地建设费。

目前，对人防工程的所有权存在争议。通常有三种意见：（1）国家所有。根据《关于平时使用人防工程收费的暂行规定》第二条规定：人防工程及其设备设施是国家的财产。同时各地方也有相类似的规定，例如《大连市人民防空管理规定》第二十条规定：人民防空工程使用人应向人民防空主管部门申领人防工程使用证按规定签订使用协议书。在实际操作中，多数的开发商在竣工后将人防工程移交给当地的人防部门后又签订了使用协议书进行承租。（2）房地产开发企业所有。根据《人民防空法》第五条第二款的规定：国家鼓励、支持企业事业组织、社会团体和个人，通过多种途径，投资进行人民防空工程建设；人民防空工程平时由投资者使用管理，收益归投资者所有。同时，建设部《商品房销售面积计算及公用建筑面积分摊规则》第九条规定：作为人防工程的地下室也不计入公用建筑面积。从中可以看出人防工程是不包含在商品房的面积当中，是无法正常对外销售的。（3）全体业主所有。根据《物权法》第七十条规定：业主对建筑物内的住宅、经营性用房等专有部分享有所有权，对专有部分以外的共有部分享有共有和共同管理的权利。最高人民法院《关于审理建筑物区分所有权纠纷案件具体应用法律若干问题的解释》（法释［2009］7号）第三条第（二）项规定：除法律、行政法规规定的共有部分外，建筑区划内的其他不属于业主专有部分，也不属于市政公用部分或者其他权利人所有的场所及设施等，也应当认定为物权法第六章所称的共有部分。

综上，实践中房地产开发企业如果将地下人防设施按照公共配套设施进行处理，则应认定为国家所有（无偿赠送给政府）或者全体业主所有。如果按照独立产权做固定资产管理，则应认定为房地产开发企业所有。

（一）国家所有（无偿赠送给政府）或者全体业主所有的地下人防工程停车位的税务处理

房地产开发企业开发的人防工程，在实际操作中将产权划归国家所有，是指开发企业在开发项目竣工后，先将人防工程移交给当地的人防部门，然后再签订使用协议书，取得人防工程的使用权。将产权划归全体业主所有，是指销售商品房时将人防工程一并销售给全体业主，与商品房销售所不同的是，人防工程作为共有部分，全体业主对其拥有收益和使用的权利，但不拥有单独的产权，不可以单独转让。

1. 土地增值税的税务处理

《土地增值税暂行条例实施细则》第二条规定：转让国有土地使用权、地上建筑物及其附着物并取得收入是指以出售或者其他方式有偿转让房地产的行为。不包括以继承、赠与方式无偿转让房地产的行为。

财税〔1995〕48号文件规定：细则所称的"赠与"是指如下情况：（1）房产所有人、土地使用权所有人将房屋产权、土地使用权赠与直系亲属或承担直接赡养义务人的。（2）房产所有人、土地使用权所有人通过中国境内非营利性的社会团体、国家机关将房屋产权、土地使用权赠与教育、民政和其他社会福利、公益事业的。

国税发〔2006〕187号文件第四条第（三）项规定：房地产开发企业开发建造的与清算项目配套的居委会和派出所用房、会所、停车场（库）、物业管理场所、变电站、热力站、水厂、文体场馆、学校、幼儿园、托儿所、医院、邮电通信等公共设施，按以下原则处理：（1）建成后产权属于全体业主所有的，其成本、费用可以扣除；（2）建成后无偿移交给政府、公用事业单位用于非营利性社会公共事业的，其成本、费用可以扣除；（3）建成后有偿转让的，应计算收入，并准予扣除成本、费用。

【总结】房地产开发企业开发地下人防工程交给地方政府的行为，不符合上述规定关于"赠与"的范畴，应当征收土地增值税。同时，发生的成本、费用可以扣除。房地产开发企业开发地下人防工程产权归全体业主所有的，应当征收土地增值税，发生的成本、费用可以扣除。

2. 企业所得税的税务处理

按照征税项目应当包括两个方面：

（1）产权转移的收入确认与人防设施成本的企业所得税扣除

国税发〔2009〕31号文件第七条规定：企业将开发产品用于捐赠、赞助、职工福利、奖励、对外投资、分配给股东或投资人、抵偿债务、换取其他企事业单位和个人的非货币性资产等行为，应视同销售，于开发产品所有权或使用权转移，或于实际取得利益权利时确认收入（或利润）的实现。

国税发〔2009〕31号文件第十七条第（一）项规定：属于非营利性且产权属于全体业主的，或无偿赠与地方政府、公用事业单位的，可将其视为公共配套设施，其建造费用按公共配套设施费的有关规定进行处理。

国税发〔2009〕31号第三十三条规定：企业单独建造的停车场所，应作为成本对象单独核算。利用地下基础设施形成的停车场所，作为公共配套设施进行处理。

【总结】房地产开发企业开发地下人防工程交给地方政府的行为，属于将开发产品用于捐赠，产权归全体业主所有的，属于销售行为，均应当征收企业所得税，其建造费用按公共配套设施费的有关规定进行处理。

（2）出租地下停车位租金收入的确认

大多数房地产开发企业将人防工程移交给地方政府后，再通过提出申请签订租赁合同并领取人防工程使用证将人防工程回租过来，经过适当改造形成地下车库，然后对外转租。

对归全体业主所有的地下人防工程，房地产开发企业也采取转租的方式获取利益。

《企业所得税法实施条例》第十九条规定：企业所得税法第六条第（六）项所称租金收入，是指企业提供固定资产、包装物或者其他有形资产的使用权取得的收入。租金收入，按照合同约定的承租人应付租金的日期确认收入的实现。

国税函〔2010〕79号文件规定，企业提供固定资产、包装物或者其他有形资产的使用权取得的租金收入，应按交易合同或协议规定的承租人应付租金的日期确认收入的实现。其中，如果交易合同或协议中规定租赁期限跨年度，且租金提前一次性支付的，根据《实施条例》第九条规定的收入与费用配比原则，出租人可对上述已确认的收入，在租赁期内，分期均匀计入相关年度收入。

【总结】房地产开发企业出租地下停车位取得的租金收入，无论地下停车位属于国家所有（实际上房地产企业已经取得了地下人防设施的使用权）还是全体业主所有，在对租金收入的企业所得税处理时，对已经确认的收入可以选择一次或分期均匀计入当期应纳税所得额。同时，发生的支付给人防部门的租金和管理、改造等费用支出，可以按配比原则税前扣除。

3. 营业税的税务处理

《营业税暂行条例实施细则》第二十五条第二款规定：纳税人提供建筑业或者租赁业劳务，采取预收款方式的，其纳税义务发生时间为收到预收款的当天。

国家税务总局《关于营业税若干问题的通知》（国税发〔1995〕76号）第五条规定：单位和个人将承租的场地物品设备等再转租给他人的行为也属于租赁行为应按"服务业"税目中"租赁业"项目征收营业税。

国家税务总局《关于营业税若干政策问题的批复》（国税函〔2005〕83号）第一条规定：对具有明确租赁年限的房屋租赁合同，无论租赁年限为多少年，均不能将该租赁行为认定为转让不动产永久使用权，应按照"服务业——租赁业"征收营业税。

【总结】 房地产开发企业出租地下停车位取得的租金收入，无论地下停车位属于国家所有（实际上房地产企业已经取得了地下人防设施的使用权）还是全体业主所有，无论租赁年限为多少年，在对租金收入的营业税处理时，应对预收租金一次确认并按"服务业"税目中"租赁业"项目征收营业税。同时，出租地下人防设施车位应开具服务业发票而非不动产发票。

4. 房产税的税务处理

财政部、国家税务总局《关于房产税若干具体问题的解释和暂行规定》（财税地字〔1986〕8号）第十一条规定（2005年12月31日以前有效）：为鼓励利用地下人防设施暂不征收房产税。

财政部、国家税务总局《关于具备房屋功能的地下建筑征收房产税的通知》（财税〔2005〕181号）第三条规定（从2006年1月1日起）：出租的地下建筑按照出租地上房屋建筑的有关规定计算征收房产税。

《中华人民共和国房产税暂行条例》（国发〔1986〕90号）（以下简称"《房产税暂行条例》"）第二条规定：房产税由产权所有人缴纳。产权属于全民所有的，由经营管理的单位缴纳。

财政部、国家税务总局《关于房产税、城镇土地使用税有关政策的通知》（财税〔2006〕186号）规定：对居民住宅区内业主共有的经营性房产，由实际经营（包括自营和出租）的代管人或使用人缴纳房产税。其中自营的，依照房产原值减除10%～30%后的余值计征。没有房产原值或不能将业主共有房产与其他房产的原值准确划分开的，由房产所在地地方税务机关参照同类房产核定房产原值；出租的，依照租金收入计征。

【总结】 由于人防工程停车位的产权归国家所有或全体业主所有，房地产开发企业应当属于经营管理的单位，其将人防工程停车位对外出租取得的租金收入，应当缴纳房产税。

5. 印花税的税务处理

《中华人民共和国印花税暂行条例》（国务院令［1988］11 号）的规定，财产租赁合同按租赁金额 1‰贴花。税额不足 1 元的按 1 元贴花。

需要注意：按照合同总金额一次性交纳。合同未到期解除合同的印花税不做调整。

国税发［2009］31 号文件第十七条第（二）项规定：属于营利性的，或产权归企业所有的，或未明确产权归属的，或无偿赠与地方政府、公用事业单位以外其他单位的，应当单独核算其成本。除企业自用应按建造固定资产进行处理外，其他一律按建造开发产品进行处理。

（二）房地产开发企业所有或产权不明晰的地下人防工程停车位的税务处理

根据《人民防空法》的规定，人防工程应归国家所有。但是，有的情况下房地产开发企业拥有地下人防工程的产权但无法取得产权证或者产权关系不明晰。为此，房地产开发企业应将开发的地下人防工程设施按照独立产权做固定资产管理，地下人防工程产权归房地产开发企业所有，对其拥有所有权的车位对外销售时应根据产权是否转移来确定不同的税务处理。

1. 产权转移的地下人防工程停车位的税务处理

房地产开发企业对产权转移的地下人防工程停车位的税务处理应当与开发产品的税务处理一致，签订房屋销售合同，开具不动产销售发票，依法缴纳"销售不动产"营业税、土地增值税、企业所得税等相关税收。

2. 产权不转移的地下人防工程停车位的税务处理

通常情况下，房地产开发企业不能办理地下车位的产权证或因产权关系不明晰而无法转移，因此，往往出售停车位的实质是出租场地使用权的行为，房地产企业应当将地下人防工程停车位的建造支出记入"固定资产"账户进行核算，该部分支出不能在企业所得税和土地增值税中扣除。取得的租金收入按"服务业"税目的"租赁业"计征营业税，同时将租金收入计入当期应纳税所得额征收企业所得税，并作为产权所有人缴纳房产税。不存在土地增值税问题。

【思考题】

如果是非人防性质的地下室（无产权），部分由开发商将其随住宅销售，部分由物业公司收取租金，土地增值税清算时如何处理？

五、其他无产权证建筑物的税务处理

房地产企业开发的项目中，计入容积率的建筑面积可以办理产权证，属于所有权明确的房地产，可以在房地产交易市场流通。另有部分建筑物，虽然可以带来一定的经济利益，但由于权属不明，或归全体业主所有的部分无法单独办理产权证（共用部分无法具体划分），因而不能上市流通。根据《城市房地产管理法（修订版）》的规定，无权属证书的房地产属于不可转让的房地产，但由于房地产开发企业发生了转让并取得收益行为，应就其收益性质确认纳税义务并计算纳税。同时，由于该部分房地产在测绘报告中通常有明确的标志，可以对其成本进行归集和分摊，应根据确认的纳税义务进行税务处理。

（一）地上无产权停车位的税务处理

《物权法》第七十三条规定，建筑区划内的其他公共场所、公用设施和物业服务用房，属于业主共有。

《物权法》第七十四条规定，建筑区划内，规划用于停放汽车的车位、车库应当首先满足业主的需要。建筑区划内，规划用于停放汽车的车位、车库的归属，由当事人通过出售、附赠或者出租等方式约定。占用业主共有的道路或者其他场地用于停放汽车的车位，属于业主共有。

最高人民法院《关于审理建筑物区分所有权纠纷案件具体应用法律若干问题的解释》（法释［2009］7号）第五条规定：建设单位按照配置比例将车位、车库，以出售、附赠或者出租等方式处分给业主的，应当认定其行为符合物权法第七十四条第一款有关"应当首先满足业主的需要"的规定。

因而，作为地上建筑物，停车位的产权分两种情况：一种是归属房地产开发企业所有；另一种是归属于全体业主共有。税务处理时，应区分两种情形：一是归属于房地产开发企业所有且拥有产权证的车位、车库；二是归属于房地产开发企业所有但没有产权证的车位、车库；三是归属于全体业主共有但没有产权证的车位、车库。

第一种情形下房地产开发企业出售、附赠或者出租车位、车库等行为的税务处理，与销售商品房的税务处理一致。

第二、第三种情形下房地产开发企业出售、附赠或者出租车位、车库等行为的税务处理，由于无法办理产权转移手续，其实质是产地使用权出租行为，房地产开发企业将地上公共用地改成车库出租是开发产品销售完成后的另一行为，不能混同为开发产品的销售行为。房地产开发企业将地上无产权停车位对外出售、附赠或者出租等。

对归属于房地产开发企业所有但没有产权证和归属于全体业主共有但没有产权证的车位、车库的出售、附赠或者出租的行为，应按如下原则进行税务处理：

1. 应按"服务业——租赁业"计算缴纳营业税；

国家税务总局关于印发《营业税税目注释（试行稿）》的通知（国税发〔1993〕149 号）规定：租赁业，是指在约定的时间内将场地、房屋、物品、设备或设施等转让他人使用的业务。

2. 应按"租赁收入"计入应纳税所得额，相关支出可在企业所得税前扣除（费用、税金，没有成本）。

3. 不缴纳土地增值税，因为不在征税范围内。

根据《土地增值税暂行条例》及其实施细则的有关规定，土地增值税是对出售或者以其他方式有偿转让国有土地使用权、地上的建筑物及其附着物的行为所征收的税。出售或转让应当以办理相应产权为标志，产权未发生转移就不构成出售或转让。只出租地下车位的行为，因为没有发生使用权的转移，不需要缴纳土地增值税。

4. 应按房产租金收入计算缴纳房产税。

5. 被转让方不征收契税，因为不在征税范围内。

6. 应由实际使用人缴纳城镇土地使用税。

（二）无产权证的非人防地下车库出售、出租的税务处理

房地产开发企业将无产权非人防地下车库出售、出租取得收入的税务处理同上。其中征收房产税、城镇土地使用税的法律依据如下：

财政部、国家税务总局《关于房产税、城镇土地使用税有关问题的通知》（财税〔2009〕128 号）关于地下建筑用地的城镇土地使用税问题规定：在城镇土地使用税征税范围内单独建造的地下建筑用地，按规定征收城镇土地使用税。其中，已取得地下土地使用权证的，按土地使用权证确

认的土地面积计算应征税款；未取得地下土地使用权证或地下土地使用权证上未标明土地面积的，按地下建筑垂直投影面积计算应征税款。对上述地下建筑用地暂按应征税款的 50% 征收城镇土地使用税。

财政部、国家税务总局《关于具备房屋功能的地下建筑征收房产税的通知》（财税［2005］181 号）规定：凡在房产税征收范围内的具备房屋功能的地下建筑，包括与地上房屋相连的地下建筑以及完全建在地面以下的建筑、地下人防设施等，均应当依照有关规定征收房产税。出租的地下建筑，按照出租地上房屋建筑的有关规定计算征收房产税。

（三）无产权证建筑物的成本分摊问题，企业所得税与土地增值税处理

1. 企业所得税的处理

国税发［2009］31 号文件第三十三条规定，企业单独建造的停车场所，应作为成本对象单独核算。利用地下基础设施形成的停车场所，作为公共配套设施进行处理。

由此可见，无论地上或地下基础设施形成的停车场所出租或出售，其权属均归全体业主所有，属于配套设施的地下停车场所，在计算企业所得税时，其成本由地上开发产品承担。

2. 土地增值税的处理

土地增值税清算时，作为配套设施的停车场所，转让时，其成本可以扣除。不转让时，其成本不得计算为扣除项目。

国税发［2006］187 号文件第四条第三项规定，房地产开发企业开发建造的与清算项目配套的居委会和派出所用房、会所、停车场（库）、物业管理场所、变电站等公共设施，按以下原则处理：建成后产权属于全体业主所有的，其成本、费用可以扣除。建成后无偿移交给政府、公用事业单位用于非营利性社会公共事业的，其成本、费用可以扣除。建成后有偿转让的，应计算收入，并准予扣除成本、费用。

【举例】大地房地产公司立项开发某房地产项目，地上建筑面积为 11 000 平方米，其中可以办理产权证的建筑面积为 10 000 平方米，无法办理产权证的架空层建筑面积为 1 000 平方米，地下建筑为 1 000 平方米（无产权证、非人防工程且归全体业主所有）。该项目土地取得与开发成本为 3 000 万元，建筑安装成本为 5 000 万元。有产权证建筑面积 10 000 平方米

已全部销售完毕，每平方米售价为 13 000 元。大地房地产公司将全部成本 8 000 万元计入了销售成本。大地公司将架空层和地下建筑改建成车库，架空层部分 1 000 平方米全部用于出租，取得年租金收入为 15 万元，地下部分中的 800 平方米销售给业主，取得销售收入为 800 万元，其余 200 平方米用于出租，取得年租金收入为 3 万。大地房地产公司的税务处理应为：

（1）营业税的税务处理

销售有产权证建筑面积 10 000 平方米应缴纳"销售不动产"的营业税 =13 000×1×5% =650（万元）

出租架空层和地下建筑 200 平方米应缴纳"服务业——租赁业"的营业税 =（15 +3）×5% =0.9（万元/年）

出售地下部分中的 800 平方米应缴纳"服务业——租赁业"的营业税 =800×5% =40（万元）

（2）土地增值税、企业所得税的税务处理

应计入增值额和应纳税所得额的销售收入 =13 000 万元

应计入扣除项目的土地成本 =3 000 万元

应计入扣除项目的开发成本 =5 000 万元

可售面积单位工程成本 =8 000÷10 000 =0.8（万元）

（3）房产税的税务处理

房产税实行按年计算，分期缴纳。用于出租的房屋，以租金收入为计税依据，税率为 12%。

出租架空层和地下建筑 200 平方米应缴纳的房产税 =（15 +3）×12% =2.16（万元/年）

出售地下部分中的 800 平方米应缴纳的房产税 =800/转让年限×12%

（4）印花税的税务处理

财产租赁合同按租赁金额 1‰贴花，计税依据为租金收入。

第九节　其他业务的税务处理

一、税款核定问题

现行税法规定，房地产开发企业不得事先对企业所得税、土地增值税采取核定征收办法，但是如果发生税法列举情形的，税务机关可以对税款进行核定。

（一）营业税的核定

房地产开发企业开发产品销售价格明显偏低并无正当理由或者视同发生应税行为而无营业额的，税务机关有权进行核定。

《营业税暂行条例》第七条规定：纳税人提供应税劳务、转让无形资产或者销售不动产的价格明显偏低并无正当理由的，由主管税务机关核定其营业额。

《营业税暂行条例实施细则》第二十条规定：价格明显偏低并无正当理由或者视同发生应税行为而无营业额的，按下列顺序确定其营业额：

（一）按纳税人最近时期发生同类应税行为的平均价格核定；

（二）按其他纳税人最近时期发生同类应税行为的平均价格核定；

（三）按下列公式核定：

$$营业额 = \frac{营业成本或}{者工程成本} \times \left(1 + \frac{成本}{利润率}\right) \div \left(1 - \frac{营业税}{税率}\right)$$

公式中的成本利润率，由省、自治区、直辖市税务局确定。

（二）土地增值税的核定

1. 土地增值税核定的内容

（1）核定的情形

国税发〔2006〕187号文件规定：房地产开发企业有下列情形之一的，税务机关可以参照与其开发规模和收入水平相近的当地企业的土地增值税税负情况，按不低于预征率的征收率核定征收土地增值税：（一）依照法律、行政法规的规定应当设置但未设置账簿的；（二）擅自销毁账簿或者拒不提供纳税资料的；（三）虽设置账簿，但账目混乱或者成本资料、收入凭证、费用凭证残缺不全，难以确定转让收入或扣除项目金额的；（四）符合土地增值税清算条件，未按照规定的期限办理清算手续，经税务机关责令限期清算，逾期仍不清算的；（五）申报的计税依据明显偏低，又无正当理由的。

（2）核定价格（或扣除金额）的情形

《土地增值税暂行条例》第九条规定：纳税人有下列情形之一的，按照房地产评估价格计算征收：（一）隐瞒、虚报房地产成交价格的；（二）提供扣除项目金额不实的；（三）转让房地产的成交价格低于房地产评估价格，又无正当理由的。

《土地增值税暂行条例实施细则》第十三条规定：房地产评估价格，是指由政府批准设立的房地产评估机构根据相同地段、同类房地产进行综合评定的价格。评估价格须经当地税务机关确认。

《土地增值税暂行条例实施细则》第十四条规定：

隐瞒、虚报房地产成交价格，是指纳税人不报或有意低报转让土地使用权、地上建筑物及其附着物价款的行为。

提供扣除项目金额不实的，是指纳税人在纳税申报时不据实提供扣除项目金额的行为。

转让房地产的成交价格低于房地产评估价格，又无正当理由，是指纳税人申报的转让房地产的实际成交价低于房地产评估机构评定的交易价，纳税人又不能提供凭据或无正当理由的行为。

财税〔2006〕21号文件规定：对于转让旧房及建筑物，既没有评估价格，又不能提供购房发票的，地方税务机关可以根据《中华人民共和国税收征收管理法》（以下简称《税收征管法》）第三十五条的规定，实行核定征收。

2. 土地增值税的核定方法

根据《土地增值税暂行条例实施细则》第十四条规定，土地增值税核定的方法有：

（1）市场比较法

隐瞒、虚报房地产成交价格，应由评估机构参照同类房地产的市场交易价格进行评估。税务机关根据评估价格确定转让房地产的收入。

转让房地产的成交价格低于房地产评估价格，又无正当理由的，由税务机关参照房地产评估价格确定转让房地产的收入。

（2）重置成本法

提供扣除项目金额不实的，应由评估机构按照房屋重置成本价乘以成新度折扣率计算的房屋成本价和取得土地使用权时的基准地价进行评估。税务机关根据评估价格确定扣除项目金额。

国税发〔2006〕187号文件规定：房地产开发企业办理土地增值税清算所附送的前期工程费、建筑安装工程费、基础设施费、开发间接费用的凭证或资料不符合清算要求或不实的，地方税务机关可参照当地建设工程造价管理部门公布的建安造价定额资料，结合房屋结构、用途、区位等因素，核定上述四项开发成本的单位面积金额标准，并据以计算扣除。具体核定方法由省税务机关确定。

【结论】 按照房地产评估价格计算征收土地增值税时评估房地产转让收入采用的是市场比较法评估的房地产交易价格，评估扣除项目金额采用的是重置成本法评估的房屋成本，两种方法在评估原理上有着本质的区别。

【举例】 某房地产开发企业转让一幢 10 年前开发的公建房，当时造价 300 万元。如果按现行市场价的材料、人工费计算，建造同样的房子需 500 万元，该房子为八成新。该企业已按 350 万元出售价格向税务机关申报土地增值税。但税务机关参照同类房地产的市场交易价格进行评估该企业转让房地产的评估价格应为 800 万元。其他因素暂不考虑。则：

(1) 房地产转让收入为按市场交易价格进行评估的价格 800 万元；

(2) 扣除项目为按重置成本法评估的价格 $=500 \times 80\% =400$（万元）；

(3) 增值额 $=800-400=400$（万元）；

(4) 增值率 $=400 \div 400 \times 100\% =100\%$；

(5) 应纳税额 $=400 \times 50\% -400 \times 15\% =140$（万元）。

3. 土地增值税核定征收的要求

国税发〔2009〕91 号文件第三十三条规定：在土地增值税清算过程中，发现纳税人符合核定征收条件的，应按核定征收方式对房地产项目进行清算。

《关于加强土地增值税征管工作的通知》（国税发〔2010〕53 号）（以下简称"国税发〔2010〕53 号文件"）第二条第二款规定：为了发挥土地增值税在预征阶段的调节作用，各地须对目前的预征率进行调整。除保障性住房外，东部地区省份预征率不得低于 2%，中部和东北地区省份不得低于 1.5%，西部地区省份不得低于 1%，各地要根据不同类型房地产确定适当的预征率（地区的划分按照国务院有关文件的规定执行）。对尚未预征或暂缓预征的地区，应切实按照税收法律法规开展预征，确保土地增值税在预征阶段及时、充分发挥调节作用。

国税发〔2010〕53 号文件第四条规定：核定征收必须严格依照税收法律法规规定的条件进行，任何单位和个人不得擅自扩大核定征收范围，严禁在清算中出现"以核定为主、一核了之"、"求快图省"的做法。凡擅自将核定征收作为本地区土地增值税清算主要方式的，必须立即纠正。对确需核定征收的，要严格按照税收法律法规的要求，从严、从高确定核定征收率。为了规范核定工作，核定征收率原则上不得低于5%，各省级税务机关要结合本地实际，区分不同房地产类型制定核定征收率。

需要注意的是，如果核定征收，不能抵减预征税款，因为如果允许抵免，则会造成税收筹划据以避税。

（三）企业所得税的核定

《企业所得税法》第四十四条规定：企业不提供与其关联方之间业务往来资料，或者提供虚假、不完整资料，未能真实反映其关联业务往来情况的，税务机关有权依法核定其应纳税所得额。

《企业所得税法实施条例》第一百一十五条规定：税务机关依照企业所得税法第四十四条的规定核定企业的应纳税所得额时，可以采用下列方法：

（一）参照同类或者类似企业的利润率水平核定；

（二）按照企业成本加合理的费用和利润的方法核定；

（三）按照关联企业集团整体利润的合理比例核定；

（四）按照其他合理方法核定。

企业对税务机关按照前款规定的方法核定的应纳税所得额有异议的，应当提供相关证据，经税务机关认定后，调整核定的应纳税所得额。

国税发［2009］31号文件第三十五条的规定：开发产品完工以后，企业可在完工年度企业所得税汇算清缴前选择确定计税成本核算的终止日，不得滞后。凡已完工开发产品在完工年度未按规定结算计税成本，主管税务机关有权确定或核定其计税成本，据此进行纳税调整，并按《中华人民共和国税收征收管理法》的有关规定对其进行处理。

（四）契税的核定

《契税暂行条例》第四条第二款规定：成交价格明显低于市场价格并且无正当理由的，或者所交换土地使用权、房屋的价格的差额明显不合理并且无正当理由的，由征收机关参照市场价格核定。

二、跨地区经营征税问题

（一）营业税跨地区经营征税问题

《营业税暂行条例》第十四条关于营业税纳税地点的规定：（1）纳税人

提供应税劳务应当向其机构所在地或者居住地的主管税务机关申报纳税。但是，纳税人提供的建筑业劳务以及国务院财政、税务主管部门规定的其他应税劳务，应当向应税劳务发生地的主管税务机关申报纳税。（2）纳税人转让无形资产应当向其机构所在地或者居住地的主管税务机关申报纳税。但是，纳税人转让、出租土地使用权，应当向土地所在地的主管税务机关申报纳税。（3）纳税人销售、出租不动产应当向不动产所在地的主管税务机关申报纳税。扣缴义务人应当向其机构所在地或者居住地的主管税务机关申报缴纳其扣缴的税款。

（二）企业所得税跨地区经营征税问题

国家税务总局《关于印发〈跨地区经营汇总纳税企业所得税征收管理暂行办法〉的通知》（国税发〔2008〕28号）第三十条规定：总机构和分支机构均应依法办理税务登记，接受所在地税务机关的监督和管理。

国家税务总局《关于跨地区经营建筑企业所得税征收管理问题的通知》（国税函〔2010〕156号）规定：建筑企业所属二级或二级以下分支机构直接管理的项目部（包括与项目部性质相同的工程指挥部、合同段等）不就地预缴企业所得税，其经营收入、职工工资和资产总额应汇总到二级分支机构统一核算，由二级分支机构按照《国家税务总局关于印发跨地区经营汇总纳税企业所得税征收管理暂行办法的通知》（国税发〔2008〕第28号）规定预缴企业所得税。

三、"假按揭"业务的税务处理

"按揭"一词是从我国香港传至大陆的，它是英语"mortgage"的广东话谐音，主要是指房地产等不动产抵押贷款。我国的住房抵押贷款业务发展历史始于1988年。在银行贷款到达开发商账户后，按揭手续基本完成，购房人向开发商付款义务也履行完毕。但开发商除了履行《商品房买卖合同》约定的交房义务外，还要在银行放贷至购房人所购房屋办理抵押登记期间，为购房人承担连带保证责任。

"假按揭"是指开发商为资金套现，将暂时没有卖出的房子以内部职工或开发商亲属的名字购下，从银行套取购房贷款。

办理假按揭的程序一般如下：开发商通过给身份证持有人一定数额的

报酬，有偿使用对方身份证，并由身份证持有人在按揭贷款合同上签字，签字完成，银行即根据合同向开发商放款。开发商和身份证持有人之间还会有一个协议，包含开发商承诺不需要身份证持有人承担任何债务以及保密条款等内容。

通常是开发商联合一些没有提供首付款的关联人向银行提交已付首付款的收据，进而银行向其关联人提供按揭贷款。

中国人民银行《关于进一步加强房地产信贷业务管理的通知》规定：商业银行应将发放的个人住房贷款情况登记在当地人民银行的信贷登记咨询系统，详细记载借款人的借款金额、贷款期限、借款人及其配偶的身份证号码。商业银行在发放个人住房贷款前，应到信贷登记咨询系统进行查询。

"虚假按揭"的基本特征：（1）从企业贷款手续上看，签订的购房合同、按揭首付、抵押担保、银行借款合同等手续齐全，完全符合个人购房按揭贷款的必备条件。（2）从资金使用上看，银行将个人购房按揭贷款直接划入开发企业账户，由开发商使用。（3）贷款的本息由公司分期划入贷款个人银行账户归还。（4）办理购房手续的个人基本是公司员工、法人代表的亲朋好友等。（5）购房者同时向多个银行办理贷款手续，也有的是几个人分别向不同的银行办理贷款手续。（6）由开发公司负责到期还本付息。

实务中，房地产开发企业采取"虚假按揭"的方式有两种：一是以按揭的名义隐藏销售收入，将取得的售楼款收入记入"短期借款"账户；二是以虚假按揭方式骗取银行信任获取款项。

以虚假按揭方式骗取银行信任获取款项的法律后果，对假"房主"而言，一旦房地产开发企业还款出现变故，假"房主"将可能被强制还贷，个人信用被记录污点，而房地产企业仅承担连带责任，但相关涉案人员将被追究刑事责任。

假按揭取得的资金，是否按照其表面的法律形式计入收入，缴纳税款，目前各地对此问题一直存在争议。从税务机关的角度来讲，比较一致的观点认为，税务机关不是虚假按揭合同的法定鉴定机关，当能够认定收入确认条件已具备的情况下，应当依法征收税款。

（一）按揭款计入收入问题

国家税务总局稽查局在 2007 年房地产业及建筑安装业税收专项检查工

作总结中，认定假按揭需要缴税。原文如下：向购房者收取的住房按揭贷款转入"短期借款"或"其他应付款"科目，长期挂账不申报纳税。主要原因是房地产开发公司以一房多售或以虚假按揭贷款的名义向银行骗取信贷资金，造成事实的应缴未缴税款。

【建议】对"虚假按揭"是否征税的前提是，税务机关能否认定为形式上符合销售条件的行为实质是"虚假按揭"行为，如果能够认定为"虚假按揭"，根据实质重于形式原则，税务机关不应对其"收入"征税，否则应按照正常的按揭收入计算征收营业税、土地增值税和企业所得税。

（二）按揭款项支付的利息在土地增值税、企业所得税税前扣除问题

国税发〔2009〕91号规定：在土地增值税清算中，计算扣除项目金额时，其实际发生的支出应当取得但未取得合法凭据的不得扣除。

《企业所得税法》第八条规定，企业实际发生的与取得收入有关的、合理的支出，包括成本、费用、税金、损失和其他支出，准予在计算应纳税所得额时扣除。

【建议】房地产开发企业发生"虚假按揭"行为支付的利息，在土地增值税和企业所得税扣除的处理上，应区分两种情况：①认为应当履行营业税、土地增值税和企业所得税行纳税义务的，收到的按揭款应确认为计税收入，发生的利息支出，如取得了合法有效凭据，则可在计算土地增值税和企业所得税时列入扣除项目。②认为不应当履行营业税、土地增值税和企业所得税行纳税义务的，收到的按揭款应作为借款处理，发生的利息支出，如取得合法有效凭证，在计算企业所得税时，可以列入扣除项目，但不得作为土地增值税的扣除项目。同时还需要注意上述两种情况下的利息支出的资本化和费用化在企业所得税前扣除的划分以及利息扣除标准等问题。

第三部分

房地产开发企业主要税种
纳税申报表审核

　　我国从事房地产开发经营活动的企业依法负有流转税、所得税、财产行为税等多税种的按期申报及缴纳义务，同时承担保证企业所有纳税申报信息真实、准确、完整的法律责任。在遵循"信息管税"的税收征管新环境下，税企双方均应正确分析企业开发环节主要税种的纳税申报信息，通过比对分析法结合实地审核法掌握房地产开发企业主要的涉税开发经营信息，查找涉税疑点，规避涉税风险。本部分内容以房地产开发企业营业税、企业所得税和土地增值税三个核心税种为主，重点介绍税收大征管模式下税收业务岗位人员对企业纳税申报信息审核的思路和要点。

　　对房地产开发企业被审核年度的纳税申报信息进行涉税风险分析时，税源管理部门审核岗位人员应注意收集、分析的开发项目资料包括（但不限于）以下内容：（1）取得土地使用权的相关手续，政府部门的出让、转让、动迁补偿协议以及土地使用证或使用土地的批件；（2）规划平面图；（3）建筑施工合同、施工平面图；（4）工程预决算、竣工决算报告，竣工验收报告；（5）商品房销（预）售许可证、商品房销（预）售合同，入住通知书和房屋交接单，销售协议，无销售协议已进住的房屋面积；（6）测绘面积表、销售平面图、销控表；（7）企业被审核年度的全部账簿、凭证、报表、汇算报告、纳税申报表。

需要强调的是，税源管理部门针对房地产开发企业的纳税申报及相关涉税信息展开信息收集、分析审核、风险排序及疑点推送时，要依税收法定程序进行，同时对掌握的企业生产经营信息要依法保密。

第一章

房地产开发企业营业税纳税申报表审核

日常税收征管上，房地产开发企业一般都适用查账征收方式，故本章重点讲解适用查账征收方式的房地产开发企业营业税纳税申报表的审核要点。

第一节　房地产开发企业营业税纳税申报表审核要点

一、房地产开发企业《营业税纳税申报表》表样

通过《营业税纳税申报表》表样（见表 3-1）和填表说明（可从税务局官方网站下载，此处略）的学习，掌握营业税申报表中所包含的房地产开发企业申报期间内发生的销售不动产（包括视同销售行为）、转让土地使用权、不动产对外租赁、物业管理服务等应税项目的营业税综合信息。

营业税纳税申报表
（适用于查账征收的营业税纳税人）

表 3 - 1

纳税人识别号：

纳税人名称（公章）

纳税款所属时间：自 年 月 日 至 年 月 日　　填表日期： 年 月 日　　金额单位： 元（列至角分）

税目	营业额					本期税款计算						税款缴纳					
	应税收入	应税减除项目金额	应税营业额	免税收入	税率（%）	小计	本期应纳税额	免（减）税额	期初欠缴税额	前期多缴税额	小计	本期已缴税额			本期应缴税额计算		
												已缴本期应纳税额	本期已被扣缴税额	本期已缴欠缴税额	小计	本期期末应缴税额	本期期末应缴欠缴税额
1	2	3	$4 = 2-3$	5	6	$7 = 8+9$	$8 = (4-5)\times7$	$9 = 5\times7$	10	11	$12 = 13+14+15$	13	14	15	$16 = 17+18$	$17 = 8-13-14$	$18 = 10-11-15$
销售不动产																	
转让无形资产																	
租赁业																	
服务业																	
合计																	
代扣代缴项目																	

续表

税目	营业额				税率(%)	本期税款计算						税款缴纳					
	应税收入	应税减除项目金额	应纳营业额	免税收入		小计	本期应纳税额	免(减)税额	期初欠缴税额	前期多缴税额	小计	本期已缴税额			本期应缴税额计算		
												已缴本期应纳税额	本期被扣缴税额	本期已缴欠缴税额	小计	本期应缴未缴税额	本期期末欠缴税额
1	2	3	4 = 2 − 3	5	6	7 = 8 + 9	8 = (4 − 5) × 7	9 = 5 × 7	10	11	12 = 13 + 14 + 15	13	14	15	16 = 17 + 18	17 = 8 − 13 − 14	18 = 10 − 11 − 15
总 计																	

纳税人或代理人声明:

此纳税申报表是根据国家税收法律的规定填报的,我确定它是真实的、可靠的、完整的。

以下由税务机关填写:

如纳税人填报,由纳税人填写以下各栏:

办税人员　　　　财务负责人(签章)

如委托代理人填报,由代理人填写以下各栏:

代理人名称　　　经办人(签章)　　　法定代表人(签章)

联系电话　　　　联系电话

代理人(公章)

受理税务机关(签章):

受理人:

年　　月　　日

本表为A3横式一式三份,一份纳税人留存,一份主管税务机关留存,一份征收部门留存。

二、房地产开发企业《营业税纳税申报表》审核要点

根据我国《营业税暂行条例》及《营业税暂行条例实施细则》的相关规定，房地产企业发生销售不动产、转让土地使用权、不动产租赁、提供物业管理服务等应税行为时，应依照条例所附的《营业税税目税率表》依法按月申报缴纳营业税。

税务机关运用比对分析法审核企业营业税申报信息时，主要是将营业税申报表信息与税务机关掌握的第三方信息、企业其他税种纳税申报信息、不动产营业税项目管理软件中房地产企业登记的项目信息、企业财务信息等进行比对，从中查找涉税疑点并进行风险排序。

（一）房地产开发企业《营业税纳税申报表》初步审核要点

初步审核时主要针对企业自行填报的纳税申报表内容进行审核。

1. 审核《营业税纳税申报表》、附表和资料是否齐全，内容填写是否完整准确，印章是否齐全；

2. 审核《营业税纳税申报表》与附报资料数字是否符合逻辑关系；

3. 审核《营业税纳税申报表》上各栏目税目、税率适用是否正确，税款计算是否准确，当期已缴税款是否有完税凭证等。

房地产开发企业营业税纳税申报表表间各栏目及数字逻辑关系请参见《营业税纳税申报表》填表说明。初步审核时注意纳税人提供营业税应税劳务、转让无形资产或者销售不动产发生退款或因财务会计核算办法改变冲减营业额时，应在营业税纳税申报表第11栏"前期多缴税额"栏次内直接调减税额，不得直接冲减当期应税收入，而且营业税纳税申报表所有栏次数据均不包括本期纳税人经税务机关、财政、审计部门检查以及纳税人自查发生的相关数据。

（二）房地产开发企业《营业税纳税申报表》具体审核要点

1. 应税收入的审核要点

（1）应税收入审核的基本要求

审核房地产企业发生应税行为是否区分业务性质按"销售不动产"、"转让无形资产"、"租赁业"、"服务业"等分税目依5%税率及时在当期进

行申报，当期实现的营业额汇总在申报表第 2 栏"应税收入"的合计栏内。

此项目的审核关键点在于企业申报的应税收入是否完整，是否依法确认营业额实现并及时在当期申报，尤其要判断企业是否存在取得开发产品预售款或按揭款项却延迟申报纳税的涉税风险点。

（2）审核比对信息

税务机关依法审核房地产开发企业营业税纳税申报信息时，以下内容可酌情选择一项或多项比对。

①申报表指标比对

对房地产开发企业主营业务"销售不动产"审核分析时，可通过申报表信息计算出房地产企业当期营业税税收负担率、营业税环比变动率、营业税与营业收入变动弹性分析等主要涉税指标，与税务机关动态确定的本地同行业同规模企业对应指标的平均值（或预警值）进行横向比对，与本企业以前时期对应指标纵向比对分析，查找出企业当期营业税纳税申报信息中的涉税疑点。由于房地产开发企业经营的特殊性，对销售不动产营业税涉税指标进行计算分析时，分析期"营业收入"指标数值应以企业资产负债表"预收账款"当期增加数和对应期利润表"营业收入"发生额的合计数为宜。

注意：如房地产开发企业属于多业经营，则上述指标分析时需要从企业营业收入明细账中获取销售不动产的本期发生额。

②比对企业其他税种申报信息

将营业税应税收入申报信息与企业《土地增值税预缴纳税申报表》上当期销售不动产、转让土地使用权等取得的销售额进行比对；与《企业所得税月（季度）预缴申报表》或《企业所得税年度申报表》附表一收入明细表、附表三调整明细表中企业当期房地产预售预计计税利润纳税调整额等相关信息进行比对；亦可通过购房者契税缴纳、企业印花税缴纳等信息反推企业的房地产销售收入，审核判断企业是否足额申报纳税。

③比对第三方信息

将营业税应税收入申报信息与税务系统取得的房地产预售（现售）、房地产租赁等第三方信息进行比对，此环节信息比对非常重要，可杜绝企业预售合同已备案却延迟申报纳税的情况。

④比对企业发票信息

将营业税应税收入申报信息与企业（区别销售不动产自开票纳税人和代开票纳税人）不动产预售（销售）发票的领购、开具、换购或代开等信息进行比对，审核判断企业是否存在已开具发票却不及时申报纳税的情况；审核房地产企业未将销售额和折扣额开在同一张发票上的，是否按扣减折扣额后的营业额申报纳税；亦要关注企业收款收据的购买和开具等信息，有无收取销售定金、押金、保证金、意向金等各种名目的预售款项却不及时申报纳税的涉税疑点。

⑤比对企业财务信息

将营业税应税收入申报信息与房地产企业当期资产负债表上"短期借款"、"预收账款"、"其他应付款"和"存货"等报表项目进行比对，关注相关报表项目是否突然异常增减，判断企业是否将取得的预售房款计入不合理的负债类科目中不及时申报纳税；同时与房地产企业当期利润表上"营业收入"项目本期发生额进行比对，核实当期开发产品现售收入实现和前期预售款项结转确认收入情况，必要时可查看企业对应的明细账簿资料；结合"应付账款变动率"、"存货周转率"等财务指标，关注企业是否存在未申报纳税的以物抵债等非货币性交易行为，必要时可调查、询问部分债权人，核实长期挂账的大额未付款项的真实性，分析企业是否有以开发产品抵顶材料款、工程款、广告费、银行贷款本息、动迁补偿费等债务行为，未按规定申报纳税。

⑥比对企业合同（协议）

审核企业预售（销售）合同或相关协议，判断企业是否将取得的预售（现售）全部价款和价外费用都并入营业额全额申报纳税（包括免税收入），必要时可询问部分买受人；审核企业申报的营业额减除项目是否符合《营业税暂行条例》及其实施细则的相关规定。

⑦比对其他外部信息

必要时，可通过询问买受人、销售中介机构、发放购房按揭贷款的金融部门等相关人员，了解房地产企业当期营业额的实际数额。

2. 视同销售收入的审核要点

（1）视同销售收入审核的基本要求

审核房地产企业发生营业税视同销售行为时是否及时申报纳税，视同销售营业额是否按企业同期同类产品或劳务的公允价格确定。

（2）审核对比信息

①根据日常掌握房地产企业生产经营的具体情况，分析是否可能发生视同销售行为；

②将营业税纳税申报信息与企业资产负债表"存货"项目期初期末增减变动、利润表"主营业务成本"项目本期发生额等进行比对，相互间是否符合合理配比关系；

③必要时可审查企业各项会议记录、董事会决议，询问相关人员，核实有无对外赠送特殊事项发生。

3. 明显低价销售行为的审核要点

对营业税纳税申报表上销售不动产、转让无形资产等税目对应的营业额构成进行分析，通过比对本地房地产市场最近时期同类不动产、土地使用权销售或转让价格判断是否企业存在明显低价销售行为；询问企业负责人或高管人员、查看会议记录、合同协议等了解企业低价销售是否存在合理原因；审核交易双方是否存在关联方关系，判断企业有无不符合营业常规人为调剂企业利润的可能。

4. 免税收入的审核要点

对房地产企业申报的公租房经营所取得免税租金收入进行审核，对比市、县政府公布的公租房信息判断企业是否享受免税优惠；企业取得的免税收入是否区分其他经营收入单独核算；企业申报的免税收入是否需经税务机关审批或备案，是否自行享受等。

（三）房地产开发企业《营业税纳税申报表》信息的扩展审核

根据前述第（二）部分营业税纳税申报表主要项目进行信息比对和审核分析后，如企业涉税疑点不能排除且风险排序级别较高则可考虑扩展审核工作，将营业税重大疑点推送至纳税评估或稽查部门进行进一步的检查核实。

1. 调取售楼处资料，收集销控台账、销售合同、销售发票、收款收据等纸质资料以及销售合同统计数据、预售房款统计数据、售房发票记录等电子文档，统计已售面积及销售金额。将确认的已售面积及销售金额与预收账款、主营业务收入账户、往来账户收取的代收费用及纳税申报表进行核对，检查企业收到的销售款是否全部入账并申报纳税。

2. 实地查看、了解楼盘开发、销售情况，核对房源销售平面图，调查、询问阁楼、停车位、地下室是否单独作价出售，阁楼、停车位、地下室的销售收入是否足额入账并申报纳税。

3. 将《建设工程规划许可证》中开发项目的建筑面积、容积率、可销售面积、不可销售面积以及公共配套设施等信息，与账面记载面积、实地开发面积核对，检查有无私改规划，增加可售面积，销售后不计收入问题。

4. 开发商将未售出的房屋、商铺、车位出租，其取得的租金收入有否申报纳税。

5. 房地产开发企业以不动产、无形资产对外投资入股后，是否参与接受投资方利润分配，共同承担投资风险；如不承担风险的，不适用财政部、国家税务总局《关于股权转让有关营业税问题的通知》（财税〔2002〕191号）文件不征营业税的规定，企业对收回的固定利润是否按照"租赁业"及时申报营业税。

第二节　房地产开发企业销售不动产营业税项目管理信息的利用

为加强不动产营业税管理，国家税务总局印发了《不动产、建筑业营业税项目管理及发票使用管理暂行办法》（国税发〔2006〕128号），自2006年10月1日起执行，办法要求各地税务机关应对不动产营业税实行项目管理制度。各地税务机关应加强对不动产营业税项目管理软件中登记信息的充分利用，及时掌握房地产企业项目开发、销售、完工等动态信息，比对监控营业税纳税申报信息强化行业征管，及时堵塞房地产企业取得销售（转让）收入不及时开具发票、延迟申报纳税等征管漏洞。

一、房地产开发企业项目登记具体要求

纳税人销售不动产的，应在不动产销售合同签订之日起30日内（或登记内容变化之日起30日内），持下列有关资料向不动产所在地主管税务机关进行不动产项目登记：

1. 《不动产项目情况登记表》（见表3－2）的纸制和电子文档；
2. 营业执照副本和税务登记证件副本；
3. 不动产销售许可证；
4. 不动产销售合同；
5. 纳税人的开户银行、账号；

6. 税务机关要求提供的其他有关资料。

纳税人不动产销售完毕的，应自不动产销售完毕之日起 30 日内，持《不动产项目登记表》、税收缴款书、税务机关要求的其他资料等向不动产所在地主管税务机关进行项目登记。

二、税务机关不动产营业税项目管理的具体内容

税务机关不动产营业税项目管理的具体内容包括：

1. 受理不动产项目的项目登记；

2. 对不动产项目的登记信息、申报信息、入库信息进行采集、录入、汇总、分析、传递、比对；

3. 对税收政策进行宣传解释，及时反馈征管中存在的问题；

4. 掌握不动产销售情况；

5. 根据不动产销售监控不动产的纳税申报、税款缴纳情况，确保税款及时、足额入库；

6. 监督纳税人合法取得、使用、开具不动产销售发票；

7. 不动产销售后及时清缴税款，并出具清算报告。

三、不动产项目情况登记表

表 3 - 2 为不动产项目情况登记表样表。

表 3 - 2   不动产项目情况登记表

不动产项目名称		不动产项目编号		
不动产项目地址				
开发单位名称		开发单位纳税人识别号		
建设期工程项目名称		建设期工程项目编号		
建设单位名称		建设单位纳税人识别号		
项目用途	□自用　□房地产开发　□市政工程　□园林工程　□绿化工程　□人防工程　□其他（请划√选择）			
土地使用证发放单位	土地使用证编号	规划许可证发证机关	规划许可证号码	

续表

销售许可证发放单位			销售许可证编号		
建筑面积（m²）	项目总投资（万元）			工程总造价（万元）	
开工时间	预计竣工时间			预计售房时间	
如为不动产对外捐赠，请填写以下栏次					
捐赠意向书编号	受赠单位名称		受赠单位纳税人识别号		
如为不动产抵偿债务，请填写以下栏次					
抵债合同书编号	债权人单位名称		债权人纳税人识别号		
不动产项目变更后情况					
变更原因		变更事项		变更后建筑面积（m²）	
变更后项目总投资（万元）			变更后项目总造价（万元）		
变更后建设单位名称			变更后建设单位纳税人识别号		
变更后项目用途	□自用□房地产开发□市政工程□园林工程□绿化工程□人防工程□其他（请划√选择）				
其他变更情况					
不动产项目注销情况					
销售总面积（m²）	不动产销售总收入（万元）			项目注销时间	
注销时已纳税情况（金额单位：万元）					
营业税		城建税		教育费附加	其他
以下由税务机关填写					
项目所在地税务机关			项目所在地税务机关编码		
税收管理员		项目管理起始时间		项目管理结束时间	
税收管理员意见： 年　月　日		调查人员意见： 年　月　日		主管税务机关意见（章）： 年　月　日	
备注：					

填报单位（章）：　　　　　填报人：　　　　填报日期：　　　　年　月　日

四、不动产项目登记信息的传输和比对

1. 不动产所在地税务机关应按月使用不动产营业税项目管理软件将当地的不动产销售营业税纳税申报表上传给上级税务机关。

上级税务机关按照管理权限，对信息进行清分，并将清分结果下传给下级税务机关或者上传给上级税务机关。

2. 机构所在地主管税务机关应对接收信息进行有效比对、分析，并将比对结果不相符的情况转相关部门处理。

第二章

房地产开发企业土地
增值税申报表审核

在我国现行中央地方财政收支划分中，土地增值税属于地方税种。目前的土地增值税实行"预征 + 清算"的税收征收管理模式，在房地产项目销售阶段，按月或季度以企业申报收入预征土地增值税，在房地产项目售完之后，再按照实际销售收入所得，清算应纳土地增值税税额。故本章分别以预缴和清算两个阶段介绍房地产开发企业土地增值税纳税申报表的审核要点。

第一节　房地产开发企业土地增值
税预缴申报表审核要点

一直以来，我国土地增值税都存在预征率偏低、与城镇房价快速上涨不匹配的现象。为此，2010 年 5 月 25 日，国家税务总局专门出台了《关于加强土地增值税征管工作的通知》（国税发［2010］53 号），划定了土地增值税预征的最低限。通知中明确除保障性住房外，东部地区省份预征率不得低于 2%，中部和东北地区省份不得低于 1.5%，西部地区省份不得低于 1%，并要求各地根据不同类型房地产确定适当的预征率。对尚未预征或暂缓预征的地区，应切实按照税收法律法规开展预征，确保土地增值税在预征阶段及时、充分发挥调节作用。

一、《房地产开发企业预缴土地增值税申报表》主表及附表表样

因我国土地增值税预缴表并不统一，本书选择了上海地区适用的《房地产开发企业土地增值税预缴申报表》主表（见表3-3）和附表（见表3-4），进行审核要点介绍。其他地区适用的土地增值税预缴申报表若有不同，如采用《土地增值税纳税申报表》（表样见本章第二节）作为预缴申报表的，可参照教材内容对应学习。

表3-3　　　　　　　房地产开发企业预缴土地增值税申报表

税款所属期：　　　年　　月

纳税人名称				
纳税人税务识别号				
项目名称				
项目编号				
房屋类型	保障性住房	其他住房	非住房	合计
项目本期转让房产收入（元）				
其中：期房交付退补收入（元）				
项目适用预征率				
本期应缴纳土地增值税（元）				

纳税人声明：我保证本纳税申报及其附表填报的信息是真实的、可靠的、完整的。
企业法人代表签字：
填报日期：　　　年　　月　　日
企业盖章

以下由主管税务机关填写

受理日期：　　　　　　　　　　受理人：　　　　　　　　　　主管税务机关盖章

审核意见及审核人：

表 3-4 　　　　　　房地产开发企业预缴土地增值税申报表（附表）

税款所属期：　　　　　　年　　月

项目名称：　　　　　　　　　　　　　　　　　　　　　　　　　　　　项目编号：

房屋类型：□经济适用房（011）　□廉租住房（012）　□公共租赁房（013）

□其他保障性住房（014）　□其他住房 020　□非住房 030

房屋编号	地址及室号	建筑面积（m²）	销售价格（元）	本期申报收入	累计申报收入
合计					

说明：

1. 本附表按销售房屋类型分别填报。

2. 房屋编号按开发企业可售的房屋门牌、室号顺序由小到大编排，编号为四位。每套房屋对应一个编号，编号确定后不再改动。

3. 本表"本期申报收入合计"等于申报表房屋类型中"本期转让房产收入合计"。

4. 建筑面积、销售价格按销售（预售）合同记载数填报。

二、《房地产开发企业预缴土地增值税申报表》审核要点

根据我国《土地增值税暂行条例》和《土地增值税暂行条例实施细则》的相关规定，房地产企业发生转让国有土地使用权、地上建筑物及其附着物（以下简称"转让房地产"）并取得收入时，应依法按税务机关核定的期限及时申报缴纳土地增值税。

（一）审核基本要求

审核房地产开发企业预售正在开发的房地产并取得收入的，是否按照税务机关确定的土地增值税具体征管要求，依各项目适用的预征率及时向主管税务机关进行土地增值税预缴纳税申报。重点关注同时开发不同种类房地产

项目的房地产企业，如果在规定的申报期内转让两个或两个以上计税单位的房地产，是否分别（或分项）填写《预缴土地增值税纳税申报表》主附表或依当地税收征管要求对每个计税单位分别填写一份土地增值税预缴申报表。

（二）审核要点

1. 充分利用土地增值税项目登记信息，强化税源管理，监控土地增值税预缴申报，判断房地产开发企业是否有取得预售收入不及时申报纳税的问题。

2. 房地产开发企业是否按具体开发项目区分保障性住房、其他住房、非住房等不同计税单位分别准确适用不同的预征率。

3. 房地产开发企业是否按《土地增值税暂行条例》及其实施细则规定的土地增值税基本计税单位作为填报对象分别申报纳税，可通过比对企业房地产开发产品成本核算资料，审核判断企业各个成本计算对象的确定是否合理，有无将不同成本计算对象混淆核算和申报。

4. 同期比对房地产开发企业《营业税纳税申报表》、《企业所得税月（季）度预缴表》等税种纳税申报信息，通过各税种计税依据间的逻辑关系审核企业是否存在取得预售（转让）收入不及时申报土地增值税预缴纳税的问题。

5. 其他可参照房地产开发企业营业税应税收入审核的方法和思路进行比对分析。

第二节 房地产开发企业土地增值税
项目登记表信息的利用

依据国家税务总局关于印发《土地增值税清算管理规程》的通知（国税发〔2009〕91号）第六条的规定，主管税务机关应加强房地产开发项目的日常税收管理，实施项目管理。主管税务机关应从纳税人取得土地使用权开始，按项目分别建立档案、设置台账，对纳税人项目立项、规划设计、施工、预售、竣工验收、工程结算、项目清盘等房地产开发全过程情况实行跟踪监控，做到税务管理与纳税人项目开发同步。

我国各地税务机关为强化土地增值税重点税源日常监控和规范土地增值税清算工作，都不同程度地推出或完善了不动产项目管理制度。下面以

天津市地税局为例，自 2010 年 2 月 1 日起，该局规定从事房地产开发与建
设的纳税人，在开发项目立项后及每次转让时必须登记填报《土地增值税
基础资料登记表（一）、（二）》（见表 3 – 5、表 3 – 6）和《土地增值税项
目登记表》（见表 3 – 7）。

表 3 – 5   房地产开发企业土地增值税基础资料登记表（一）

填报单位：   填报时间：   单位：平方米、元

序号	房地产开发企业名称	税务登记号	联系电话	管征科所	项目名称	项目立项时间	项目占地面积	取得销售（预售）许可证时间	竣工验收时间	项目可售面积	2006年之前销售面积	2006年1月1日至年月日已售面积	截至年月日项目已售比例（%）	2006年1月1日至年月日销售收入	截至 年月 日已预征土地增值税税款总额

表 3 – 6   房地产开发企业土地增值税基础资料登记表（二）

填报单位：   填报时间：

序号	房地产开发企业名称	税务登记号	联系电话	管征科所	项目名称	项目立项时间	取得销售（预售）许可证时间	完成全部销售时间	项目可售面积（平方米）

表3-7　　　　　　　　　　土地增值税项目登记表

（从事房地产开发的纳税人适用）

纳税人编码：　　　　　　　填表日期：＿＿＿＿＿年＿＿月＿＿日

金额单位：人民币元　　　　　　　　　　　　　面积单位：平方米

纳税人名称		项目名称		项目地址		
业别		经济性质		主管部门		
开户银行		银行账号				
地址		邮政编码		电话		
土地使用权受让（行政划拨）合同号			受让（行政划拨）时间			
建设项目起讫时间		总预算成本		单位预算成本		
项目详细坐落地点						
开发土地总面积		开发建筑总面积		房地产转让合同名称		
转让土地面积（按次填写）		转让建筑面积（按次填写）		转让合同签订日期（按次填写）		
第1次						
第2次						
……						
纳税人盖章		法人代表签章		经办人员（代理申报人）签章	备注	

（以下部分由主管税务机关负责填写）

税务机关受理登记日期			
主管税务人员签字		税务机关受理登记意见	
主管税务机关盖章			

　　凡从事新建房及配套设施开发的房地产开发企业，均应在规定的期限内，据实向主管税务机关填报上述各表所需列明内容，同时向主管税务机关提交土地使用权受让合同、房地产销售（转让）合同、预售（销售）许可证等有关资料。各地税务机关要充分利用土地增值税项目登记管理制度，监控房地产开发企业的土地增值税预缴申报和清算申报，强化行业征管，堵塞税款流失漏洞。

第三节　房地产开发企业土地增值税
清算纳税申报表审核要点

依据我国《土地增值税暂行条例》及其实施细则、《国家税务总局关于印发〈土地增值税清算管理规程〉的通知》（国税发〔2009〕91号）等有关规定，房地产开发企业在符合土地增值税清算条件后，依照税收法律、法规及土地增值税有关政策规定，计算房地产开发项目应缴纳的土地增值税税额，并填写《土地增值税清算申报表》，向主管税务机关提供有关资料，办理土地增值税清算手续，结清该房地产项目应缴纳土地增值税税款。

一、房地产开发企业土地增值税清算的税收要求

（一）纳税人符合下列条件之一的，应进行土地增值税的清算

1. 房地产开发项目全部竣工、完成销售的；
2. 整体转让未竣工决算房地产开发项目的；
3. 直接转让土地使用权的。

（二）对符合以下条件之一的，主管税务机关可要求纳税人进行土地增值税清算

1. 已竣工验收的房地产开发项目，已转让的房地产建筑面积占整个项目可售建筑面积的比例在85%以上，或该比例虽未超过85%，但剩余的可售建筑面积已经出租或自用的；
2. 取得销售（预售）许可证满3年仍未销售完毕的；
3. 纳税人申请注销税务登记但未办理土地增值税清算手续的；
4. 省（自治区、直辖市、计划单列市）税务机关规定的其他情况。
对前款所列第3项情形，应在办理注销登记前进行土地增值税清算。

（三）纳税人清算土地增值税时应提供的清算资料

1. 土地增值税清算表及其附表（各地可根据本地实际情况制定附表表样）。

2. 房地产开发项目清算说明，主要内容应包括房地产开发项目立项、用地、开发、销售、关联方交易、融资、税款缴纳等基本情况及主管税务机关需要了解的其他情况。

3. 项目竣工决算报表、取得土地使用权所支付的地价款凭证、国有土地使用权出让合同、银行贷款利息结算通知单、项目工程合同结算单、商品房购销合同统计表、销售明细表、预售许可证等与转让房地产的收入、成本和费用有关的证明资料。主管税务机关需要相应项目记账凭证的，纳税人还应提供记账凭证复印件。

4. 纳税人委托税务中介机构审核鉴证的清算项目，还应报送中介机构出具的《土地增值税清算税款鉴证报告》。中介机构出具的《土地增值税清算税款鉴证报告》依法需经主管税务机关审核认可。

对于分期开发的房地产项目，各期清算的方式应保持一致。应进行土地增值税清算的纳税人或经主管税务机关确定需要进行清算的纳税人，在上述规定的期限内拒不清算或不提供清算资料的，主管税务机关可依据《中华人民共和国税收征收管理法》有关规定处理。

二、房地产开发企业《土地增值税纳税申报表》主表及附表

（一）主表（见表 3-8）

表 3-8   土地增值税纳税申报表

（从事房地产开发的纳税人适用）

税款所属时间：　　年　　月　　日　　　　　填表日期：　　　年　　月　　日

纳税人编码：　　　　　　　金额单位：人民币元　　　　　　　　面积单位：平方米

纳税人名称		项目名称			项目地址	
业别	经济性质		纳税人地址		邮政编码	
开户银行	银行账号		主管部门		电话	
项目			行次	金额		
一、转让房地产收入总额 1 = 2 + 3			1			
其中	货币收入		2			
	实物收入及其他收入		3			
二、扣除项目金额合计 4 = 5 + 6 + 13 + 16 + 20			4			
1. 取得土地使用权所支付的金额			5			
2. 房地产开发成本 6 = 7 + 8 + 9 + 10 + 11 + 12			6			

续表

项目		行次	金额
其中	土地征用及拆迁补偿费	7	
	前期工程费	8	
	建筑安装工程费	9	
	基础设施费	10	
	公共配套设施费	11	
	开发间接费用	12	
3. 房地产开发费用 13 = 14 + 15		13	
其中	利息支出	14	
	其他房地产开发费用	15	
4. 与转让房地产有关的税金等 16 = 17 + 18 + 19		16	
其中	营业税	17	
	城市维护建设税	18	
	教育费附加	19	
5. 财政部规定的其他扣除项目		20	
三、增值额 21 = 1 − 4		21	
四、增值额与扣除项目金额之比（%）22 = 21 ÷ 4		22	
五、适用税率（%）		23	
六、速算扣除系数（%）		24	
七、应缴土地增值税税额 25 = 21 × 23 − 4 × 24		25	
八、已缴土地增值税税额		26	
九、应补（退）土地增值税税额 27 = 25 − 26		27	

授权代理人	（如果你已委托代理申报人，请填写下列资料） 　为代理一切税务事宜，现授权_____（地址）_____为本纳税人的代理申报人，任何与本报表有关的来往文件都可寄与此人。 　授权人签字：_____	声明	我声明：此纳税申报表是根据《中华人民共和国土地增值税暂行条例》及其《实施细则》的规定填报的。我确信它是真实的、可靠的、完整的。 　　　声明人签字：_____
纳税人签章	法人代表签章		经办人员（代理申报人）签章	备注

（以下部分由主管税务机关负责填写）

主管税务机关收到日期	接收人	审核日期	税务审核人员签章
审核记录			主管税务机关盖章

（二）附表

《土地增值税纳税申报表》附表表样全国并未统一，国家税务总局规定可由各地税务机关自主设计。各地税务机关可考虑按房地产企业开发年度和开发产品项目类别两种形式分别设计房地产转让收入明细表、取得土地使用权支付的金额明细表、土地征用及拆迁补偿明细表、前期工程费明细表、建筑安装工程费明细表、基础设施费明细表、公共配套设施明细表、开发间接费明细表、利息支出明细表、与转让房地产有关税金缴纳明细表等土地增值税纳税申报表附表（部分附表表样参见表3－9、表3－10）。

表3－9　　　　　　收入和扣除项目明细表（按类别统计）与收入
相关的面积明细申报表

项目	行次	普通住宅	非普通住宅	商铺	车库	办公楼	会所	学校等公共配套设施	其他	合计
		1	2	3	4	5	6	7	8	9 = 1 + 2 + 3 + 4 + 5 + 6 + 7 + 8
使用土地面积	1									
总建筑面积	2									
可售建筑面积	3									
已售建筑面积	4									
未售建筑面积	5									
自用建筑面积	6									

表3－10　　　　　　　　　扣除项目及成本结转明细申报表

项目	总成本费用	可售建筑（土地）面积	单位造价	累计已售建筑（土地）面积	已售面积占总可售面积（已售土地面积占总土地面积）%	销售成本	账面已结成本	差异数
	1	2	3 = 1/2	4	5	6 = 1×5	7	8 = 6 − 7
一、取得土地使用权所支付的金额								
二、房地产开发成本								

续表

项目	总成本费用	可售建筑（土地）面积	单位造价	累计已售建筑（土地）面积	已售面积占总可售面积（已售土地面积占总土地面积）%	销售成本	账面已结成本	差异数
	1	2	3＝1/2	4	5	6＝1×5	7	8＝6－7
土地征用及拆迁补偿费								
前期工程费								
建筑安装工程费								
基础设施费								
公共配套设施费								
开发间接费用								
三、房地产开发费用								
利息支出								
其他房地产开发费用								
合计								

三、房地产开发企业《土地增值税纳税申报表》审核要点

（一）初步审核

初步审核环节主要是结合土地增值税纳税申报表填表说明（略）对房地产开发企业土地增值税纳税申报表主附表填报内容进行审核。

1. 审核《土地增值税纳税申报表》、附表和资料是否齐全，内容填写是否完整准确，印章是否齐全。

2. 审核《土地增值税纳税申报表》与附报资料数字是否符合逻辑关系。

3. 审核房地产开发项目是否以国家有关部门审批、备案的项目为单位进行清算；对于分期开发的项目，是否以分期项目为单位清算；对同一项目下不同类型房地产是否分别计算增值额、增值率，缴纳土地增值税。

4. 审核企业清算申报时针对不同清算单位适用的税率和速算扣除数是否正确。

5. 审核企业已缴土地增值税税额是否有完税凭证。

6. 审核符合清算条件的房地产开发企业是否在规定的期限内及时办理清算手续。

（二）审核要点

税务机关运用比对分析法审核土地增值税清算申报信息时，主要是将《土地增值税纳税申报表》主附表信息、企业按要求报送的其他清算资料与主管税务机关掌握的房地产开发基础资料、不动产项目登记信息、企业其他税种纳税申报信息、企业财务信息及第三方信息等进行分析比对，必要时可结合实地核查法，从中查找涉税疑点并进行风险排序。

1. "转让房地产收入总额"项目的审核要点

（1）审核收入情况时，主管税务机关应结合销售发票、销售合同（含房管部门网上备案登记资料）、商品房销售（预售）许可证、房产销售分户明细表及其他有关资料，重点审核销售明细表、房地产销售面积与项目可售面积的数据关联性，以核实计税收入；对销售合同所载商品房面积与有关部门实际测量面积不一致，而发生补、退房款的收入调整情况进行审核；对销售价格进行评估，审核有无价格明显偏低情况。

必要时，主管税务机关可通过实地查验，确认有无销售收入少计、漏计事项。

（2）房地产开发企业将开发产品用于职工福利、奖励、对外投资、分配给股东或投资人、抵偿债务、换取其他单位和个人的非货币性资产等，发生所有权转移时应视同销售房地产，审核其收入是否按下列方法和顺序确认：

①按本企业在同一地区、同一年度销售的同类房地产的平均价格确定；

②由主管税务机关参照当地当年、同类房地产的市场价格或评估价值确定。

（3）房地产开发企业将开发的部分房地产转为企业自用或用于出租等商业用途时，如果产权未发生转移，不征收土地增值税。审核企业在土地增值税清算时是否对上述房地产不列收入却扣除了相应的成本和费用。

（4）将房地产开发企业土地增值税清算申报的转让收入总额与企业其

他税种纳税申报信息、财务信息、第三方信息、同行业同规模企业清算申报信息等进行比对，具体审核要点可参考本部分第一章营业税审核内容。

（5）审核企业房地产转让是否存在关联方交易转移定价行为，重点关注关联方交易是否遵循公允价值和营业常规，综合判断是否需要按照房地产评估价格计算转让收入或依据《税收征收管理法》的规定合理核定计税价格。

2."扣除项目金额"项目的审核要点

（1）扣除项目审核的内容包括：取得土地使用权所支付的金额；房地产开发成本，包括：土地征用及拆迁补偿费、前期工程费、建筑安装工程费、基础设施费、公共配套设施费、开发间接费用；房地产开发费用；与转让房地产有关的税金；国家规定的其他扣除项目。

（2）审核扣除项目是否符合下列总体要求

①在土地增值税清算中，计算扣除项目金额时，其实际发生的支出应当取得但未取得合法凭据的不得扣除。

②扣除项目金额中所归集的各项成本和费用，必须是实际发生的。

③扣除项目金额应当准确地在各扣除项目中分别归集，不得混淆。

④扣除项目金额中所归集的各项成本和费用必须是在清算项目开发中直接发生的或应当分摊的。

⑤纳税人分期开发项目或者同时开发多个项目的，或者同一项目中建造不同类型房地产的，应按照受益对象，采用合理的分配方法，分摊共同的成本费用。

⑥对同一类事项，应当采取相同的会计政策或处理方法。会计核算与税务处理规定不一致的，以税务处理规定为准。

（3）审核"取得土地使用权支付金额和土地征用及拆迁补偿费"时重点关注内容

①同一宗土地有多个开发项目，是否予以分摊，分摊办法是否合理、合规，具体金额的计算是否正确。

②是否存在将房地产开发费用记入取得土地使用权支付金额以及土地征用及拆迁补偿费的情形。

③拆迁补偿费是否实际发生，尤其是支付给个人的拆迁补偿款、拆迁（回迁）合同和签收花名册或签收凭证是否一一对应。

（4）审核"前期工程费、基础设施费"时重点关注内容

①前期工程费、基础设施费是否真实发生，是否存在虚列情形。

②是否将房地产开发费用记入前期工程费、基础设施费。

③多个（或分期）项目共同发生的前期工程费、基础设施费，是否按项目合理分摊。

（5）审核"公共配套设施费"时重点关注内容

①公共配套设施的界定是否准确，公共配套设施费是否真实发生，有无预提的公共配套设施费情况。

②是否将房地产开发费用计入公共配套设施费。

③多个（或分期）项目共同发生的公共配套设施费，是否按项目合理分摊。

④配套的公共设施如建成后有偿转让的，是否将其成本费用与转让收入配比扣除。

（6）审核"建筑安装工程费"时重点关注内容

①发生的费用是否与决算报告、审计报告、工程结算报告、工程施工合同记载的内容相符。

②房地产开发企业自购建筑材料时，自购建材费用是否重复计算扣除项目。

③参照当地当期同类开发项目单位平均建安成本或当地建设部门公布的单位定额成本，验证建筑安装工程费支出是否存在异常。

④房地产开发企业采用自营方式自行施工建设的，还应当关注有无虚列、多列施工人工费、材料费、机械使用费等情况。

⑤建筑安装发票是否在项目所在地税务机关开具。

（7）审核"开发间接费用"时重点关注内容

①是否存在将企业行政管理部门（总部）为组织和管理生产经营活动而发生的管理费用计入开发间接费用的情形。

②开发间接费用是否真实发生，有无预提开发间接费用的情况，取得的凭证是否合法有效。

（8）审核"开发费用－利息支出"时重点关注内容

①利息支出凡能够按清算项目计算分摊并提供金融机构证明的，允许据实扣除，但最高不能超过按商业银行同类同期贷款利率计算的金额。利息支出凡不能按清算项目计算分摊或提供金融机构利息证明的，利息不能单独扣除。纳税人向金融机构借款，因逾期还款，银行收取的滞纳金、罚息或罚款不得计入房地产开发费用计算扣除。

②是否将利息支出从房地产开发成本中调整至开发费用。

③分期开发项目或者同时开发多个项目的，其取得的一般性贷款的利息支出，是否按照项目合理分摊。

④利用闲置专项借款对外投资取得收益，其收益是否冲减利息支出。

（9）代收费用的审核

对于县级以上人民政府要求房地产开发企业在售房时代收的各项费用，审核其代收费用是否计入房价并向购买方一并收取；当代收费用计入房价时，审核有无将代收费用计入加计扣除以及房地产开发费用计算基数的情形。

同时，税务机关对房地产开发企业同一计税单位土地增值税扣除项目清算审核时，不仅要关注同一扣除项目指标在不同时期总量和增量变动的合理性，还要重点关注不同时期扣除项目总额中各指标构成比重的合理性，通过比对同一时期本地区同行业同类开发产品的土地增值税扣除项目平均额度，分析查找涉税疑点并进行风险排序，重大疑点不能消除时可推送至纳税评估或稽查岗位做进一步的审核检查。

土地增值税清算工作的关键在于要强化房地产行业重点税源的日常管理，实行开发项目登记制度，动态收集各地不同时期各类开发产品的平均建造成本、平均销售价格等重要信息，逐步实现土地增值税清算信息化管理，降低土地增值税清算工作难度。下面以某市强化土地增值税清算的具体做法为例进行说明。

【举例】某市地税系统在 2008 年下发的《关于进一步强化土地增值税清算工作的通知》中规定，对房地产企业开发土地和新建房屋及配套设施成本中的前期工程费、建筑安装工程费、基础设施费、开发间接费用（以下简称"四项成本"）的扣除政策重新予以明确（见表 3 – 11）。

表 3 – 11　　　　房地产开发项目单位面积四项开发成本扣除标准额度表

| 项目类型 | | 竣工年度及系数 | 标准额度 | 2005 年 | 2006 年 | 2007 年 | 2008 年 |
				97.05%	100.00%	102.95%	105.90%
住宅、公寓	砼框架	多层（7 层及以下）	1 560	1 514	1 560	1 606	1 652
		小高层（8 层以上 12 层以下）	1 871	1 816	1 871	1 926	1 981
	框剪	多层（7 层及以下）	1 911	1 855	1 911	1 967	2 024
		小高层（8 层以上 12 层以下）	2 009	1 950	2 009	2 068	2 128
		高层（13 层及以上）	2 145	2 082	2 145	2 208	2 272
写字楼			2 731	2 650	2 731	2 812	2 892
宾馆、酒店、商用房			1 982	1 924	1 982	2 040	2 099

房地产开发项目四项成本的每平方米扣除额高于该市地方税务局制定的《房地产开发项目单位面积四项成本扣除标准额度表》（以下简称"《扣除额度表》"，上表只节选了该市四年数据）中公布的每平方米四项成本金额，且经主管税务机关审核，发现有下列情形之一的，主管税务机关应当按《扣除额度表》中的额度核定四项成本：

（1）纳税人有《税收征收管理法》第三十五条列举情形之一，导致四项成本无法查账的；

（2）四项成本的合同、票据等凭证有虚假、非法或无效等情况的；

（3）四项成本能提供发票等票据，但款项未实际支付的（合理的质量保证金除外）；

（4）纳税人与其关联企业之间的业务往来未按独立企业之间的业务往来支付四项成本的；

（5）主管税务机关认为应核定四项成本的其他情况。

主管税务机关依本通知规定核定四项成本的，中介机构受纳税人委托对房地产开发项目土地增值税清算进行鉴证时，应当按《扣除额度表》的四项成本金额填列《鉴证报告》。

3. 土地增值税免征项目的审核要点

（1）审核房地产开发企业土地增值税清算申报时增值额计算是否正确，是否符合增值额未超过扣除项目金额20%的免征土地增值税的情形；对增值额超过扣除项目金额之和20%的，是否就其全部增值额按规定计税。

（2）审核房地产开发企业是否存在因国家建设需要而依法征用、收回的房地产，享受土地增值税免征的优惠政策；因上述原因纳税人自行转让房地产的，亦可比照规定享受免征土地增值税。

（3）审核房地产开发企业以土地（房地产）作价入股进行投资或联营的，凡所投资、联营的企业从事房地产开发的，或者房地产开发企业以其建造的商品房进行投资和联营的，均不适用《财政部、国家税务总局关于土地增值税一些具体问题规定的通知》（财税字〔1995〕048号）第一条暂免征收土地增值税的规定。

（4）审核房地产开发企业在企业兼并中发生房地产转让行为的，是否符合暂免征收土地增值税的条件。

（三）房地产开发企业土地增值税核定征收审核要点

税务机关在对房地产开发企业土地增值税清算申报资料进行审核时，如发现纳税人符合核定征收条件的，应按核定征收方式对房地产项目进行清算。

1. 在土地增值税清算中符合以下条件之一的，可实行核定征收

（1）依照法律、行政法规的规定应当设置但未设置账簿的；

（2）擅自销毁账簿或者拒不提供纳税资料的；

（3）虽设置账簿，但账目混乱或者成本资料、收入凭证、费用凭证残缺不全，难以确定转让收入或扣除项目金额的；

（4）符合土地增值税清算条件，企业未按照规定的期限办理清算手续，经税务机关责令限期清算，逾期仍不清算的；

（5）申报的计税依据明显偏低，又无正当理由的。

符合上述核定征收条件的，由主管税务机关发出核定征收的税务事项告知书后，税务人员对房地产项目开展土地增值税核定征收核查，经主管税务机关审核合议，通知纳税人申报缴纳应补缴税款或办理退税。

2. 土地增值税核定征收工作要规范

土地增值税核定征收必须严格依照税收法律法规规定的条件进行，任何单位和个人不得擅自扩大核定征收范围。凡擅自将核定征收作为本地区土地增值税清算主要方式的，必须立即纠正。对确需核定征收的，要严格按照税收法律法规的要求，从严、从高确定核定征收率。为了规范核定工作，核定征收率原则上不得低于5%，各省级税务机关要结合本地实际，区分不同房地产类型制定核定征收率。

3. 土地增值税核定征收审核要点

因土地增值税清算采取核定征收方式时是按确定的房地产开发企业销售收入进行核定征收土地增值税，所以核定征收方式下审核房地产销售收入的要点或思路可参考本节中关于"转让房地产收入总额"项目的审核要点。

第三章

房地产开发企业所得税
纳税申报表审核

现实征管过程中，国家税务总局要求各地不得将房地产开发企业的征管方式事先确定为核定征收方式，故本章重点介绍我国查账征收方式下的居民房地产开发企业适用的企业所得税月（季）度预缴表及年度纳税申报表主附表审核要点，核定征收方式下的居民房地产开发企业适用的企业所得税纳税申报表不作介绍。

第一节 房地产开发企业所得税预缴
申报表审核要点

一、房地产开发企业适用的《企业所得税月（季）度预缴纳税申报表（A类）》

依据我国《企业所得税法》和《企业所得税法实施条例》的规定，房地产开发企业应当自月份或者季度终了之日起 15 日内，向税务机关报送预缴企业所得税纳税申报表（样表见表 3－12），预缴税款。

表3-12   中华人民共和国企业所得税月（季）度预缴纳税申报表（A类）

税款所属期间：　　　年　月　日至　　　年　月　日

纳税人识别号：□□□□□□□□□□□□□□□

纳税人名称：　　　　　　　　　　　　　金额单位：人民币元（列至角分）

行次	项　目	本期金额	累计金额
1	一、据实预缴		
2	营业收入		
3	营业成本		
4	利润总额		
5	税率（25%）		
6	应纳所得税额（4行×5行）		
7	减免所得税额		
8	实际已缴所得税额	—	
9	应补（退）的所得税额（6行－7行－8行）	—	
10	二、按照上一纳税年度应纳税所得额的平均额预缴		
11	上一纳税年度应纳税所得额	—	
12	本月（季）应纳税所得额（11行÷12或11行÷4）		
13	税率（25%）	—	—
14	本月（季）应纳所得税额（12行×13行）		
15	三、按照税务机关确定的其他方法预缴		
16	本月（季）确定预缴的所得税额		
17	总分机构纳税人		
18	总机构 总机构应分摊的所得税额（9行或14行或16行×25%）		
19	中央财政集中分配的所得税额（9行或14行或16行×25%）		
20	分支机构分摊的所得税额（9行或14行或16行×50%）		
21	分支机构 分配比例		
22	分配的所得税额（20行×21行）		

谨声明：此纳税申报表是根据《中华人民共和国企业所得税法》、《中华人民共和国企业所得税法实施条例》和国家有关税收规定填报的，是真实的、可靠的、完整的。

法定代表人（签字）：　　　　年　月　日

纳税人公章： 会计主管： 填表日期：　年　月　日	代理申报中介机构公章： 经办人： 经办人执业证件号码： 代理申报日期：　年　月　日	主管税务机关受理专用章： 受理人： 受理日期：　年　月　日

国家税务总局监制

二、房地产开发企业《企业所得税月（季）度预缴纳税申报表（A类）》审核要点

（一）初步审核要求

1. 审核房地产企业是否按规定的预缴期限和预缴方式进行企业所得税月（季）度纳税申报；预缴适用税率是否均为25%。

2. 依据企业所得税月（季）度预缴申报表填表说明（略）审核表内各项目之间的逻辑关系是否合理，表内数字计算是否准确。

3. 审核采取汇总纳税方式的总、分机构各自填报内容是否符合要求，符合条件的二级分支机构的分配比例、分配税额是否与《企业所得税汇总纳税分支机构所得税分配表》上的该分支机构分配比例、分配税额一致。

（二）具体审核要点

1. 企业适用"据实预缴"方式的审核要点

（1）审核预缴表中"营业收入"、"营业成本"是否与同期企业利润表中对应项目数额一致；

（2）审核预缴表中"利润总额"是否与同期企业利润表中"利润总额"一致；重点审核如房地产企业本期取得预售收入，按规定的预计计税毛利率计算出的预计毛利额是否并入本表"利润总额"中。

（3）将企业预缴表中"减免所得税额"与主管税务机关掌握的房地产企业符合税收优惠审批或备案要求、实际可享受的税收优惠信息进行比对，审核减免税额是否合法，计算是否准确。

（4）审核企业申报的"实际已预缴的所得税额"是否有完税凭证。

2. 企业适用"按照上一纳税年度应纳税所得额平均额预缴"方式的审核要点

（1）重点审核企业填报的"上一纳税年度应纳税所得额"是否与上一纳税年度申报的应纳税所得额一致；是否将纳税人的境外所得减除。

（2）审核企业填报的"本月（季）应纳所得税所得额"计算是否正确；如企业按季预缴，则第12行 = 第11行 × 1/4；如企业按月预缴，则第12行 = 第11行 × 1/12。

3. 企业适用"按照税务机关确定的其他方法预缴"方式的审核要点

重点审核实行经税务机关认可的其他方法预缴的纳税人填报本表第16行的预缴税额是否与税务机关认定的应纳税所得额计算出的预缴税额（本期额和累计额）一致。

4. 实行汇总纳税的房地产开发企业预缴信息审核要点

（1）审核参与预缴的分支机构是否在房地产开发总机构报备的二级机构名单内，是否符合预缴条件：分支机构主管税务机关要对二级分支机构进行审核鉴定，如该二级分支机构具有主体生产经营职能，可以确定为应就地申报预缴所得税的二级分支机构；对确定为就地申报预缴所得税的二级分支机构，总机构应及时向其提供预缴所得税分配表，否则分支机构主管税务机关应责成该分支机构督促总机构限期提供预缴所得税款分配表。

重点关注以房地产开发企业总机构名义进行生产经营的非法人分支机构，如其无法提供有效证据（支持证明的材料包括总机构拨款证明、总分机构协议或合同、公司章程、管理制度等）证明其二级及二级以下分支机构身份的，应视同独立纳税人计算并就地全额缴纳企业所得税，不执行《国家税务总局关于印发〈跨地区经营汇总纳税企业所得税征收管理暂行办法〉的通知》（国税发〔2008〕28号）文件的相关规定。

（2）重点审核跨省市汇总纳税房地产开发总机构是否按税收法律法规和汇总纳税相关政策要求正确计算本期总、分机构各自分摊的预缴所得税额，并按照财预〔2008〕10号文件的规定进行所得税分配和预算管理。

①审核汇总纳税总机构当期申报的汇总预缴所得税额是否正确，是否分别按总机构应分摊的预缴比例、中央财政集中分配税款的预缴比例、分支机构分摊的预缴比例准确计算出的各自分摊的本期预缴所得税额。

②重点审核汇总纳税总、分机构税率不一致的房地产开发企业，是否符合国务院和财税主管部门的企业所得税过渡优惠政策规定，允许按总、分机构各自适用税率计算总、分机构应分摊的预缴所得税额，具体计算办法依照国家税务总局《关于跨地区经营汇总纳税企业所得税征收管理若干问题的通知》（国税函〔2009〕221号）第二条的规定；如不符合企业所得税过渡优惠政策规定，则应按照房地产开发企业统一适用的税率计算缴纳企业所得税额。

享受企业所得税过渡优惠政策的具体内容参见《国务院关于实施企业所得税过渡优惠政策的通知》（国发〔2007〕39号）、财政部、国家税务总局《关于企业所得税若干优惠政策的通知》（财税〔2008〕1号）和财政部、国家税务总局《关于贯彻落实国务院关于实施企业所得税过渡优惠政策有关问题的通知》（财税〔2008〕21号）的有关规定。

③审核汇总纳税分支机构是否依据《企业所得税汇总纳税分支机构所得税分配表》中确定的分配比例填报本表21行；审核汇总纳税分支机构是否依据当期总机构申报表中第20行"分支机构分摊的所得税额"×本表第21行"分配比例"的数额填报本表22行。跨地区经营汇总纳税企业在进行企业所得税预缴和年度汇算清缴时，二级分支机构应向其所在地主管税务机关报送其本级及以下分支机构的生产经营情况，主管税务机关应对报送资料加强审核，并作为对二级分支机构计算分摊税款比例的三项指标和应分摊入库所得税税款进行查验核对的依据。

（3）汇总纳税房地产开发企业应执行未执行或未准确执行国税发〔2008〕28号文件的企业所得税处理

对应执行国税发〔2008〕28号文件规定而未执行或未正确执行上述文件规定的跨地区经营汇总纳税企业，在预缴企业所得税时造成总机构与分支机构之间同时存在一方（或几方）多预缴另一方（或几方）少预缴税款的，其总机构或分支机构就地预缴的企业所得税低于按上述文件规定计算分配的数额的，应在随后的预缴期间内，由总机构将按上述文件规定计算分配的税款差额分配到总机构或分支机构补缴；其总机构或分支机构就地预缴的企业所得税高于按上述文件规定计算分配的数额的，应在随后的预缴期间内，由总机构将按上述文件规定计算分配的税款差额从总机构或分支机构的预缴数中扣减。

（三）房地产开发企业《企业所得税汇总纳税分支机构所得税分配表》表样

重点审核分配表（见表3-13）上列明的二级分支机构是否在总机构报备的参与预缴的二级分支机构名单内；分配表上分支机构适用的分配比例和分配税额计算是否正确；分配表上信息是否与汇总纳税的房地产开发企业月（季）度预缴申报表上的总、分机构税款缴纳信息有合理对应关系。

表 3–13   中华人民共和国企业所得税汇总纳税分支机构所得税分配表

税款所属期间：　　年　月　日至　　年　月　日

总机构名称：   金额单位：人民币元（列至角分）

纳税人识别号	应纳所得税额	总机构分摊所得税额	总机构财政集中分配所得税额	分支机构分摊所得税额				
分支机构情况	纳税人识别号	分支机构名称	三项因素			分配比例	分配税额	
			收入额	工资额	资产额			
		合　计						
纳税人公章： 会计主管： 填表日期：　　年　月　日			主管税务机关受理专用章： 受理人： 受理日期：　　年　月　日					

国家税务总局监制

第二节　房地产开发企业所得税年度
纳税申报表主表审核要点

　　依据我国《企业所得税法》和《企业所得税法实施条例》的规定，房地产开发企业应当自年度终了之日起5个月内，向税务机关报送年度企业所得税纳税申报表，并汇算清缴，结清应缴应退税款。

　　根据国家税务总局关于印发《企业所得税汇算清缴管理办法》的通知（国税发〔2009〕79号）第八条规定，房地产开发企业办理企业所得税年度纳税申报时，应如实填写和报送下列有关资料：

　　1. 企业所得税年度纳税申报表及其附表；

　　2. 财务报表；

3. 备案事项相关资料；

4. 总机构及分支机构基本情况、分支机构征税方式、分支机构的预缴税情况；

5. 委托中介机构代理纳税申报的，应出具双方签订的代理合同，并附送中介机构出具的包括纳税调整的项目、原因、依据、计算过程、调整金额等内容的报告；

6. 涉及关联方业务往来的，同时报送《中华人民共和国企业年度关联业务往来报告表》；

7. 主管税务机关要求报送的其他有关资料。

一、房地产开发企业《企业所得税年度纳税申报表》（A类）主表

同企业所得税月（季）度预缴申报一样，我国房地产开发企业主要适用的是查账征收纳税人企业所得税年度纳税申报表（A类）（见表3-14）。

表3-14　中华人民共和国企业所得税年度纳税申报表（A类）

税款所属期间：　　　年　月　日至　　　年　月　日

纳税人名称：

纳税人识别号：☐☐☐☐☐☐☐☐☐☐☐☐☐☐☐　　　　金额单位：元（列至角分）

类别	行次	项目	金额
利润总额计算	1	一、营业收入（填附表一）	
	2	减：营业成本（填附表二）	
	3	营业税金及附加	
	4	销售费用（填附表二）	
	5	管理费用（填附表二）	
	6	财务费用（填附表二）	
	7	资产减值损失	
	8	加：公允价值变动收益	
	9	投资收益	
	10	二、营业利润	
	11	加：营业外收入（填附表一）	
	12	减：营业外支出（填附表二）	
	13	三、利润总额（10＋11－12）	

续表

类别	行次	项目	金额
应纳税所得额计算	14	加：纳税调整增加额（填附表三）	
	15	减：纳税调整减少额（填附表三）	
	16	其中：不征税收入	
	17	免税收入	
	18	减计收入	
	19	减、免税项目所得	
	20	加计扣除	
	21	抵扣应纳税所得额	
	22	加：境外应税所得弥补境内亏损	
	23	纳税调整后所得（13＋14－15＋22）	
	24	减：弥补以前年度亏损（填附表四）	
	25	应纳税所得额（23－24）	
应纳税额计算	26	税率（25%）	
	27	应纳所得税额（25×26）	
	28	减：减免所得税额（填附表五）	
	29	减：抵免所得税额（填附表五）	
	30	应纳税额（27－28－29）	
	31	加：境外所得应纳所得税额（填附表六）	
	32	减：境外所得抵免所得税额（填附表六）	
	33	实际应纳所得税额（30＋31－32）	
	34	减：本年累计实际已预缴的所得税额	
	35	其中：汇总纳税的总机构分摊预缴的税额	
	36	汇总纳税的总机构财政调库预缴的税额	
	37	汇总纳税的总机构所属分支机构分摊的预缴税额	
	38	合并纳税（母子体制）成员企业就地预缴比例	
	39	合并纳税企业就地预缴的所得税额	
	40	本年应补（退）的所得税额（33－34）	
附列资料	41	以前年度多缴的所得税额在本年抵减额	
	42	以前年度应缴未缴在本年入库所得税额	

纳税人公章： 经办人： 申报日期：　年　月　日	代理申报中介机构公章： 经办人及执业证件号码： 代理申报日期：　年　月　日	主管税务机关受理专用章： 受理人： 受理日期：　年　月　日

二、房地产开发企业《企业所得税年度纳税申报表》主表审核要点

（一）审核的总体要求

主管税务机关受理房地产开发企业年度纳税申报后，应对纳税人年度纳税申报表的逻辑性和有关资料的完整性、准确性进行审核。审核重点主要包括：

1. 纳税人企业所得税年度纳税申报表及其附表与企业财务报表有关项目的数字是否相符，各项目之间的逻辑关系是否对应，计算是否正确。

2. 纳税人是否按规定弥补以前年度亏损额和结转以后年度待弥补的亏损额。

3. 纳税人是否符合税收优惠条件、税收优惠的确认和申请是否符合规定程序。

4. 纳税人税前扣除的资产损失是否真实、是否符合有关规定程序。跨地区经营汇总缴纳企业所得税的纳税人，其分支机构税前扣除的财产损失是否由分支机构所在地主管税务机关出具证明。

5. 纳税人有无预缴企业所得税的完税凭证，完税凭证上填列的预缴数额是否真实。跨地区经营汇总缴纳企业所得税的纳税人及其所属分支机构预缴的税款是否与《中华人民共和国企业所得税汇总纳税分支机构分配表》中分配的数额一致。

6. 纳税人企业所得税和其他各税种之间的数据是否相符、逻辑关系是否吻合。

税务机关对本地区所得税重点税源企业、企业所得税税负异常变化的、连续三年以上亏损或微利的、日常管理和税务检查中发现较多问题的、纳税信用等级低的、有大额关联交易等的房地产开发企业应作为企业所得税重点审核对象。

（二）具体审核要点

查账征收的房地产开发企业年度纳税申报表主表的表内及表间的逻辑钩稽关系见企业所得税年度申报表（A 类）填表说明（略），企业年度纳税

申报表中的重点项目审核要点详见本章第三节内容。

1. "利润总额计算"中的项目审核要点

（1）审核企业是否按照国家统一会计制度口径计算填报。是否与企业年度利润表中对应报表项目数额相一致或经合理调整后对应；

（2）审核企业利润总额部分的收入（营业内、营业外）、成本、费用主表项目是否与房地产开发企业适用的附表一《收入明细表》和附表二《成本费用明细表》相应栏次逻辑关系对应；

（3）审核房地产开发企业年度发生公益救济性捐赠支出时，是否以企业年度纳税申报表主表中"利润总额"数作为计算其税前扣除数额的基数。

（4）比对企业历史时期申报信息计算出营业收入变动率、营业成本变动率、营业费用变动率、营业利润变动率等企业所得税分析常用指标，结合企业财务报表信息进行配比分析，查找涉税疑点。

2. "应纳税所得额计算"中的项目审核要点

（1）审核"纳税调整增加额"、"纳税调整减少额"项目是否与房地产开发企业适用的附表三《纳税调整项目明细表》"调增金额"、"调减金额"列合计数合理对应。

（2）审核"纳税调整后所得"的计算过程，计算结果如为负数，即为企业可结转以后年度弥补的亏损额。如为正数，则可用于"弥补以前年度亏损"，以纳税调整后所得减少到零为限。

（3）审核"应纳税所得额"的计算过程，注意本行不得为负，如纳税调整后所得为负数，则本行填列为零。

3. "应纳税额计算"中的项目审核要点

（1）审核"税率"栏是否填报税法规定的税率25%。

（2）审核"减免所得税额"、"抵免所得税额"项目是否与房地产开发企业适用的附表五《税收优惠明细表》第33行合理对应；审核企业申报的税收优惠与主管税务机关掌握的企业税收优惠审批或备案信息是否一致。

（3）房地产开发企业年度内如果取得境外所得，审核"境外所得应纳所得税额"、"境外所得抵免所得税额"项目是否与房地产企业适用的附表六《境外所得税抵免计算明细表》中项目合理对应。

（4）审核房地产开发企业申报的"本年累计实际已预缴的所得税额"

是否有实际预缴税款的完税凭证；汇总纳税的房地产开发企业年度主表中涉及的总、分机构本年实际预缴所得税额的信息审核参见本章第一节中相关内容。

4. 根据房地产开发企业年度纳税申报表主表上的信息可计算出企业被审核年度企业所得税税收负担率、企业所得税税收贡献率、营业利润税收负担率等企业所得税主要涉税分析指标，将企业上述指标与当地同行业同期指标进行横向比对和与本企业历史时期指标进行纵向比对，如低于标准值或预警值则需进一步结合企业所得税年度纳税申报表附表信息（尤其是纳税调整项目信息）展开进一步审核分析。

第三节　房地产开发企业所得税年度纳税申报表附表审核要点

本节针对国家税务总局统一下发的查账征收房地产开发企业适用的年度纳税申报表（A类）附表及其审核要点展开讲解，不包括各地税务机关自行增加的企业所得税年度申报表附表及其审核。

一、附表一《收入明细表》审核要点

（一）样表（见表3-15）

表3-15　　　　　　　　　　收入明细表

填报时间：　　　年　月　日　　　　　　　　　　金额单位：元（列至角分）

项　　目	金　额
一、销售（营业）收入合计（2＋13）	
（一）营业收入合计（3＋8）	
1. 主营业务收入（4＋5＋6＋7）	
（1）销售货物	
（2）提供劳务	
（3）让渡资产使用权	
（4）建造合同	

项　　目	金　　额
2. 其他业务收入（9 + 10 + 11 + 12）	
（1）材料销售收入	
（2）代购代销手续费收入	
（3）包装物出租收入	
（4）其他	
（二）视同销售收入（14 + 15 + 16）	
（1）非货币性交易视同销售收入	
（2）货物、财产、劳务视同销售收入	
（3）其他视同销售收入	
二、营业外收入（18 + 19 + 20 + 21 + 22 + 23 + 24 + 25 + 26）	
1. 固定资产盘盈	
2. 处置固定资产净收益	
3. 非货币性资产交易收益	
4. 出售无形资产收益	
5. 罚款净收入	
6. 债务重组收益	
7. 政府补助收入	
8. 捐赠收入	
9. 其他	

经办人（签章）：　　　　　　　　　　　　　法定代表人（签章）：

（二）审核要点

1. "销售（营业）收入合计"项目的审核

（1）审核"主营业务收入"、"其他业务收入"项目的填报信息

①审核房地产开发企业是否根据国家统一会计制度（区分适用《企业会计准则》和《企业会计制度》的企业）确认的主营业务收入、其他业务收入进行填报；审核申报表中两项业务收入合计与企业年度利润表中"营业收入"项目数额是否一致；注意企业会计核算营业收入采用的是权责发生制确定原则（房地产开发企业会计销售收入确认标准见本教材第一部分内容），由此导致的税会差异应在附表三中依法进行纳税调整。

②在满足会计上收入实现条件的前提下，房地产开发企业销售开发产品收入应在"主营业务收入"的销售货物收入中填报；专门以开发产品出

租为主营业务的房地产企业取得的租金收入应在让渡资产使用权收入中填报，反之则应在"其他业务收入"中进行填报；如主要提供房地产物业管理服务收入则应在"主营业务收入"的提供劳务收入中进行填报；审核分析时要根据房地产企业的实际经营业务合理判断，以便进行本企业不同时期营业收入项目纵向比对以及本地同行业同期营业收入的横向比对。

③将企业所得税附表一中的"主营业务收入"申报信息与企业营业税申报的"销售不动产应税收入"和土地增值税预征或清算时申报的"房地产转让收入总额"等进行比对分析，查找涉税疑点；

④房地产开发企业附表一中的"主营业务收入"是企业所得税纳税申报信息审核时最重要的分析指标，同时运用结构分析法、趋势分析法、配比分析法等，与主营业务成本、主营业务利润、主营业务费用等其他所得税分析指标结合分析，审核时一是与本企业历史时期指标进行比较，二是与同行业、同地区相同或类似企业指标进行比较。

分析时发现房地产开发企业所得税收入增减变化幅度较大的，应重点从经济形势、企业经营、税收政策、征管状况相关行业指标等方面分析变化原因是否合理。

（2）审核"视同销售收入"的填报信息

审核企业是否存在发生视同销售行为而不及时申报纳税、视同销售收入确认额有失公允等问题。"视同销售收入"的审核是收入明细表审核的重点内容之一。

①比对企业房源销控台账登记的开发产品的销售数量、财务账簿登记的已确认相关收入的开发产品销售数量，查找两者之间的差异，进行实地调查，核实未售房产的真实性。

②审查企业各项会议纪要、董事会决议，核实有无抵债、捐赠、赠送、分配等特殊事项发生。

③审查合作建房协议，核查以房屋所有权换取土地使用权、股权等是否按规定核算收入。

④调查、询问部分债权人，核实长期挂账的大额未付款项的真实性，检查企业是否有隐匿售房款的行为。

⑤核查房地产开发企业与施工单位的建造合同，对于工程尾款、质量保证金，超过合同规定的支付时间长期未付出的，按规定是否应作为收入处理。

政策依据：国家税务总局关于印发《房地产开发经营业务企业所得税处理办法》的通知（国税发〔2009〕31号）第七条规定，企业将开发产品用于捐赠、赞助、职工福利、奖励、对外投资、分配给股东或投资人、抵偿债务、换取其他企事业单位和个人的非货币性资产等行为，应视同销售，于开发产品所有权或使用权转移，或于实际取得利益权利时确认收入（或利润）的实现。确认收入（或利润）的方法和顺序为：

①按本企业近期或本年度最近月份同类开发产品市场销售价格确定；

②由主管税务机关参照当地同类开发产品市场公允价值确定；

③按开发产品的成本利润率确定。开发产品的成本利润率不得低于15％，具体比例由主管税务机关确定。

如果房地产开发企业发生例如改变资产形状、结构或性能、改变资产用途（如自建商品房转为自用或经营）等情形的资产处置行为，由于资产所有权属在形式和实质上均不发生改变，依据国家税务总局《关于企业处置资产所得税处理问题的通知》（国税函〔2008〕828号）的规定，可作为企业内部处置资产，不视同销售确认收入，相关资产的计税基础延续计算。

（3）结合企业申报的附表三《纳税调整项目明细表》、附表八《广告费和业务宣传费跨年度纳税调整表》等，审核判断房地产开发企业销售收入的税会差异调整是否正确，企业申报税前扣除业务招待费、广告费和业务宣传费的扣除基数是否与附表一收入明细表中销售（营业）收入合计数加上企业销售未完工产品取得销售收入的合计数保持一致。注意，其他工商企业年度汇缴时计算业务招待费、广告费、业务宣传费的税前扣除基数仅为附表一（1）第一行销售（营业）收入合计数。

政策依据：国税发〔2009〕31号第六条规定，企业通过正式签订《房地产销售合同》或《房地产预售合同》所取得的收入，应确认为销售收入的实现。

注意：日常税源管理中要注意收集本地区不同时期、不同种类开发产品的销售价格信息。

2."营业外收入"项目的审核要点

（1）本项目填报的是房地产开发企业与生产经营无直接关系的各项收入的金额。本行数据填入主表第11行；营业外收入的明细项目数额因直接来源于企业会计上营业外收入明细账簿的对应数额，审核分析时可进行比对分析。

（2）房地产开发企业如执行《企业会计准则》进行核算，则纳税申报表中营业外收入信息和财务信息则基本不存在税会差异，纳税调整较少；企业如执行《企业会计准则》以外的其他会计核算制度，则很可能存在诸如接受捐赠、债务重组收益、接受政府补助等业务的会计与税法差异，应在附表三纳税调整项目明细表中依法进行纳税调整。

二、附表二《成本费用明细表》审核要点

（一）样表（见表3-16）

表3-16　　　　　　　　　成本费用明细表

填报时间：　　　年　月　日　　　　　　　　　　金额单位：元（列至角分）

行次	项目	金额
1	一、销售（营业）成本合计（2+7+12）	
2	（一）主营业务成本（3+4+5+6）	
3	（1）销售货物成本	
4	（2）提供劳务成本	
5	（3）让渡资产使用权成本	
6	（4）建造合同成本	
7	（二）其他业务成本（8+9+10+11）	
8	（1）材料销售成本	
9	（2）代购代销费用	
10	（3）包装物出租成本	
11	（4）其他	
12	（三）视同销售成本（13+14+15）	
13	（1）非货币性交易视同销售成本	
14	（2）货物、财产、劳务视同销售成本	
15	（3）其他视同销售成本	
16	二、营业外支出（17+18+…+24）	
17	1.固定资产盘亏	
18	2.处置固定资产净损失	
19	3.出售无形资产损失	
20	4.债务重组损失	

续表

行次	项　目	金　额
21	5. 罚款支出	
22	6. 非常损失	
23	7. 捐赠支出	
24	8. 其他	
25	三、期间费用（26 + 27 + 28）	
26	1. 销售（营业）费用	
27	2. 管理费用	
28	3. 财务费用	

经办人（签章）：　　　　　　　　　法定代表人（签章）：

（二）审核要点

1. 审核的基本要求

（1）成本费用明细表中"主营业务成本"、"其他业务成本"以及"视同销售成本"具体项目与收入明细表中项目一一对应，审核要点可参看收入明细表各项目的审核，主要是依据收入费用配比原则进行合理性审核。

（2）成本费用明细表中"营业外支出"并不与收入明细表中"营业外收入"一一对应，而是企业依据会计营业外支出明细账簿进行分析填报，故审核时可将二者比对分析；同样，房地产开发企业如未执行《企业会计准则》而导致财务处理与税法产生的差异，以及依据税法规定不允许税前扣除或仅允许部分扣除的营业外支出项目都应在附表三《纳税调整项目明细表》中进行纳税调整。

2. 具体审核要点

（1）房地产开发企业收入明细表和成本费用明细表的比对分析

审核房地产开发企业所得税年度申报信息时，重点通过营业收入、营业成本、营业利润、营业费用等指标的变动率分析、结构分析、配比分析等进行分析，将企业当期指标与企业历史时期指标进行变动趋势合理性分析，并与同期本地区同行业各指标平均值或风险预警值进行比对，查找疑点并进行风险排序，判断是否需要进一步展开纳税评估或税务稽查。

（2）房地产开发企业开发产品销售成本的审核

被审核年度企业开发产品销售收入如无明显异常而销售毛利不符合营

业常规时，税务机关要重点审核房地产开发企业申报的开发产品销售成本。

①审核时要结合企业开发成本明细账资料，判断企业开发产品成本计算对象确定的合法性、合理性，成本计算对象确定原则参看本教材第一部分内容；

②审核企业完工产品总成本和单位成本的合理性，必要时对企业开发产品成本计算单中完工产品成本的六大成本项目构成进行细化分解，分别计算单位完工产品成本中土地成本、前期工程费、基础设施费、公共配套设施费、建安工程费、开发间接费各自所占比重，与本企业历史时期同类产品、同期本地同行业同类产品的平均单位完工产品成本及具体成本项目构成比重进行比对分析。必要时可进行实地核查，核实企业开发产品的实际完工情况。

③对开发产品销售成本进行成本项目分解分析时，可结合土地增值税清算审核时相关扣除项目的审核要点（参见本部分第二章第三节内容），同时与本企业土地增值税申报信息进行比对分析。

（3）相关信息的综合利用

充分利用不动产营业税项目登记信息、土地增值税项目登记信息、土地增值税清算扣除额度标准、本地建设主管部门定期公布的各类开发项目建造成本信息等，分析房地产开发企业申报的销售（营业）成本是否真实合理。日常税源管理中，要注意收集本地不同时期、不同种类开发产品的平均造价信息。

三、附表三《纳税调整项目明细表》审核要点

（一）样表（见表3-17）

表3-17　　　　　　　　　　　纳税调整项目明细表

填报时间：　　　年　　月　　日　　　　　　　　　　金额单位：元（列至角分）

行次	项目	账载金额	税收金额	调增金额	调减金额
		1	2	3	4
1	一、收入类调整项目	*	*		
2	1. 视同销售收入（填写附表一）	*	*		*

	行次	项目	账载金额	税收金额	调增金额	调减金额
			1	2	3	4
#	3	2. 接受捐赠收入	*			*
	4	3. 不符合税收规定的销售折扣和折让				*
*	5	4. 未按权责发生制原则确认的收入				
*	6	5. 按权益法核算长期股权投资对初始投资成本调整确认收益	*	*	*	
	7	6. 按权益法核算的长期股权投资持有期间的投资损益	*	*		
*	8	7. 特殊重组				
*	9	8. 一般重组				
*	10	9. 公允价值变动净收益（填写附表七）	*	*		
	11	10. 确认为递延收益的政府补助				
	12	11. 境外应税所得（填写附表六）	*	*	*	
	13	12. 不允许扣除的境外投资损失	*	*		*
	14	13. 不征税收入（填附表一）	*	*	*	
	15	14. 免税收入（填附表五）	*	*	*	
	16	15. 减计收入（填附表五）	*	*	*	
	17	16. 减免税项目所得（填附表五）	*	*	*	
	18	17. 抵扣应纳税所得额（填附表五）	*	*	*	
	19	18. 其他				
	20	二、扣除类调整项目	*	*		
	21	1. 视同销售成本（填写附表二）	*	*	*	
	22	2. 工资薪金支出				
	23	3. 职工福利费支出				
	24	4. 职工教育经费支出				
	25	5. 工会经费支出				
	26	6. 业务招待费支出				*
	27	7. 广告费和业务宣传费支出（填写附表八）	*	*		
	28	8. 捐赠支出				*
	29	9. 利息支出				
	30	10. 住房公积金				*
	31	11. 罚金、罚款和被没收财物的损失		*		*
	32	12. 税收滞纳金		*		*
	33	13. 赞助支出		*		*
	34	14. 各类基本社会保障性缴款				

续表

行次	项目	账载金额	税收金额	调增金额	调减金额
		1	2	3	4
35	15. 补充养老保险、补充医疗保险				
36	16. 与未实现融资收益相关在当期确认的财务费用				
37	17. 与取得收入无关的支出		*		*
38	18. 不征税收入用于支出所形成的费用		*		
39	19. 加计扣除（填附表五）	*	*	*	
40	20. 其他				
41	三、资产类调整项目	*	*		
42	1. 财产损失				
43	2. 固定资产折旧（填写附表九）	*	*		
44	3. 生产性生物资产折旧（填写附表九）	*	*		
45	4. 长期待摊费用的摊销（填写附表九）	*	*		
46	5. 无形资产摊销（填写附表九）	*	*		
47	6. 投资转让、处置所得（填写附表十一）	*	*		
48	7. 油气勘探投资（填写附表九）				
49	8. 油气开发投资（填写附表九）				
50	9. 其他				
51	四、准备金调整项目（填写附表十）	*	*		
52	五、房地产企业预售收入计算的预计利润	*	*		
53	六、特别纳税调整应税所得	*	*		*
54	七、其他兜底项目	*	*		
55	合　计	*	*		

注：1. 标有 * 的行次为执行新会计准则的企业填列，标有#的行次为其他企业填列。

2. 没有标注的行次，无论执行何种会计核算办法，有差异就填报相应行次，填 * 号不填列。

3. 有二级附表的项目只填调增、调减金额，账载金额、税收金额不再填写。

经办人（签章）：　　　　　　　　　　　　　　　法定代表人（签章）：

（二）审核要点

根据我国《企业所得税法》及其实施条例、相关税收政策，以及国家统一会计制度的规定，企业财务处理与税收法律法规不一致、进行纳税调整项目的金额在本明细表中填报。

1. 审核的基本要求

（1）本明细表按照"收入类调整项目"、"扣除类调整项目"、"资产类调整项目"、"准备金调整项目"、"房地产企业预售收入计算的预计利润"、

"特别纳税调整应税所得"、"其他"七大项纳税调整项目分类汇总填报，并计算纳税调整项目的"调增金额"和"调减金额"的合计数，分别与主表第14行、15行形成钩稽关系。

（2）审核房地产开发企业七大项调整项目的分类填报、调整计算等是否正确，按照企业核算遵循的会计准则或会计制度所各自导致的财务处理与税收法律法规不一致的内容，判断企业各项纳税调整是否准确。

（3）审核企业纳税调整明细表与企业所得税其他附表的逻辑钩稽关系是否符合要求，纳税调整是否正确。重点关注房地产开发企业年度申报附表三与附表一《收入明细表》、附表二《成本费用明细表》、附表八《广告费和业务宣传费跨年度纳税调整表》、附表九《资产折旧、摊销纳税调整明细表》、附表十一《长期股权投资所得（损失）明细表》的表间钩稽关系（详见年度申报表填表说明，此处略）。

2. 收入类调整项目的审核要点

收入类调整项目审核时注意以下几点：

（1）区分房地产开发企业遵循《企业会计准则》和《企业会计制度》时对同一来源收入核算不同产生的税会差异，进而影响企业所得税收入纳税调整亦存在差异；同时关注我国自2013年1月1日起实施的《小企业会计准则》中收入核算变化所带来的税会差异和纳税调整。关于视同销售收入的审核要点参见附表一收入明细表中视同销售收入的审核内容。

【举例】某房地产开发企业2011年发生了一项债务重组业务，经债权债务双方协商确定，债权人豁免了该企业1 000万元的一笔欠款。

企业采用会计准则核算时：债务重组完成日，将1 000万元债务重组收入计入"营业外收入——债务重组收入"明细账簿，从而包含在企业2011年会计利润总额和企业所得税应纳税所得额中（先填入企业所得税附表一第23行内，后通过主表第11行并入当年应纳税所得额中），不需要纳税调整。

企业采用会计制度核算时：债务重组完成日，将1 000万元债务重组收入计入"资本公积——其他资本公积"明细账簿，未包含在企业2011年会计利润总额内，从而产生了会计与税法差异，企业年度纳税申报时需在附表三收入类调整项目中进行纳税调增，将1 000万元债务重组收益填报入本表第19行栏目后并入主表第14行，计入当年应纳税所得额中计算纳税。

（2）应严格把握企业所得税法和实施条例及相关政策规定的九大类收入（《税法》第六条）对应的收入确认原则和确认时间，对房地产开发企业的重点收入分项审核。

【举例】某房地产企业执行企业会计准则，2011 年年初将企业闲余资金 5 000 万元拆借给另一企业，双方约定借款期限 2 年，借款利率 10%，期满时对方一次性还本付息。

房地产企业 2011 年年末会计利润总额中包含 500 万元借款利息收入（遵循权责发生制原则）；另 500 万元利息收入在 2012 年确认。

税法规定对企业取得的利息收入按合同约定的债务人应付利息时间确认收入实现（遵循倾向于收付实现制原则），企业只需在 2012 年年末借款合同期限届满之日确认 1 000 万元利息收入，全额并入 2012 年应纳税所得额中计算纳税。

根据上述分析可知，该房地产开发企业 2011 年所得税汇算清缴时需要在附表三第 5 行将当年企业会计利润中的 500 万元利息收入进行全额纳税调减，2012 年所得税汇算清缴时在附表三第 5 行进行纳税调增 500 万元。

审核房地产开发企业企业所得税收入时，重点审核企业销售（营业）收入，根据房地产经营的特殊性必须同时结合企业预收账款信息共同分析，结合附表一收入明细表对应项目审核要点进行分析，同时结合企业营业税、土地增值税等税种纳税申报的销售额信息、综合征管系统中企业其他涉税信息、本地区同行业销售信息结合企业财务信息等进行比对式审核，查找涉税疑点并进行风险排序，重大疑点不能消除时可推送至纳税评估或稽查岗位做进一步的审核检查。

（3）重点审核企业未完工产品销售申报纳税是否准确，以下审核分析步骤可视情况选择进行。

①要求被核查企业提供全部的开发产品销控表，以此为基础制作开发产品明细表。

②对开发产品销控台账、预售房款票据、预售收入明细账、商品房预售合同进行核对，若核对结果不相符的，分析其产生差异的原因及合理性。

③检查"应收账款"科目，查看企业是否将未完工开发产品销售款项

在"应收账款"贷方反映而不申报纳税，以达到延期申报收入的目的。

④核查"其他应付款"科目，下设的二级科目"房款"、"订金"、"定金"、"保证金"、"诚意金"等，一般属于未完工开发产品销售收入。

⑤核查"短期借款"科目，查看企业是否将收到的按揭款以银行贷款的名义计入"短期借款"，隐匿收入。

⑥核查"管理费用"、"营业费用"和"待摊费用"等科目中是否存在支付给中介机构的费用。如果有支付的佣金发生，通常意味着有未完工开发产品销售收入存在。

⑦核查"银行存款"日记账。让企业财务人员提供开户银行对账单，对未达账项做出"银行存款余额调节表"，并与总账和报表核对是否一一相符，审查未达账项产生的原因；检查是否有大笔款项转入，从而看是否有未入账的未完工开发产品销售收入项目。

⑧到房产交易管理部门调取销售合同备案情况、初始产权证明办理情况、房产证办理情况等信息。比对企业提供的开发产品销控台账，核查未完工开发产品销售收入是否申报纳税。

⑨调查部分买受人、核实开具发票的金额与收取的价款是否一致。有无将销售的阁楼、停车位、地下室和精装修房的装修部分取得的价款单独开具收款收据的问题。

（4）重点审核企业完工产品销售申报纳税的准确性。

审核房地产开发企业开发产品销售（营业）收入的纳税调整是否符合国税发［2009］31号文件第六条有关销售收入确认的规定（31号文件具体条款内容见本书第二部分第一章）。

①将取得的发票、购房合同、销控台账、销售明细账进行核对，查找有无不入账的收入。完工产品销售收入的核查方法与未完工开发产品销售收入的核查方法基本相同，核查重点是对销售收入确认时点和确认金额的核查。

②审查购房合同，查找合同中是否有其他经济利益条款，并与销售收入进行核对，查找未入账的经济利益。

③调取开发项目的《动迁房屋产权调换协议书》或回迁安置协议，抽取部分拆迁户进行调查，核实调换房屋的面积和超出补偿面积差价款的情况。核查收取的超面积安置收入是否并入当期应纳税所得额申报企业所得税。

④结合已核实的房源表，到工程项目现场进行实地盘点、观察，审查已经销售的房子是否及时结转销售收入并进行正确的申报。对实际已经投入使用，但在销控表上显示为"未售出"的房间，进行重点核查，看是否存在隐瞒销售收入或将开发产品转做经营性资产。

⑤与未完工开发产品销售收入台账核对，审查企业有无多转按预计计税毛利率计算的未完工开发产品销售收入，多做纳税调减的情况。

（5）审核房地产开发企业申报的不征税收入纳税调减是否符合财政部、国家税务总局《关于专项用途财政性资金企业所得税处理问题的通知》（财税〔2011〕70号）的规定，不征税收入形成的成本费用依法不得税前扣除。

3. 扣除类调整项目的审核要点

同房地产开发企业收入类纳税调整项目审核一样，扣除类调整项目的审核重点在于开发产品销售成本的审核。在开发产品完工结算前，企业所得税申报审核的重点应放在核查是否存在隐瞒销售收入上，而在开发产品完工结算后，申报审核的重点就应该关注是否不及时结转并申报完工产品的收入和成本，同时分析企业是否存在虚列成本问题。可结合房地产行业的投入产出比、产品能耗比、行业平均利润率以及行业平均所得税负等进行综合分析。

扣除类调整项目审核时应注意以下几点：

（1）区分房地产开发企业遵循《企业会计准则》和《企业会计制度》时与同项收入配比的成本费用会产生不同的税会差异，进而影响企业税前扣除项目的纳税调整亦存在差异；尤其要重点关注企业开发产品是否已符合税收完工条件却长期滞留在预售利润申报阶段，未及时计算单位完工产品计税成本并调整预计毛利额。

【举例】某房地产企业开发的一栋商业地产2010年开始预售（当年企业按预计计税毛利率计算预售利润申报纳税），2011年8月已实际交付使用，但截至2011年度企业所得税汇算清缴时仍未办妥竣工结算手续，企业财务人员认为该产品并不满足确认销售收入和计算并结转完工产品成本的条件，故未申报正式销售收入。根据国家税务总局《关于房地产开发企业开发产品完工条件确认问题的通知》（国税函〔2010〕201号）的规定，房地产开发企业建造、开发的开发产品，无论工程质量是否通过验收合格，或是否办理完工（竣工）备案手续以及会计决算手续，当企业开始办理开

发产品交付手续（包括入住手续），或已开始实际投入使用时，为开发产品
开始投入使用，应视为开发产品已经完工。

该房地产开发企业应将2011年度确认为该开发产品完工年度，按规定
及时结算完工产品计税成本，并计算此前预售收入的实际利润额，同时将
其实际毛利额与其对应的预计毛利额之间的差额，计入当年度企业本项目
与其他项目合并计算的应纳税所得额。

政策要求：依据国税发［2009］31号文件规定，开发产品完工以后，
企业可在完工年度企业所得税汇算清缴前选择确定计税成本核算的终止日，
不得滞后。凡已完工开发产品在完工年度未按规定结算计税成本，主管税
务机关有权确定或核定其计税成本，据此进行纳税调整，并按《中华人民
共和国税收征收管理法》的有关规定对其进行处理。

（2）严格把握企业所得税法和实施条例规定的税前扣除原则和有关成
本、费用的具体扣除规定，区分不得扣除项目、限额扣除项目、全额扣除
项目、资本化和费用化扣除项目进行分项审核；审核重点应集中于企业营
业成本和期间费用，即结合附表二成本费用明细表审核房地产开发企业销
售（营业）成本和期间费用的纳税调整是否符合《房地产开发经营业务企
业所得税处理办法》（国税发［2009］31号）第三章和第四章的规定（31
号文件具体条款内容见本书第二部分第一章）。

【举例】某房地产企业2011年度所得税汇算清缴申报时扣除已实现销
售产品成本1 100万元（单位产品完工成本2 200元/每平方米×实现销售
面积5 000平方米），经主管税务机关结合实地核查并与企业开发成本明
细账簿审核比对后发现，企业结转的完工产品销售成本中包含了不符合
31号文件第三十二条规定条件的预提公共配套设施成本200万元（400
元/每平方米），需要在年度汇算清缴时在附表三《纳税调整项目明细表》
中对会计销售成本进行纳税调增200万元（假设忽略其他成本计算影响因
素）。

（3）审核企业所得税扣除类纳税调整项目时要结合企业土地增值税扣
除项目、房产税、城镇土地使用税、附加税费等其他税种纳税申报信息，
综合征管系统中企业其他涉税信息、本地同行业成本费用信息结合企业财
务信息等进行比对式审核，查找涉税疑点并进行风险排序，重大疑点不能
消除时可推送至纳税评估或稽查岗位做进一步的审核检查。

【举例】以完工开发产品成本中建安工程费审核分析为例，介绍针对房

地产开发企业所得税纳税申报信息审核分析后发现重大疑点的进一步审核分析方法：

①调查了解同类开发产品的平均建筑安装成本，并与企业账面数据进行比对，对价格过高的建筑成本进行重点审查并要求企业说明理由。

②审查施工合同和预算书，核对工程内容，对决算超出预算价格过多的项目进行重点审查。如果是由于工程变更引起的，应进一步调取施工、建设单位和监理部门的现场鉴证并审查补充合同的真实性。如果是由于价格上涨引起的，应进一步了解近期材料、人工等成本水平。

③调取工程监理部门的监理记录及《材料物资进场试验报告》，核实有关材料的真实性。

④对于开发企业与关联企业的关联交易行为，应重点审查是否存在人为提高材料价格或建安费用，转移利润。

⑤审查企业大额成本发票的开具时间、发票代码、发票号码、开具单位、开具项目等信息，审查取得发票的真实性，；对照合同、协议、预决算和项目规划许可证及开发商的项目宣传信息，向发票开具单位进行询证，审查发票内容的真实性，是否存在取得虚开发票，虚增建安费的情况。

⑥结合日常税收征管的相关规定，对施工单位的发票开具情况进行比对，如发现存在异地开具建筑业发票的情况，则存在虚开发票的可能性较大。

⑦结合被核查企业提供全部的销控表，计算出全部开发商品的套数，据此匡算出大致需要耗用的门窗数量，对照入账的购买门窗的发票，看有无存在虚列门窗成本的情况。

⑧调取设计、勘察等合同，按照合同规定的标准进行测算，并抽查大额的支付款凭证，审查是否存在支付金额超过合同规定标准的情况。

⑨抽查重大设备和材料采购合同及付款凭证，查看金额和付款内容是否符合合同的规定。

⑩结合施工方交付使用记录及质检、消防等部门的验收记录，判断开发产品的借款利息资本化期间是否合理；调取借款合同及利息支付凭证，核查产品完工前发生的支出是否计入产品成本，计算是否准确。

（4）重点审核分析企业销售（营业）成本归集和分配结转是否准确

可结合房地产开发企业年度纳税申报表附表二《成本费用明细表》中

销售（营业）成本的审核要点综合分析。

①审查《建设工程规划许可证》及规划总图，确定成本核算对象。核查是否按照确定的成本对象归集与分配开发费用。是否存在按平均成本结转销售成本，造成收入与成本不配比的情况。

②根据项目规划及测绘报告，确定完工产品的总可售面积。审查是否将产权归全体业主共有的公用配套设施和开发企业自用的配套设施等不可销售面积或出租的房屋面积计入总可售面积。

③根据当期销售面积及可售单位工程成本，计算当期销售成本。重点核查企业销售成本明细账，将销售成本与销售收入比对，复核计入销售成本的户数、面积和销售收入的统计口径是否一致。

④调取企业《成本结转表》或由企业提供成本结转方法，审查企业结转成本的方法是否一致。是否存在自用和销售的成本结转方式不一致、多计成本等问题。

（5）审核企业是否依法补充申报扣除了以前年度应扣未扣除的成本费用。

根据《中华人民共和国税收征收管理法》的有关规定，对企业发现以前年度实际发生的、按照税收规定应在企业所得税前扣除而未扣除或者少扣除的支出，企业做出专项申报及说明后，准予追补至该项目发生年度计算扣除，但追补确认期限不得超过5年。

（6）审核企业汇算清缴时是否及时补充提供了预缴时因各种原因未及时取得的相关成本费用的有效凭证。

房地产开发企业在申报预缴月（季）度企业所得税时，如未及时取得成本费用有效凭证，允许暂按账面发生金额进行核算，但在年度汇算清缴时，应补充提供该成本、费用的有效凭证，否则必须进行纳税调整。

4. 资产类调整项目的审核要点

资产类调整项目审核时应注意以下几点：

（1）审核本表资产类调整项目与企业所得税年度申报附表九资产折旧、摊销纳税调整明细表和附表十一《长期股权投资所得（损失）明细表》对应项目的逻辑钩稽关系是否合理；结合上述两张附表的审核内容进行综合比对审核，重点关注企业申报的各类资产计税基础与会计账面价值的差异、税收折旧摊销额与会计折旧摊销额的差异所导致的企业所得税纳税调整。

（2）审核企业申报的"财产损失"数额是否符合国家税务总局《企业资产损失所得税税前扣除管理办法》（国家税务总局 2011 年 25 号公告）的要求；企业是否经过专项申报或清单申报并保存同期资料；企业是否存在未申报擅自自行扣除的财产损失；

（3）审核企业是否自 2011 年 1 月 1 日起追补确认了以前年度发生的未能在当年税前扣除的资产损失，关注企业是否进行了专项申报，其中实际资产损失的追补确认期限是否超过了五年；属于法定资产损失的，应在申报年度扣除。按政策规定，企业因以前年度实际资产损失未在税前扣除而多缴的企业所得税税款，可在追补确认年度企业所得税应纳税款中予以抵扣，不足抵扣的，向以后年度递延抵扣。企业实际资产损失发生年度扣除追补确认的损失后出现亏损的，应先调整资产损失发生年度的亏损额，再按弥补亏损的原则计算以后年度多缴的企业所得税税款，并按前款办法进行税务处理。

5. 准备金调整项目审核要点

准备金调整项目审核时应注意以下几点：

（1）依照《企业所得税法》第十条的规定，未经核定的准备金支出一律不得税前扣除，房地产开发企业一般不计提资产准备金，附表三审核时此项不做重点审核。

（2）如执行《企业会计准则》的房地产开发企业遵循稳健原则年末计提了相关资产减值准备，影响到当年会计利润总额则需要在附表三准备金调整项目中全额反向调整，同时可结合附表十准备金纳税调整明细表对比审核。

（3）审核房地产开发企业账面如果有 2008 年 1 月 1 日以前提取但尚未使用的坏账准备金贷方余额；2008 年 1 月 1 日之后企业发生的坏账损失应先冲减坏账准备金贷方余额，不足冲减部分方可申报坏账损失税前扣除（依据国家税务总局《关于企业所得税执行中若干税务处理问题的通知》（国税函［2009］202 号）第二条的规定）。

6. 预售收入计算的预计利润项目审核要点

预售收入计算的预计利润项目审核时应注意以下几点：

（1）房地产开发企业所得税《纳税调整项目明细表》中本纳税调整项目是年度汇算清缴时重点审核内容之一。审核企业本年度取得的预售收入是否按税收规定计算的预计利润金额进行纳税调增；而企业以前年度的预售收入在本年度符合销售收入确认条件，需转回已按税收规定征税的预计利润的数额时则进行纳税调减。

（2）审核房地产开发企业是否依据国税发［2009］31号文件第八条规定，正确申报本期预售收入计算的预计利润金额（31号文件具体条款内容参见本书第二部分第一章）。

（3）审核房地产开发企业预计计税毛利额的纳税调整申报是否符合税收征管上的具体要求，开发产品满足税收完工条件后是否及时结算计税成本调整预计毛利额为实际毛利额。在年度纳税申报时，企业须出具对该项开发产品实际毛利额与预计毛利额之间差异调整情况的报告以及税务机关需要的其他相关资料。

7. 特别纳税调整应税所得项目和其他项目的审核要点

（1）年度纳税申报表附表三第六项纳税调整项目填报的是房地产开发企业按企业所得税特别纳税调整规定，自行调增的当年应纳税所得额，审核时重点结合房地产开发企业年度纳税申报表附表十二《关联业务往来报告表》中的相关信息进行综合比对审核，关注企业是否存在不符合独立交易原则需要特别纳税调整的关联交易事项。

（2）年度纳税申报表附表三中第七项其他调整项目属于兜底调整项目，房地产开发企业如有无法列入附表三前六项的纳税调整项目则填入本栏目中。

四、附表四《企业所得税弥补亏损明细表》审核要点

（一）样表（见表3-18）

表3-18 企业所得税弥补亏损明细表

填报时间：　　年　月　日　　　　　　　　　　金额单位：元（列至角分）

行次	项目	年度	盈利额或亏损额	合并分立企业转入可弥补亏损额	当年可弥补的所得额	以前年度亏损弥补额					本年度实际弥补的以前年度亏损额	可结转以后年度弥补的亏损额
						前四年度	前三年度	前二年度	前一年度	合计		
		1	2	3	4	5	6	7	8	9	10	11
1	第一年											*
2	第二年					*						

续表

行次	项目	年度	盈利额或亏损额	合并分立企业转入可弥补亏损额	当年可弥补的所得额	以前年度亏损弥补额					本年度实际弥补的以前年度亏损额	可结转以后年度弥补的亏损额
						前四年度	前三年度	前二年度	前一年度	合计		
		1	2	3	4	5	6	7	8	9	10	11
3	第三年					*	*					
4	第四年					*	*	*				
5	第五年					*	*	*	*			
6	本年					*	*	*	*	*		
7	可结转以后年度弥补的亏损额合计											

经办人（签章）：　　　　　　　　　　法定代表人（签章）：

（二）审核要点

1. 结合税务机关管理的房地产开发企业弥补亏损台账审核企业各年申报的亏损是否是税法认可的亏损数而非会计核算亏损；

2. 结合企业实际生产经营情况、本地区同行业生产经营状况、以往年度企业纳税评估和税务稽查报告等信息重点审核企业是否存在虚报亏损的问题；

3. 审核企业是否利用税收法律法规修订、税收优惠政策变化的前后关键期人为调整经营损益；

4. 审核企业弥补以前亏损时是否依税法规定的时间、顺序依次弥补不间断。

5. 注意房地产企业如同时存在境内和境外经营，要依据境内盈利不得弥补境外亏损、境内当年亏损可由境外盈利弥补的原则进行审核。

6. 房地产企业如为汇总纳税企业，实施新企业所得税法后原独立核算的分支机构未弥补完的亏损问题要根据国税发〔2008〕28号文件的规定由总机构统一弥补。

7. 亏损弥补审核时依据的重要政策。

（1）国家税务总局2010年第20号公告

对检查调增的应纳税所得额允许弥补以前年度发生的亏损的，企业是否正确填报在附表四《弥补亏损明细表》第2列"盈利或亏损额"对应调增应纳税所得额所属年度行次（国家税务总局公告2011年第29号公告规定）。

（2）国税函［2010］79 号文件关于贯彻落实企业所得税法若干税收问题的通知

关于企业筹办期间不计算为亏损年度问题的规定：企业自开始生产经营的年度，为开始计算企业损益的年度。企业从事生产经营之前进行筹办活动期间发生筹办费用支出，不得计算为当期的亏损，应按照《国家税务总局关于企业所得税若干税务事项衔接问题的通知》（国税函［2009］98号）第九条规定执行。

（3）国税函［2010］148 号文件

关于税收优惠填报口径的规定：对企业取得的免税收入、减计收入以及减征、免征所得额项目，不得弥补当期及以前年度应税项目亏损；当期形成亏损的减征、免征所得额项目，也不得用当期和以后纳税年度应税项目所得抵补。弥补亏损填报口径：根据国税发［2008］28 号文件的规定，总机构弥补分支机构 2007 年及以前年度尚未弥补完的亏损时，填报企业所得税年度纳税申报表附表四《企业所得税弥补亏损明细表》第 3 列"合并分立企业转入可弥补亏损额"对应行次。

五、附表五《税收优惠明细表》审核要点

（一）样表（见表 3 - 19）

表 3 - 19　　　　　　　　税收优惠明细表

填报时间：　　年　月　日　　　　　　金额单位：元（列至角分）

行次	项　目	金额
1	一、免税收入（2 + 3 + 4 + 5）	
2	1. 国债利息收入	
3	2. 符合条件的居民企业之间的股息、红利等权益性投资收益	
4	3. 符合条件的非营利组织的收入	
5	4. 其他	
6	二、减计收入（7 + 8）	
7	1. 企业综合利用资源，生产符合国家产业政策规定的产品所取得的收入	
8	2. 其他	

行次	项　目	金额
9	三、加计扣除额合计（10 + 11 + 12 + 13）	
10	1. 开发新技术、新产品、新工艺发生的研究开发费用	
11	2. 安置残疾人员所支付的工资	
12	3. 国家鼓励安置的其他就业人员支付的工资	
13	4. 其他	
14	四、减免所得额合计（15 + 25 + 29 + 30 + 31 + 32）	
15	（一）免税所得（16 + 17 + … + 24）	
16	1. 蔬菜、谷物、薯类、油料、豆类、棉花、麻类、糖料、水果、坚果的种植	
17	2. 农作物新品种的选育	
18	3. 中药材的种植	
19	4. 林木的培育和种植	
20	5. 牲畜、家禽的饲养	
21	6. 林产品的采集	
22	7. 灌溉、农产品初加工、兽医、农技推广、农机作业和维修等农、林、牧、渔服务业项目	
23	8. 远洋捕捞	
24	9. 其他	
25	（二）减税所得（26 + 27 + 28）	
26	1. 花卉、茶以及其他饮料作物和香料作物的种植	
27	2. 海水养殖、内陆养殖	
28	3. 其他	
29	（三）从事国家重点扶持的公共基础设施项目投资经营的所得	
30	（四）从事符合条件的环境保护、节能节水项目的所得	
31	（五）符合条件的技术转让所得	
32	（六）其他	
33	五、减免税合计（34 + 35 + 36 + 37 + 38）	
34	（一）符合条件的小型微利企业	
35	（二）国家需要重点扶持的高新技术企业	
36	（三）民族自治地方的企业应缴纳的企业所得税中属于地方分享的部分	
37	（四）过渡期税收优惠	

续表

行次	项 目	金额
38	（五）其他	
39	六、创业投资企业抵扣的应纳税所得额	
40	七、抵免所得税额合计（41+42+43+44）	
41	（一）企业购置用于环境保护专用设备的投资额抵免的税额	
42	（二）企业购置用于节能节水专用设备的投资额抵免的税额	
43	（三）企业购置用于安全生产专用设备的投资额抵免的税额	
44	（四）其他	
45	企业从业人数（全年平均人数）	
46	资产总额（全年平均数）	
47	所属行业（工业企业、其他企业　　）	

经办人（签章）：   法定代表人（签章）：

（二）审核要点

1. 因我国现阶段房地产开发企业基本没有太多企业所得税税收优惠，所以此表审核时主要关注企业申报的税收优惠（如税法第七条规定的免税收入）是否经有权税务机关审批或备案，不得擅自自行享受税收优惠。

2. 房地产开发企业如享有税收优惠，重点关注企业是否按照《中华人民共和国企业所得税法实施条例》第一百零二条的规定，对享受优惠项目能够做到单独核算，年末核算时在优惠项目和非优惠项目间能合理划分企业期间费用，否则一律不得享受企业所得税税收优惠。

3. 审核企业是否按照国家税务总局《关于做好2009年度企业所得税汇算清缴工作的通知》（国税函〔2010〕148号）第三条第（六）项关于税收优惠填报口径的规定，对企业取得的免税收入、减计收入以及减征、免征所得额项目，不得弥补当期及以前年度应税项目亏损；当期形成亏损的减征、免征所得额项目，也不得用当期和以后纳税年度应税项目所得抵补。

六、附表六《境外所得税抵免计算明细表》审核要点

（一）样表（见表3-20）

表3-20　　　　　　　　　　境外所得税抵免计算明细表

填报时间：　　年　月　日　　　　　　　　　　　　　　金额单位：元（列至角分）

抵免方式	国家或地区	境外所得	境外所得换算含税所得	弥补以前年度亏损	免税所得	弥补亏损前境外应税所得额	可弥补境内亏损	境外应纳税所得额	税率	境外所得应纳税额	境外所得可抵免税额	境外所得税款抵免限额	本年可抵免的境外所得税款	未超过境外所得税抵免限额的余额	本年可抵免以前年度所得税额	前五年境外所得已缴税款未抵免余额	定率抵免
	1	2	3	4	5	6（3-4-5）	7	8（6-7）	9	10（8×9）	11	12	13	14（12-13）	15	16	17
直接抵免																	
间接抵免			*	*										*	*	*	
			*	*										*	*	*	
			*	*										*	*	*	
			*	*										*	*	*	
合计																	

经办人（签章）：　　　　　　　　　　　　　　　　法定代表人（签章）：

（二）审核要点

根据我国《企业所得税法》第二十三条关于境外税额直接抵免和第二十四条关于境外税额间接抵免的规定，居民企业（包括按境外法律设立但实际管理机构在中国，被判定为中国税收居民的企业）可以就其取得的境外所得直接缴纳和间接负担的境外企业所得税性质的税额进行抵免。

房地产开发企业取得境外所得，其在中国境外已经实际直接缴纳和间接负担的企业所得税性质的税额，进行境外税额抵免计算的基本项目包括境内、境外所得分国别（地区）的应纳税所得额、可抵免税额、抵免限额和实际抵免税额。不能按照有关税收法律法规准确计算实际可抵免的境外分国别（地区）的所得税税额的，不应给予税收抵免。

（1）审核企业是否根据我国《企业所得税法》及其实施条例、相关税收政策的规定，按照"分国不分项限额抵扣"的原则正确填报纳税人本纳税年度来源于不同国家或地区的境外所得，并按照我国税法规定计算应缴纳和应抵免的境外所得税额。

审核时注意：根据实施条例第七条规定确定的境外所得，在计算适用境外税额直接抵免的应纳税所得额时，应为将该项境外所得直接缴纳的境外所得税额还原计算后的境外税前所得；上述直接缴纳税额还原后的所得中属于股息、红利所得的，在计算适用境外税额间接抵免的境外所得时，应再将该项境外所得间接负担的税额还原计算，即该境外股息、红利所得应为境外股息、红利税后净所得与就该项所得直接缴纳和间接负担的税额之和。

对上述税额还原后的境外税前所得，应再就计算企业应纳税所得总额时已按税法规定扣除的有关成本费用中与境外所得有关的部分进行对应调整扣除后，计算为境外应纳税所得额。

（2）审核企业境外所得税款可抵免限额的计算是否正确，是否按25%的适用税率计算；是否按照境外所得已纳税款与境外所得税款可抵免限额二者孰小的原则计算境外所得应补税额或可抵免税额。

（3）审核企业申报抵免的境外所得已纳税款是否有境外税务机关出具的完税凭证原件，是否属于符合条件允许抵免的境外所得税额等。企业收到某一纳税年度的境外所得已纳税凭证时，凡是迟于次年5月31日汇算清缴终止日的，可以对该所得境外税额抵免追溯计算。

（4）结合企业财务核算中关于境外所得的核算明细资料（分国别、分地区的收入、费用、亏损等）以及主管税务机关要求报备的资料信息进行比对审核。

另外，本表第17列现已不再需要填报。

七、附表七《以公允价值计量资产纳税调整表》审核要点

（一）样表（见表 3 – 21）

表 3 – 21　　　　　　　　　以公允价值计量资产纳税调整表

填报时间：　　　年　　月　　日　　　　　　　　　　　金额单位：元（列至角分）

行次	资产种类	期初金额		期末金额		纳税调整额（纳税调减以"－"表示）
		账载金额（公允价值）	计税基础	账载金额（公允价值）	计税基础	
		1	2	3	4	5
1	一、公允价值计量且其变动计入当期损益的金融资产					
2	1. 交易性金融资产					
3	2. 衍生金融工具					
4	3. 其他以公允价值计量的金融资产					
5	二、公允价值计量且其变动计入当期损益的金融负债					
6	1. 交易性金融负债					
7	2. 衍生金融工具					
8	3. 其他以公允价值计量的金融负债					
9	三、投资性房地产					
10	合计					

经办人（签章）：　　　　　　　　　　　　　　法定代表人（签章）：

（二）审核要点

根据我国《企业所得税法》及其实施条例的规定，房地产开发企业取得的各项资产应以历史成本为计税基础，企业持有各项资产期间的资产增值或者减值，除国务院财政、税务主管部门规定可以确认损益外，不得调整该资产的计税基础。

1. 审核房地产开发企业相关资产持有期间内的公允价值与计税基础差异的纳税调整方向和纳税调整金额是否正确。

遵循《企业会计准则》核算的房地产开发企业，如存在以公允价值计量的资产如投资性房地产，则纳税调整基本原则就是如果对企业公允价值计量的资产进行期末价值调整进而影响到企业当期会计利润总额时则需要在本表中全额反向调整，同时本附表与年度纳税申报表附表三以及主表存在合理钩稽关系。

2. 依据财政部、国家税务总局关于执行《企业会计准则》有关企业所得税政策问题的通知（财税〔2007〕80号）第三条规定，企业以公允价值计量的金融资产、金融负债以及投资性房地产等，持有期间公允价值的变动不计入应纳税所得额，在实际处置或结算时，处置取得的价款扣除其历史成本后的差额应计入处置或结算期间的应纳税所得额（本通知自2007年1月1日起执行）。

八、附表八《广告费和业务宣传费跨年度纳税调整表》审核要点

（一）样表（见表3-22）

表3-22　　　　　　　广告费和业务宣传费跨年度纳税调整表

填报时间：　　　年　月　日　　　　　　　　金额单位：元（列至角分）

	项　目	金额
1	本年度广告费和业务宣传费支出	
2	其中：不允许扣除的广告费和业务宣传费支出	
3	本年度符合条件的广告费和业务宣传费支出（1-2）	
4	本年计算广告费和业务宣传费扣除限额的销售（营业）收入	
5	税收规定的扣除率	
6	本年广告费和业务宣传费扣除限额（4×5）	
7	本年广告费和业务宣传费支出纳税调整额（3≤6，本行=2行；3>6，本行=1-6）	
8	本年结转以后年度扣除额（3>6，本行=3-6；3≤6，本行=0）	
9	加：以前年度累计结转扣除额	
10	减：本年扣除的以前年度结转额	
11	累计结转以后年度扣除额（8+9-10）	

经办人（签章）：　　　　　　　　　　法定代表人（签章）：

（二）审核要点

（1）根据附表八填表说明结合税务机关的广告费、业务宣传费扣除管理台账，总体审核表内、表间各项目逻辑关系是否对应准确，当年、跨年扣除及结转的数额计算是否正确。

（2）审核企业财务上广告费、业务宣传费明细账簿、合同协议、支付凭证等相关资料，判断企业申报税前扣除的这两项费用是否已实际发生并符合税法规定允许扣除的相关条件，预付（提）的费用不得税前扣除。

（3）结合附表一、附表三审核企业本表中第 4 行"本年计算广告费和业务宣传费扣除限额的销售（营业）收入"适用是否准确，注意房地产开发企业的扣除基数还包括符合国税发 ［2009］ 31 号文件规定条件的未完工产品销售收入。

（4）审核房地产开发企业是否正确适用了税收规定的扣除率。

九、附表九《资产折旧摊销纳税调整明细表》审核要点

（一）样表（见表 3 – 23）

表 3 – 23　　　　　　　　　资产折旧摊销纳税调整明细表

填报时间：　　　年　　月　　日　　　　　　　　　金额单位：元（列至角分）

行次	资产类别	资产原值		折旧、摊销年限		本期折旧、摊销额		纳税调整额
		账载金额	计税基础	会计	税收	会计	税收	
		1	2	3	4	5	6	7
1	一、固定资产			*	*			
2	1. 房屋建筑物							
3	2. 飞机、火车、轮船、机器、机械和其他生产设备							
4	3. 与生产经营有关的器具、工具、家具							

续表

行次	资产类别	资产原值		折旧、摊销年限		本期折旧、摊销额		纳税调整额
		账载金额	计税基础	会计	税收	会计	税收	
		1	2	3	4	5	6	7
5	4. 飞机、火车、轮船以外的运输工具							
6	5. 电子设备							
7	二、生产性生物资产			*	*			
8	1. 林木类							
9	2. 畜类							
10	三、长期待摊费用			*	*			
11	1. 已足额提取折旧的固定资产的改建支出							
12	2. 租入固定资产的改建支出							
13	3. 固定资产大修理支出							
14	4. 其他长期待摊费用							
15	四、无形资产							
16	五、油气勘探投资							
17	六、油气开发投资							
18	合计			*	*			

经办人（签章）：   法定代表人（签章）

（二）审核要点

本附表包含房地产开发企业拥有或实际控制的固定资产、长期待摊费用、无形资产等会计处理与税收处理的折旧、摊销额以及纳税调整额，结合本企业附表三中资产类调整项目综合审核分析。

1. 审核分析房地产开发企业填报的附表十表内、表间钩稽关系是否正确。

2. 根据企业各项长期资产明细账、固定资产卡片、资产权属证明等信息重点核查企业是否拥有财务账簿上核算的各项长期资产的所有权和实质控制权。

3. 根据企业各类长期资产的渠道来源、价款支付凭证、相关合同协议等审核判断企业资产历史成本是否正确，是否与计税基础存在差异。

4. 结合企业财务核算选择的资产折旧（摊销）会计政策、资产折旧

（摊销）会计估计、资产后续支出以及资产累计折旧（摊销）计算及分配表、资产实际投入使用情况等信息比对分析企业资产税前扣除折旧、摊销额是否存在税会差异，纳税调整额是否正确。

5. 审核企业有无将应资本化的支出直接费用化，计入当期损益并税前扣除的问题，尤其针对长期资产建造过程中借款利息资本化的准确性要加强审核。

十、附表十《资产减值准备项目调整明细表》审核要点

（一）样表（见表3−24）

表3−24   资产减值准备项目调整明细表

填报时间：   年   月   日   金额单位：元（列至角分）

行次	准备金类别	期初余额	本期转回额	本期计提额	期末余额	纳税调整额
		1	2	3	4	5
1	坏（呆）账准备					
2	存货跌价准备					
3	*其中：消耗性生物资产减值准备					
4	*持有至到期投资减值准备					
5	*可供出售金融资产减值					
6	#短期投资跌价准备					
7	长期股权投资减值准备					
8	*投资性房地产减值准备					
9	固定资产减值准备					
10	在建工程（工程物资）减值准备					
11	*生产性生物资产减值准备					
12	无形资产减值准备					
13	商誉减值准备					
14	贷款损失准备					
15	矿区权益减值					
16	其他					
17	合计					

注：表中＊项目为执行新会计准则企业专用；表中加#项目为执行企业会计制度、小企业会计制度的企业专用。

经办人（签章）：   法定代表人（签章）：

（二）审核要点

1. 依照我国《企业所得税法》及实施条例的相关规定，房地产开发企业会计账面计提的未经核定的准备金支出一律不得税前扣除。

2. 重点审核房地产开发企业本附表中资产减值准备金调整方向、调整数额是否正确；本附表与附表三第四项调整栏目数字逻辑关系是否合理对应。

十一、附表十一《长期股权投资所得（损失）明细表》审核要点

（一）样表（见表 3-25）

（二）审核要点

1. 审核企业各类投资合同、投资协议以及被投资方提供的出资证明，结合企业账务核算等信息判断房地产开发企业长短期投资业务存在的真实性。

2. 审核企业是否自 2010 年 1 月 1 日起才开始对经确认的权益性投资损失在发生年度计算企业应纳税所得额时一次性扣除；企业以前年度发生的尚未处理的股权投资损失是否选择在 2010 年度一次性扣除。

3. 结合附表三《纳税调整项目明细表》、附表五《税收优惠明细表》的审核内容分析本表中企业免税的股息红利收入和国债利息收入等税务处理是否正确，如不符合免税条件则全额计税，不再存在针对投资双方因企业所得税税率差而对房地产开发企业取得的被投资企业税后分配的股息红利收入补税的问题。

4. 重点审核企业各类投资取得时的初始投资成本的确定是否符合会计核算要求，申报的计税基础是否正确；投资发生转让时企业是否按全部转让价款减除投资计税基础的思路来确定投资转让净损益并正确进行纳税调整。

5. 审核难点在于企业针对长期股权投资采用权益法核算下的股权持有损益和股权转让损益的纳税调整，因此建议结合《企业会计准则》中相关具体准则的学习来加深对企业对外投资业务企业所得税纳税调整的审核分析。

表 3 - 25

长期股权投资所得（损失）明细表

填报时间：　年　月　日　　　　　　　　　　　　　　　　金额单位：元（列至角分）

行次	被投资企业	期初投资额	本年度增（减）投资额	投资成本		会计核算投资收益	股息红利				投资转让所得（损失）					
				初始投资成本	权益法核算对初始投资成本调整产生的收益		会计投资损益	税收确认的股息红利		会计与税收的差异	投资转让净收入	投资转让的会计成本	投资转让的税收成本	会计确认的转让所得或损失	按税收计算的投资转让所得或损失	会计与税收的差异
								免税收入	全额征税收入							
	1	2	3	4	5	6 (7+14)	7	8	9	10 (7-8-9)	11	12	13	14 (11-12)	15 (11-13)	16 (14-15)
1																
2																
3																
4																
5																
6																
7																
8																
合计																

经办人（签章）：　　　　　　　　　　　　　　　　　　　　法定代表人（签章）：

国家税务总局《关于做好 2009 年度企业所得税汇算清缴工作的通知》（国税函〔2010〕148 号）第三条有关企业所得税纳税申报口径（五）投资损失扣除填报口径的规定，对于长期股权投资发生的损失，企业所得税年度纳税申报表附表十一"投资损失补充资料"的相关内容不再填报。

十二、附表十二《关联业务往来报告表》审核要点

（一）样表

为贯彻落实《企业所得税法》及《企业所得税法实施条例》，国家税务总局制定了企业年度关联业务往来报告表。根据《企业所得税法》第四十三条第一款的规定，企业向税务机关报送年度企业所得税纳税申报表时，应附送企业年度关联业务往来报告表。本报告表包括：关联关系表（表一）（见表 3-26）、关联交易汇总表（表二）（见表 3-27）、购销表（表三）（略）、劳务表（表四）（略）、无形资产表（表五）（略）、固定资产表（表六）（略）、融通资金表（表七）（略）、对外投资情况表（表八）（略）、对外支付款项情况表（表九）（略）。

表 3-26　　　　　　　　　　关联关系表（表一）

关联方名称	纳税人识别号	国家（地区）	地址	法定代表人	关联关系类型

续表

关联方名称	纳税人识别号	国家（地区）	地址	法定代表人	关联关系类型
经办人（签章）：			法定代表人（签章）：		

表 3 – 27　　　　　　　　　关联交易汇总表（表二）

1. 本年度是否按要求准备同期资料：是□　否□；2. 本年度免除准备同期资料□；3. 本年度是否签订成本分摊协议：是□　否□

交易类型	交易总金额	关联交易		境外关联交易			境内关联交易		
		金额	比例%	金额	比例%	比例%	金额	比例%	比例%
	1	2 = 4 + 7	3 = 2/1	4	5 = 4/1	6 = 4/2	7	8 = 7/1	9 = 7/2
材料（商品）购入									
商品（材料）销售									
劳务收入									
劳务支出									
受让无形资产									
出让无形资产									
受让固定资产									
出让固定资产									
融资应计利息收入	—		—		—			—	
融资应计利息支出	—		—		—			—	
其他									
合计			—		—			—	
经办人（签章）：					法定代表人（签章）：				

（二）审核要点

1. 依据我国《企业所得税法》及实施条例和国税发［2009］2 号文件

的规定，运用实质重于形式原则合理审核判断房地产开发企业的关联方及关联方关系。日常税源管理中应加强对房地产开发企业关联方和关联方交易信息的收集和分析。

2. 督促企业在企业所得税年度纳税申报时必须附送《关联业务往来报告表》及税务机关要求报送的其他关联信息，加强企业关联信息的动态管理。

3. 审核房地产开发企业年度内发生的重大关联交易，经审核房地产开发企业关联交易定价如不符合独立交易原则影响到企业应纳税收入或应纳税所得额的，主管税务机关有权依法进行合理调整。

参 考 文 献

1. 庄粉荣：《房地产企业财税筹划实务》，中国经济出版社 2011 年版。

2. 马毅民：《房地产业稽查实务》，东北财经大学出版社 2008 年版。

3. 国家税务总局编写组：《税务稽查方法》，中国税务出版社 2008 年版。

4. 财政部会计司编写组：《企业会计准则讲解 2010》，人民出版社 2010 年版。